100%有感開運

不可不知的

風水危機100禁

🏠 好宅風水，你選對了嗎？！
壞風水，厄運、風波一直來；好風水，聚氣納財，福氣來

如探頭之狀

茲心閣相命風水達人 **林志縈** ◆著
居家開運部落格作家 **蔣立智**

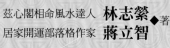

　　居家風水危機，無所不在，稍不留意，即會醞釀成不好的能量，危害輕一點的，頂多心情不佳，做事不順。危害嚴重一點的，可能造成身體病變，傷命傷身，財散家敗一世悲情。居家風水中，有許多危機點，會危害到你的健康與財富，想要幸福的你，不得不注意。

　　居家風水，是人們對住家環境的感受，好比你進入一間房屋時，大門一開，就直接看到廁所，第一眼在「視覺」上就不舒服，如果廁所不乾淨傳來臭氣，不僅聞起來不舒服，人的健康也會受到影響，加上大門方位，面對高壓電塔、電線桿或變電箱，產生電磁性傷害，不僅直接干擾居家磁場，人體身心的和諧狀態也會受到破壞，導致內分泌失調，產生身體病變。

　　居家風水的危機，很難察覺得出來，除非衰運連連，否則一般人很容易忽略的。一般而言，通常居家風水的危機，來自於九種原因，分別是視覺、聽覺、嗅覺、方位、數理、電磁、天斬、靜力、假象，解決居家風水危機的方法有遮、擋、化、鬥、避五種訣竅。只要學會這五種訣竅，就能讓你住的家，化危機為轉機，過著幸福健康快樂的日子。

　　本書內容不僅教會你察覺風水危機的能力，並提供你破解的方法，為自己家中的風水，做一次全面性的健康檢查，書中共提供100個化解風水危機的方法，以及開運化煞的調整方法，讓讀者一看就通，輕鬆化解危機，開啟好運，住得舒服、人旺、財旺，一切平安。

目錄 Contents

序言…………003

Part 1 外部環境篇

危機01 風水植栽化解憂鬱症危機 …………… 012

危機02 風水開運物，化解噪音危機 …………… 020

危機03 住宅外的方位煞，丁字路的干擾 …………… 024

危機04 前方受屋角斜射，意外災難多 …………… 028

危機05 從大門壁刀，化解事業危機 …………… 034

危機06 明堂雜亂煞氣重，影響心神大出錯 …………… 037

危機07 化居家雜亂煞氣，解離奇死亡危機 …………… 040

危機08 由房屋前方空間，化解租屋買屋危機 …………… 043

危機09 尖銳之物須注意，方位凶時多災傷 …………… 047

危機10 牌樓沖射帶陰煞，回祿之災須提防 …………… 049

危機11 十二種開運物，化解吐血危機 …………… 053

危機12 看出「啞巴宅」避免病變危機 …………… 060

危機13 擺對開運物，避免過敏感染危機 …………… 063

危機14 避免地氣被吸走，化解窮困危機 …………… 066

危機15 避開反弓煞，化解離婚危機 …………… 069

危機16 垃圾堆積煞氣重，引起皮膚病危機 …………… 072

危機17 屋近公共廁所，泌尿系統出問題 …………… 075

危機18 前方破屋現牢獄之災 …………… 078

危機19 物體凸出如探頭所產生的遭竊危機 …………… 082

危機20 屋後屋脊像弓箭，親友暗算被拖累 …………… 085

危機21 屋脊沖射屋側面，左沖損男右損女 …………… 087

危機22 房前有獨立屋，夫妻吉凶難斷 …………… 090

危機23 房前尖物的血光之災 …………… 092

危機24 房宅後方路沖射，必傷家主 …………… 095

危機25 地鐵穿下方，家運起伏難捉摸 …………… 098

危機26 從通道化煞開運，解除倒閉危機 …………… 101

危機27 屋靠寺廟教堂，陰靈作怪 …………… 108

危機28 屋靠墳場、殯儀館，家宅不寧 …………… 110

危機29 兩棟新屋夾住宅，人傷財不安 …………… 113

危機30 屋後大水溝，離家出走人稀少 ⋯⋯⋯⋯ *115*

危機31 兩路夾住宅，桃花是非多 ⋯⋯⋯⋯ *118*

危機32 對面大樓高壓，財運差、前景堪憂 ⋯⋯⋯⋯ *122*

危機33 面對大樓側面如面壁，前途暗淡賺錢難 ⋯⋯⋯⋯ *125*

危機34 虎邊大樓高壓，女人強勢宅不安 ⋯⋯⋯⋯ *127*

危機35 從家中的福氣方位，找尋幸福，化解危機 ⋯⋯⋯⋯ *130*

危機36 五路交會斷吉凶，正神破財零神大賺 ⋯⋯⋯⋯ *136*

危機37 大樓空隙對著屋，公司倒債挫業績 ⋯⋯⋯⋯ *138*

危機38 凹風煞氣傷筋骨，財運敗退、人不安 ⋯⋯⋯⋯ *141*

危機39 兩高一低如斷頭，賺錢辛苦難出頭 ⋯⋯⋯⋯ *143*

危機40 震動波所引起的家宅不安的危機 ⋯⋯⋯⋯ *146*

危機41 用家居植物氣味，對抗鴿舍毒氣，化解肝病腦病危機 ⋯ *149*

危機42 發射電波近住宅，血液病變癌症生 ⋯⋯⋯⋯ *152*

危機43 變壓器電磁波干擾，財源、客源流失 ⋯⋯⋯⋯ *155*

危機44 大馬路筆直寬闊，氣散不聚，生意難做 ⋯⋯⋯⋯ *159*

危機45 用財位催旺財運，化解創業失敗危機 ⋯⋯⋯⋯ *162*

🏠危機46 路上帆船任飄零，運勢飄盪財難守 ⋯⋯⋯⋯ *166*

🏠危機47 用風水打好關係，化解爭鬥危機 ⋯⋯⋯⋯ *169*

🏠危機48 路橋靠近來干擾，前途暗淡陷危機 ⋯⋯⋯⋯ *173*

Part2 建築物形狀外觀篇

🏠危機49 住家形狀的危機與轉機 ⋯⋯⋯⋯ *178*

🏠危機50 住家方位的禍福吉凶 ⋯⋯⋯⋯ *181*

🏠危機51 三角房屋或圍牆，火災自殺重病來 ⋯⋯⋯⋯ *185*

🏠危機52 房小門大的洩氣人生 ⋯⋯⋯⋯ *188*

🏠危機53 房大門小難納氣，進財不易運坎坷 ⋯⋯⋯⋯ *190*

🏠危機54 大門左右兩小門，爭權奪利各懷鬼胎 ⋯⋯⋯⋯ *192*

🏠危機55 房門破損的口舌是非 ⋯⋯⋯⋯ *195*

🏠危機56 大門歪斜的感情是非 ⋯⋯⋯⋯ *197*

🏠危機57 大門兩邊牆大小不同，壽命會很短 ⋯⋯⋯⋯ *199*

🏠危機58 由居家圍牆，化解親情淡薄疏離危機 ⋯⋯⋯⋯ *201*

🏠危機59 圍牆逼近大門，脾氣暴躁想不開 ⋯⋯⋯⋯ *204*

危機60　避免單身沒人愛，桃花開運風水，化解孤寡危機 … 206

危機61　從住家方位，化解財運危機 ………… 209

危機62　屋後增建斜斜蓋，成員難留財務緊 ………… 212

危機63　屋頂中間突出一間小屋的扛屍煞危機 ………… 214

危機64　鐵皮屋損財運，龍龜鎮宅解危機 ………… 216

危機65　找出家中的尖形危機 ………… 220

危機66　由牆面開窗方法，化解生病開刀危機 ………… 223

危機67　從住家頂樓加蓋，化解竊盜危機 ………… 225

危機68　門面如監牢，牢獄之災難避免 ………… 228

危機69　從屋宅形狀找開運物，化解網路謠言攻擊 ………… 230

危機70　重新裝修屋外牆面，化解怪病危機 ………… 234

危機71　藤類植物爬屋門，神經錯亂變瘋臉 ………… 236

危機72　導致情殺危機的風水格局 ………… 241

危機73　房子後方全封閉，宅運衰退生意難做 ………… 244

危機74　陽台突出太多，身體長瘤機會大 ………… 247

危機75　大型障礙物蓋頂，引起不明頭痛危機 ………… 252

🏠 危機76 廣告看板遮面，家運敗退，病纏身 ⋯⋯⋯⋯ *257*

🏠 危機77 半圓屋頂如棺蓋，是非糾紛凶事來 ⋯⋯⋯⋯ *259*

🏠 危機78 地基比馬路低，財來財去留不住 ⋯⋯⋯⋯ *262*

🏠 危機79 地基高過馬路，旺氣難進財難聚 ⋯⋯⋯⋯ *269*

🏠 危機80 改造你的庭院風水，化解家人口角災難 ⋯⋯⋯⋯ *271*

Part3 室內格局篇

🏠 危機81 兩個神主牌，女主人勞累奔波 ⋯⋯⋯⋯ *276*

🏠 危機82 供奉神像龜裂，財散病一堆 ⋯⋯⋯⋯ *279*

🏠 危機83 供奉神像後牆窄，財洩事業敗 ⋯⋯⋯⋯ *282*

🏠 危機84 神明廳好風水，化解家庭危機 ⋯⋯⋯⋯ *284*

🏠 危機85 神位後方是臥室，行為失常運途差 ⋯⋯⋯⋯ *286*

🏠 危機86 神明廳上做房間，家宅意外不平安 ⋯⋯⋯⋯ *288*

🏠 危機87 從公寓樓梯方向，看出破財危機 ⋯⋯⋯⋯ *290*

🏠 危機88 室內樓梯沖大門，洩氣漏財損健康 ⋯⋯⋯⋯ *292*

🏠 危機89 從屋門座向角度，找出賺錢店 ⋯⋯⋯⋯ *295*

危機90 調整後門位置，化解小人背叛危機 ············· 298

危機91 由辦公室門窗口方向，化解公司團隊心結 ············· 300

危機92 房子後方地坪低陷，家運敗退人出走 ············· 303

危機93 瓦斯爐方位不佳，客源流失賺錢辛苦 ············· 305

危機94 廚房沖臥房的火氣危機 ············· 308

危機95 睡在廚房上方的生育危機 ············· 310

危機96 橫樑頭上壓所帶來的身心危機 ············· 312

危機97 居家找個讀書好地方，化解孩子笨笨危機 ············· 318

危機98 善用文昌位，化解成績敗退危機 ············· 322

危機99 一張床要你的命，化解你的床邊危機 ············· 325

危機100 改善居家氣流，化衰氣為旺氣 ············· 331

後記：了解風水經驗統計學，化解人生危機 ············· 334

Part 1

外部環境篇

風水植栽 化解憂鬱症危機

風水危機 01

案例

　　Lily，十年前開始有偏頭痛的毛病，她原本在職場上表現亮眼，不到二十八歲就已經在上市公司擔任高階主管，本想在職場上一展長才，只是偏頭痛的問題讓她無法繼續工作。她從三十五歲起，就一直有偏頭痛的問題，嚴重時甚至痛到睡不好覺。因為經常睡眠不足，白天工作也沒有精神，總是靠喝咖啡提神。其間看過不少醫師，也做過腦波斷層掃描等檢查，一直找不出原因，無法解決偏頭痛的問題，嚴重的偏頭痛迫使她只好在三十八歲離開職場，當起家庭主婦。然而，偏頭痛不但毀了她的事業，也讓她的情緒大受影響。從四十二歲開始，她就因憂鬱症而開始看精神科門診，甚至還有自殺傾向。

風水病因

　　偏頭痛發作，以視覺徵兆最多見，病因常從視覺神經開始，逐漸向腦中神經擴大蔓延，導致神經衰弱，言語功能出現障礙。為什麼會有這樣的症狀呢？原來是Lily的房間窗口望出去，有尖銳高塔正對著房間的窗口。在風水學上，只要有尖銳或是形狀怪異的招牌、高塔如刀如槍正對房間的窗口，此種情形屬於「視覺煞」，會在視覺上，造成沉重的壓迫感、威脅感，會對人的心理產生一股無形的壓力，影響人體內分泌失調、不平衡，

有尖銳物形，正對房間窗口，風水學上稱為「視覺煞」。

「視覺煞」正對頭部則頭痛；正對身體中間部位就會發生心氣痛或腹痛；壓到下半身則腳痛或犯腳部疾病。

化煞開運

在自己住家，遇到這類「視覺煞」，可利用帆布、廣告看板遮擋，但大門口前進出通道，不須如此遮擋；如果沒辦法用遮蔽物阻擋，可在窗口安置密宗的圖騰「南久旺丹」、或道教的「獅頭八卦」皆能鎮煞保平安。而另一種開運化煞的方式，是種植高大整齊的植物，阻擋正對窗口的怪異招牌。由於植物是活性生命，可柔化視覺上的刺激，具有調養屋宅風水氣息的妙用，能將不好的電磁波、濁氣吸收掉，活化整個居家空間，讓住在屋子裡面的人，心情較為放鬆調和。

南久旺丹簡介

南久旺丹的意思是十相自在，它是藏傳佛教中時輪教法的精髓，也是時輪金剛的核心表象。時輪教法的起緣來自於神祕的「香巴拉」，又稱為「香

格里拉」，傳說中那是個美麗、和平的世外桃源。而時輪金剛大法則是屬於密宗無上瑜珈部的重要修練法。

南久旺丹

時輪金剛乘是一個內涵極其豐富的學派，它涉及的內容包含了宇宙生成論、天文曆法、人體生理學、氣功醫學、胚胎學、佛教中觀論及密教手印等等，時輪的經典分為「本續」、「略續」、「後續」，時輪金剛法的重點在身體的修煉，即身體瑜珈，它認為人體就是一個小宇宙，這個小宇宙透過修煉，可以和時間、空間的大宇宙融合為一，並從過去、現在、未來三種時間所限定的迷妄中解脫出來，證得空性智慧。

南久旺丹是由七個梵文字母和三種圖案形象所組成的，它代表的是密教本尊（時輪金剛）與其壇城合而為一的意義。組成十相自在的七個字母代表的是地、水、火、風以及須彌山和無量天宮。兩個梵文「哈」字代表修法者的身、口、意及心輪本尊。新月、圓點及豎立的毫毛代表的是頂輪本尊的身、口、意。

南久旺丹是內時輪、外時輪、別時輪三種時輪的概括，外時輪是指須彌山、四大洲、八小洲等器世間，內時輪是指欲界、色界、無色界等三十一重天界的有情世間，而別時輪是指生起次地的壇城，以及圓滿次地的氣脈、明點等。

南久旺丹是集三界世間一切精華於一體的象徵，本身即蘊含著不可思議的大能量，將南久旺丹的唐卡掛在住宅中，則能化解一切煞氣，甚至斬妖除魔，還能調整整體風水磁場，提升家運，辟邪消災，使人人平安增福，事事

吉祥如意。

獅頭八卦簡介

　　劍獅，在台灣民間又稱為「獅咬劍」，其主要形象即一個獅頭，口中啣著一把劍，有時還會搭配八卦等圖案即稱為獅頭八卦。

　　劍獅的起源已經難以考證，只知道和古代用來辟邪的「獸牌」有所關聯，而於明清兩代盛行於閩南以及台灣。其中一種傳說是在鄭成功經營台灣時期，訓練水師官兵，而官兵操練時所持的盾牌上就繪有獅面的圖案，當士兵操練結束回家後，就將獅面盾牌掛於門上，再將刀劍橫插在獅口，就成了威武的「獅咬劍」。宵小見了，知是官兵的住宅，便不敢入內行竊。百姓見這「獅咬劍」圖像，氣勢懾人，能嚇阻宵小，使之怯步，便紛紛仿效，以求「劍獅」能威鎮八方，震伏百獸，護民安宅。久之，家家戶戶都安上各式各樣的劍獅圖騰，以收辟邪、祈福、納祥之效。

　　事實上中國自古以來並不出產獅子，最早是以老虎為袪邪的神獸，直到東漢時隨著佛教傳入中國，才曉得有獅子這種動物，古時獅子稱為「狻猊」。而「獸牌」則是從古代驅邪祈福儀式中，人們所戴的獸型面具所演變而來。

　　獸牌在建築風水的應用上由來已久，主要是用來化解四周其他建築物的牆角、屋脊的沖射煞氣。

　　隨著佛教思想深入民間，獅子也漸漸被視為一種能招來吉祥、趕走邪惡煞氣的神獸，許多神明菩薩的造像就是騎著獅子，而寺廟的大門前也通常會放著兩隻石獅子，因此以獅頭做為辟邪獸牌的圖像就漸漸普遍了。而

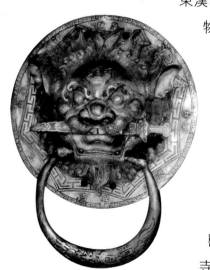

獅頭八卦

寶劍則是道教儀式中重要的法器。法師手持七星劍、桃木劍，便能斬妖除魔、驅邪趕鬼。所以將獅頭和寶劍結合起來，經由法師開光加持後懸掛於家宅中，即可藉由神獸及法器的威力來化解一切煞氣，辟邪鎮宅，引來吉祥。

柔化「視覺煞」發射源好運自然招手

　　案例中的Lily，除了家中窗口的「視覺煞」之外，她每天待在辦公室的時間太長，看著發出輻射線的電腦螢幕太久，身旁還有3G手機螢幕、影印機影印的光害，以及刺眼的日光燈，所製造出來有害正離子，影響工作情緒，長期待在這種目眩神迷的環境中，容易使人心浮氣躁、頭暈腦脹、肩頸酸痛，免疫力降低，小病不斷，影響工作氣運。

　　想讓工作氣運更好，可以在自己的辦公桌擺些綠色植栽，進行光合作用，讓植物吸收二氧化碳放出氧氣，活化空氣，使自己放鬆身心，調養心情。但是擺設綠色植栽，避免擺放藤蔓類或太過茂盛的植栽，藤蔓類植物牽捲枝條太多，隱含小人暗中繁衍、默默破壞，容易招惹人陷害。

　　仙人掌也不太適合擺在辦公桌上，雖然仙人掌可吸收電磁波，抵擋小人陷害，但也會阻擋貴人接近，不容易有好的事業機會。擺設植物化解煞氣，最好挑選葉圓形植物，針尖葉形植物容易產生煞氣，比較不好。

　　家中室內角落、通道邊，也常會放射出不協調的視覺刺激，為了調和視覺，可在室內對角，擺黃金葛、金錢樹招財，讓室內多一些綠意，舒緩緊張的情緒和壓力。另外，在凸出的樑柱、鐵鋁窗條架，也會投射出剛硬框架的視覺刺激，這類剛硬尖銳的東西看多了，會影響腦神經系統，精神容易緊繃，做事常常出錯。調和這些視覺刺激的方法，除了綠色植物之外，還可以用窗簾裝飾，或者裝潢天花板，轉化這些厄運的煞氣，好運自然能進入家中氣場。

🏠 找出自己的開運植物

　　植物柔化住宅尖銳煞氣，除了考慮視覺角度，另外一個重點是，找出與自己個性相輔相成的開運植物。

鼠 年生的人，思考靈活但是情緒不容易穩定，可選擇茉莉花、金錢樹、黃金萬兩、鳳梨花這些白色開運植物，化解視覺煞氣，穩定自己跳動的情緒，增強自己的氣運。

牛 年生的人，個性較為保守固執有耐性，以五行生剋來說，牛年生屬土，用火行紅色植物，最容易引動生肖牛的氣運能量，可選擇用天竺葵、紫色幸運草、彩葉草、絨葉鳳梨這類開運植物，來化解視覺煞氣，激發自己的行動力。

虎 年生容易愛面子，喜歡吹牛，雖然領導能力強，但是容易變得自大迷失自我，屬木的虎，可選擇馬拉巴栗、巴西鐵樹、小葉懶仁、鳳凰木，這類嫩綠色大型木本開運植物，幫助自己修正自大的毛病，增強自己的氣運。

兔 年生的人，工作勤快、行動迅速，但是做事容易急中出錯，可選擇褐色、深綠色水芙蓉、銅錢草、萍蓬草、金魚藻這類植物，來緩和自己急躁的個性，化解視覺煞氣，增強自己的氣運。

龍 年生的人，活潑開朗但耐性不足，執行工作計畫較沒毅力，可選擇火紅色秋海棠、彩葉草，仙客來，矮仙丹這類開運植物，來化解視

覺煞氣，增強自己執行工作計畫的續航力，點燃隱藏的熱情。

蛇 年生的人比較自我，有主見不喜歡被拘束，是個令人頭痛的人物，但執行工作計畫較能貫徹到底，屬蛇的人，可選擇綠色的小品榕樹、馬拉巴栗，木花紫薇這一類，美麗又容易栽種的開運植物，來化解視覺煞氣，相信化解功效可以持續得久一點。

馬 年生的人，工作有效率，行動敏捷，只是有時火氣一來很難控制，容易與人起衝突，可選擇紅棕色的火鶴、九重葛，鬱金香，仙丹花，火鶴這類開運植物，幫助自己緩和火氣，增強自己的氣運。

羊 年生的人，行事作風深思熟慮、謹慎穩重、看重細節，做事難免不夠乾脆，可選擇深綠色的石斛蘭、蝴蝶蘭、日月櫻這類開運植物，來化解視覺煞氣，提升做事的自信心，增強自己的氣運。

猴 年生的人，聰明點子多，口才反應好，只是有時太愛玩了點，可選擇白色葉闊的合果芋、佛手芋、九重芋這類開運植物，來化解視覺煞氣，讓肖猴者穩重一點，增強自己的氣運。

雞 年生的人，有一套自己的獨特想法，容易被愛情衝昏頭，很適合小巧玲瓏的盆栽。做為開運植物，最好是選擇青綠色的羅漢松、扁柏、綠寶石，竹柏這類植栽，來化解視覺煞氣，讓屬雞者可以想開一點，不再鑽牛角尖，增強自己的氣運。

狗 年生的人，做事認真負責忠於職守，只是心直口快容易與人發生口角，可選擇紅棕色玫瑰、五彩千年木、水丁香這類火行或土行開運植物，來化解視覺煞氣，幫助屬狗者控制脾氣，帶來旺財的好運。

豬 年生的人，容易好高騖遠不切實際，可選擇薰衣草、鼠尾草，紫薇花這類紫色、藍黑色開運植物，來化解視覺煞氣，能給屬豬者帶來好運。

　　總之，只要選對開運植物，化解屋宅風水煞氣，風水危機即變成轉機，柳暗花明又一村。

辦公室有綠化，風生水起好運來。

風水開運物
化解噪音危機

案例

　　王皂（化名）是一位三十六歲的男性，每天騎機車上下班。他工作謹慎認真，從來沒遲到過。一年前，在下班的路上，因為下雨，車子在路上打滑，發生了小車禍，受了點輕傷。還好沒有什麼大礙，傷勢慢慢復原。自從那次小車禍，他騎車越來越小心，上下班騎車戰戰兢兢，車速越騎越慢，不過奇怪的是，自從那一次小車禍後王皂開始出現失眠、焦慮、頭暈、耳鳴、注意力下降、記憶力衰退等情形。

　　一開始王皂以為是工作太累，才會這樣，只要多休息應該就可以改善，沒想到失眠、焦慮的情況越來越嚴重。後來發現，是因為住家長期噪音所導致的生理疾病。

　　噪音對王皂的健康，產生很大的破壞作用，噪音能產生慢性壓力，使得王皂的身體每天都處在警醒狀態。身體的警醒狀態導致持續疲勞。王皂常常睡到一半，被噪音驚醒，即使晚上在睡覺，王皂的耳朵、大腦和身體，持續對周圍聲音有反應，這種反應提高他身體中的壓力激素，如果這種壓力激素，持續存在於王皂的血液循環中，就可能導致生理變化。最終結果可能是由心力衰竭，變成高血壓，再變成中風，居住在噪音環境的王皂，記憶力也漸漸變差。

風水病因

　　如果你是住在靠近機場、機械工廠、工地等等，一些有高分貝噪音地方，像是飛機起降的噪音、鑽地、打樁、馬路上車輛行走等等的噪音，會使你的心臟跳盪不寧，產生恐怖、失眠、煩躁、消極、或精神分裂的現象，甚至會產生自殺的念頭。這在風水學上，我們稱為「聲煞」，人在這些環境下住久了，容易精神疲乏，上班的地方也一樣，如果附近正在進行打樁工程，一樣會受到「聲煞」的傷害。

　　聲煞的破壞力很大，聲波對人長期下來可能導致失聰，還會損傷視力，引起頭痛、耳鳴、記憶衰退等等神經衰弱症候群。如果家中女主人肚子懷有寶寶，更要提防「聲煞」影響胎兒發育。令人不快的噪音，讓人心浮氣燥，妨害正常生活，人的氣運會因為「聲煞」的干擾，變成衰運。

　　「聲煞」不僅僅是外在的機械噪音所產生的，持續不斷的流水聲、瀑布聲、松濤聲，也是一種聲煞。即使是音樂、歌曲、兒童喊叫聲，只要聲音太大，持續不斷，都可能形成危險的聲煞。聲煞屬於無形煞，長期在住家周圍附近衝擊屋主，屋主會變得暴躁而漸漸失去理智。

🧭 化煞開運

聲煞會影響地靈，聲煞若出現在住宅的西南方，影響屋主的力量會更大，化煞開運的方法，可用種樹、花草隔音，以植物吸收聲音，或用布簾、百頁窗、氣密窗、隔音窗⋯⋯等，來隔音消彌煞氣；也可把音響放在屋裡的旺氣方，放聖歌或心靈音樂。若利用這些方法還是無法改善的話，可在您睡覺的地方，放個葫蘆來擋煞。也可在聲煞出現的方位，安放葫蘆來吸收煞氣，鎮煞保平安。

家居風水可用百頁窗來化煞氣。

「葫蘆」是一件神秘的開運物，可降妖除魔，阻擋任何煞氣，現代物理學證明，葫蘆的形狀能化去各種聲波和輻射干擾。葫蘆在古代醫藥房門口懸掛，代表「懸壺濟世」，所以葫蘆後來用做化煞、去病、驅邪的歷史也有數百年之久，是風水中使用最廣的吉祥物之一，化煞功效比古錢、銅鈴還強。在中國傳統的開運吉祥物中，「葫蘆」是具有收妖避邪、消災納福、增進財祿的神奇寶物。

葫蘆的形狀，口小身大，煞氣易入葫蘆身，難出葫蘆口，葫蘆圓弧的造型，可以幫助增加人緣，圓形葫蘆身屬金，可化土煞。葫蘆裝藥，可以增進健康；葫蘆口小肚大，可以納財，帶來好財運。一般來說，葫蘆是多籽植物，跟多子（籽）多孫的觀念有相通處，葫蘆的葉「蔓」又與「萬」字音雷同，所以，葫蘆連同葉蔓這種吉祥物，有「子孫萬代」的涵義。

葫蘆會讓住家開運的原因，一來是「葫蘆」與「福祿」音雷同，聽起來順耳吉祥，二來葫蘆的外型可愛，上下兩個弧形，迂迴環繞，能藏氣、納氣，既可收納住宅污穢之氣，又可減少家人的災厄病痛。

以葫蘆破聲煞，要挑選出對的葫蘆，才有消災解厄的功效，以葫蘆瓜曬乾製成的天然葫蘆，化煞功能最好，銅鑄葫蘆也有一定的化煞功能，銅葫蘆五行屬金，可化土煞，至於陶瓷、水晶所鑄成的葫蘆，收煞效果不大，觀賞用即可。

化煞葫蘆外型要美，葫蘆肚要大，最好挑沒有缺口的大葫蘆，如果只能挑到小葫蘆，最好以多個組合懸掛於化煞方開運最好，天然植物生成的葫蘆，化煞效果最好，如果找不到這種葫蘆，勉強可以以金屬葫蘆代替，銅製與金製的葫蘆可考慮。

葫蘆開運的用法，除了化解聲煞之外，如果天花頂上的橫樑，壓到睡覺的床舖、化妝台、書房座位等等，這些長時間休息或工作的地方，可在橫樑上掛一個葫蘆，化解橫樑壓頂的煞氣。

葫蘆另一種化煞開運的方法，是當家中窗戶或大門，正對醫院、殯儀館、墳場、廟宇、色情場、垃圾場、公廁、警察局、監獄所或屠宰場，這類犯煞氣的地方，可在窗戶或大門上，懸掛葫蘆減低煞氣。

如果夫妻感情淡薄，經常為小事爭吵，感情衝突很大，可將銅製或木製的葫蘆放在床頭，可增進夫妻感情，促進家庭和睦，免去爭執。除此之外，如果女主人不容易懷孕，葫蘆放在床頭，可增進夫妻生育能力。在床邊掛一個葫蘆能調整周圍氣場，生病會好得快一點。假如家裡有人體弱多病，掛個葫蘆有助於身體健康，為了減少病痛所掛的葫蘆，蓋子要拔掉，並且每10～15天，最好拿去曬一曬，以消除晦氣。

還沒結婚想求姻緣的人，可在桌上或床頭放置一個葫蘆，有助姻緣運勢。葫蘆放在大門，或者在廚房灶邊，最能幫助家運、事業。在大門口掛個葫蘆，可以化解外來煞氣，如果在汽車後視鏡或機車龍頭裡掛個小葫蘆，還可保行車平安。

住宅外的方位煞
丁字路的干擾

案例

　　李隆（化名）的家前方面對正北方，房子的前方有丁字路，這種路沖格局的房子，氣流受到道路擠壓，強度增大、氣勢兇猛。住久了會對人體產生耳聾及腎臟方面的疾病，影響屋內主人的運勢。李隆搬來這房子不久之後，某天李隆起床時，發現自己有一邊耳朵聲音聽不清楚，還有點耳鳴，耳朵有發脹的現象，整個人很暈眩、噁心反胃。這種突發性耳鳴的真正原因不明，大多因住家環境氣場壓力不穩定，加上發病前作息不正常，才會導致人體神經體液調節失去平衡，造成耳部血液循環障礙。

　　像李隆因住宅環境氣場不穩定而造成後天性耳聾，在一個偏遠山地的村莊之中，也有一個案例也跟李隆發生的狀況雷同，這村莊有一戶人家姓黃，黃家的房子正前方也剛好面對正北方，房子的前方也剛剛好有丁字路。說也奇怪，黃家生了九個小孩，其中女孩幾乎有一半以上，都是聾啞人士。但是父母卻不聾不啞很正常，這是基因的影響，還是受到了詛咒，為什麼全村生出來的小孩，都很正常，唯獨這一家的小孩，遭受耳聾命運的捉弄？大家吃的飯一樣，喝的水也沒差別，但奇怪的是，全村莊只有這家生的女孩有問題。偶然的機會中，黃家女主人，在報紙上，看到一個耳鼻喉科的醫療專家，談論聾啞產生的原因，他透過管道找到了這位專家，這位專家發現黃家八代直系血親，六十多人當中，耳聾的女性竟有十二人！更奇特的是，家族中的男性沒有這

種狀況，專家調查出，這十二名先天性耳聾的女孩，都與黃家女主人，住在同一個地點，其他搬出去的直系血親，生出來的女孩，就沒有這種狀況，丁字路是否引發了黃家的遺傳基因，這到現在還是一個謎。

風水病因

人體中有三萬多種基因，與耳聾有關的基因二百多個，目前發現的只有六十個，誘發這些基因產生耳聾的原因至今不明。以風水學來解釋，是屋主所住的房子，犯了方位煞，在某些方位產生衝擊，致使聾啞基因誘發。案例中黃家就是犯了方位煞，誘發了聾啞基因。

從整個房子的基地方位來看，每一間房宅都有八個方位，分別是正北、正南、正東、正西、東北、東南、西北和西南等八個方位，如果這些方位有崩破、缺陷、尖射、巖巉……等情形，不管是對住宅，或是對祖墳

丁字路

的氣運，都會產生不良的影響，影響屋主及後代子孫。

屋宅方位的煞氣，與流年有關，譬如說某一年的流年，煞氣方在正北

方，如果這個方位有丁字路沖煞，便容易被引動流年煞氣，這稱之為方位煞，每一個方位，沖煞的事件不同，如果想查自己的流年方位沖犯的資料，可上網址：http：//ziwei.luck-creator.com/點進「紫微斗數，免費算命」網頁，輸入自己的出生年、月、日、時，即可針對自己的方位，調整家中風水方位。

一般來說，房子的前方如果有丁字路，影響最大，若是房子的前方有丁字路，而且是在正北方，則會對人體產生耳聾及腎臟方面的疾病，並且家中敗財、官非連連。住家一方坐落於丁字路沖地段，氣流受到道路擠壓，強度增大、氣勢兇猛，氣流經狹長道路，直沖住家而來，住宅受到如此強勁的氣流衝擊，屋內氣場容易混亂，影響屋內主人的運勢。

🧭 化煞開運

丁字路的沖煞，是所有外煞中最強的，一旦住了這種凶宅，輕則重病，重則全家皆亡，而且一旦煞氣形成，不管你走到哪裡，這股煞氣照樣會影響你。所以這種凶宅最好還是搬遷為宜，若暫時無法搬移就要做化煞的處理。

九龍玉璧

化解丁字路沖最好的方式，可在門口安置道教的「獅頭八卦」，或密宗的圖騰「南久旺丹」。南久旺丹藏語稱為「十相圖」或「十相自在」，是藏傳佛教時輪金剛的一種「種子字」圖案，象徵時輪密法的最高教義，極具神聖力量。時輪即時間之輪，輪迴為痛苦之根，眾生因生、老、病、死之輪迴流轉而生出喜樂與痛苦；若依「南久旺丹」淨化住宅氣場，便可產生

密法中「結界」的力量，不但化解路沖的煞氣，更可轉不淨為清淨，令毀滅的得以復甦，使痛苦與鬥爭轉變為快樂與和諧。

　　除此之外，可在房子「伏位方」再掛一幅「九龍玉璧」，伏位方，是輔弼星所飛臨的位置。（伏位方的資料請參考風水危機61, 210頁）

　　輔弼星在五行上屬陰木，所在方位的氣場特性在於向上升展。這個位置主安定中求進步，穩紮穩打，所以能平順如意，生活中少有波折。由於伏位沉靜，如果在這個方位受孕，得女的機會比得男要大得多。也有人認為伏位藏財，陽宅的伏位方如果格局良好而得氣，則錢財能細水長流，會源源不絕而來，不虞匱乏。

前方受屋角斜射
意外災難多

　　小韓（化名），在一所私立大學就讀，與班上同學小畢（化名），長久以來，一直互相競爭全校的第一名，小畢不甘願老是拿到第二名，輸給小韓，竟然用硫酸潑灑對方，造成小韓左臉、下半身多處一度灼傷，左眼還差點失明，事後小畢很後悔，還遭學校退學。小韓回想被人潑硫酸的過程，到現在還是心有餘悸，其實小韓並不想爭第一名，只希望不要被當，但小畢曾對他說：「第一名先給你，我一定會拿回來」，這句話讓小韓很害怕。小韓曾將筆記借給小畢，沒想到小畢最後竟為了排名高低而攻擊他。

　　就讀私立大學的小韓，連續四個學期總成績，都是全校第一，小畢比小韓成績差一點，一直都全校第二名，只是小畢輸不起，常常暗中拿小韓當成假想敵，小畢把學業競爭，看成仇恨，恨那些擋在他前面的人，最後成了害人的怪胎，其他同學當時看到小畢潑小韓硫酸，樣子很鎮定，離開的時候一點都不緊張，似乎早有預謀，大家懷疑，平時看起來怪怪的小畢，早就想害小韓。

　　小畢會如此恨小韓，除了恨小韓老是拿第一之外，另外一個原因，是小韓開玩笑開得太過分了，小韓常常取笑小畢的長相，偏偏小韓是女生喜歡的帥哥型，小韓在小畢的長相上開玩笑，讓

小畢自卑感更重，恨意一天天地加深，有一天下課，小畢越想越氣，當他上廁所看到鹽酸就在一旁，突然想到要拿鹽酸嚇唬小韓，給他一點教訓，沒想到小韓不認輸的個性，更刺激小畢大膽地將硫酸潑向小韓，最後釀成悲劇。

風水病因

小畢是畢家的大兒子，從小就會突然間有心痛的症狀，十歲曾經騎腳踏車摔傷，傷到頭部，十五歲跟朋友去玩，差點溺水死掉，沒想到到大學讀書，還向同學潑硫酸，可說是氣運相當的不好。從風水學的角度來看，小畢住家的風水，對他很不利。

小畢住的房子，是一間鬧中取靜的透天厝，這屋子原來是三十年的老房子，屋主大手筆花了一、二百萬整個裡裡外外重新改裝，地板全部換成80×80cm的米色進口大理石地磚，窗簾也配上歐風白紗及粉紫色的外罩，加上屋主各方面的用心與巧思，其實如果不談陽宅風水的話，真的很難不讓人心動。

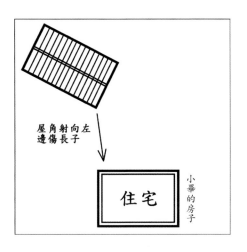

屋角射向左邊傷長子

住宅

小畢的房子

從整個陽宅風水來看的話，雖然其它各方面都還好，但它卻有一個地方算是比較大的瑕疵，那就是房子的前方也就是正南方剛好有一座教堂，而這座教堂屋頂的屋角剛好斜射向對面的這棟房子，這在陽宅風水上可算是一大忌諱。一般來說，如果房子的前方（正南方），剛好有道路或屋角斜射向房子的話，射向住宅左邊傷長男，射向右邊傷少男，射向中間傷次男；若是再發生於正南方則會對人體產生眼疾、盲目（失明）、心臟病等情況。小畢的家，剛好被教堂的屋角射向住家的左邊，小畢又是畢家的大兒子，這種風水，對他往後的氣運，影響很大。如果住在這類房子的人，要小心留意家中大兒子的狀況，並用風水學上遮、擋、化、鬥、避五種化煞開運技巧，避開煞氣，保住大兒子平安。

🧭 化煞開運

化解小畢住家煞氣的方法，可在正對沖煞的房屋大門或牆壁上，懸掛道教的法器「獅頭八卦」；窗戶上也可裝設厚重的窗簾，庭院或窗口擺設大型盆栽或種樹；有助於煞氣的化解，也可在窗台上擺設「天然火山琉璃貔貅」來淨化磁場。

天然火山琉璃簡介

千度以上的高溫岩漿自地底噴發，高溫溶解了岩石土壤中的礦物質，在適當的環境條件配合下，經過漫長的歲月，吸收天地精華，形成晶瑩剔透，色彩純淨美麗的晶石，這就是火山琉璃。

由於產地的地質狀況以及火山爆發時的溫度差異，使得火山琉璃具有不同的色澤變化。常見的有綠色、藍色、黃色、茶棕色、紅色、紫色等等，其純淨剔透的質地，讓人聯想起天地間最乾淨單純的能量。火山琉璃又稱為「摩曼達多寶石」。

火山琉璃的主要構成元素雖然也是二氧化矽，但性質卻和人工玻璃截然不同，反而如同天然水晶一般具有磁場能量，也擁有儲存、傳遞及擴大的功能。

又因為是由火山瞬間噴發而出，因此火山琉璃的能量磁場中還帶有一股強大的爆發力。將它運用在開運催財方面，您會感受到那種旋轉乾坤的強大威力，特別快速而效果顯著。

火山琉璃強大的能量，運用在風水佈局上，可以化煞消災、開運催財、發旺事業，而它純淨穩定的磁場，又能輔助修行人提升自身能量、開啟心智、增長智慧靈性，一般人也能夠達到淨化思維、平穩情緒、紓解壓力的功效。

火山琉璃因為具有不同的純淨色澤，所以能夠和人體不同部位的能量輪產生共振，而發揮調整磁場的作用。

例如綠色琉璃，是屬於心輪的能量。代表一種欣欣向榮、生生不息、豐盛充足、美好可愛的力量。能夠化解周遭的不信任和懷疑，使人擁有寬廣的心胸，有冒險的精神，具備親和力而容易交朋友。許多大企業家都擁有這種強大的綠色心輪能量。

黃色琉璃，是屬於胃部太陽神經叢的能量。代表獨立自主，自動自發，重視科學性、邏輯性、分析性，具備雄心壯志和聰明才智，而且執行能力強。這方面的代表人物例如科學家、會計師、律師、建築師等等。

藍色琉璃，是屬於喉輪的能量。代表的是冷靜、鎮定、有判斷力、具洞察力、想像力、發明創造的能力，良好的溝通表達能力，開放的學習態度，內在安靜清明的狀態，內心成熟篤定的展現。代表人物則是作家、藝術創作者、司法人員、演說家等等。

若能配合個人的潛在特質及特定目的而運用火山琉璃，必能發揮事半功倍的效果。

貔貅簡介

　　貔貅是自古傳説的神獸，環抱著銅錢，貌似麒麟。傳説中，貔貅是玉皇大帝的么子，個性又聰明伶俐，所以很得玉皇大帝的喜愛。玉皇大帝的幾個兒子各有不同的飲食喜好，小么兒貔貅則專吃金銀財寶，擁有一張大嘴但沒有肛門，象徵金銀珠寶「只進不出」。而且，牠很喜歡去咬錢回來討主人歡心，而錢財只進不出的特性，使貔貅被視為是吉祥的「招財神獸」。貔貅又有分公母，貔指公的神獸，有霸氣，傲視群雄，代表事業運，而貅則是母的神獸，成為守財、豐收、儲蓄、金庫的象徵，所以貔貅是一種積極性、行動力特強的開運寶貝。

　　貔貅具備辟邪、擋煞、求財三大功用。安置於家中適當位置，象徵吉祥與平安之意，擁有許多的好處。

　　一、貔貅是一種能保護主人的神獸，具有強大威猛的招財靈性，能幫主人招來錢財，找尋貴人，咬住錢財，只進不出，因此是最佳的招財、守財的神獸。貔貅置於家中任何適當位置，可帶來四方財運及意外之財。所以貔貅不僅能招正財還能招偏財。

　　二、貔貅具有鎮宅之功效，可令家運轉好，好運加強，驅除邪氣，阻擋煞氣，是家中的守護神。貔貅最擅於化解五黃煞、天斬煞、穿心煞、鐮刀煞、屋角煞、刀煞、白虎煞、陰氣煞（如墳場、廟宇、鬧鬼之地）、二黑病符星等等。當陽宅遇到上列煞氣，致家人居住不安、損人丁、破財、家庭不合、車禍、血光、開刀、離婚等等，皆可用貔貅鎮之，化煞保平安。

　　三、經營生意或從事業務推銷工作，可請求貔貅神獸幫忙，咬住任何的生意機會，並促成買賣交易順利，生意興隆，收款順利，財源廣進。

天然火山琉璃貔貅

🏠 利用居家佈置來轉運

以植物化煞開運來說，由於南方代表的特性是外向、熱情、愛交際、感情衝動，宜用紫色的植物、裝飾，來佈置空間，改變小畢體內的氣場。

想用風水學，改變人的情緒，有些家居佈置要注意，在家具擺設上，坐起來要踏實，當你不清楚家中吉凶方位的時候，家具的擺設一定要注意空間高低。人坐的位置一定要很穩定，位置不能太低，沙發座椅最好擺放在有靠牆的方位。沙發座椅前面的擺設，不能比坐的人高出許多，擋住視線產生壓迫感。這樣坐在椅子上的人，才能有靠山面水的感覺，現在很多住宅在擺設家具的時候，坐椅沙發沒有背實牆，坐椅面對的方向，前面有個高大的電視牆，或一片很高的布景牆，造成一種面山背水的壓迫格局，令人心神不安，化解這這種風水煞氣的方法，可在沙發後面的牆壁上，掛一幅山水畫，彌補人座位上氣勢不強的弱點。

• 洗手間的馬桶對門也不好，將影響視覺衛生，容易讓人有骯髒的思想，若是遇到這種情況，可以在門上掛上一幅鯉魚游水圖像，化解煞氣。

• 經常出入的門，旁邊最好不要放鏡子，很多家庭會在大門或臥室門口放置一面鏡子，容易被出入影像的反射，影響視覺觀感，讓情緒不穩定，如果能去掉鏡子，就盡量把它移走，若情況不允許，就要用布遮擋鏡子。

• 臥房睡床、床頭不宜對房門，最好整張床都不要對到門，也不要對到洗手間門，床頭在窗戶下也不好，容易被刺眼的光，影響情緒。床尾不要對著窗戶，床尾最好不要擺高大的衣櫃，因為會壓到腳，視覺上看起來也很有壓迫感，容易造成睡眠品質不好。

風水講究氣場，由居家佈置改變人的「視、聽、嗅、觸、味」這五覺，讓人感覺清新之氣，進而改變自己的思維，調整和改善自我的情緒，相信可提高自己的生活品質，使自己更成功。

風水危機 05　從大門壁刀 化解事業危機

案例

　　李小姐多年前在人生最低潮的時候曾求助於筆者，經筆者從命理及風水上給予指點及幫助，李小姐順利創造了她事業的高峰。生意大發的李小姐，把原先的店面頂讓之後，另外買地蓋起透天店面兼住家，該地區的地價，目前一坪都是百萬起跳，可想而知其身家財產的雄厚。然而最近她又愁容滿面地跑來找筆者，說她想代理一家日本的知名服裝，但一直很不順利，她花費了一年多的時間在爭取服裝代理權，卻都沒爭取到，層層碰壁之下，又想到了筆者，於是前來請筆者去鑑定新居的風水。

　　筆者來到她的店面，前後觀察了一下，連羅盤都不必量測，便已知問題所在。她購地自建的透天店面，是「三空一閉」的格局，所謂「三閉一空是豪雄，三空一閉亂如麻」，而她的新居就是前、左、後方皆空。後方是靠山，後空則無靠，遇事少有貴人幫，也代表子孫無力，左空則代表家中男人無力，或無男人可靠，而唯一有靠的是右方，代表女人掌權，萬事都要靠女人來處理，雖然正符合了李小姐的現實狀況，但對她來說卻是支撐得頗為吃力。而且「三空一閉」的格局，也代表收氣紊亂，財來財去留不住，也因此她一住進這裡，馬上就遇到了金融海嘯，投資整個出問題，荷包大失血。

　　而更嚴重的，是住家店面大門正對壁刀煞，此煞氣甚凶，除

了對居家安全不利之外，更對她的事業有嚴重影響，收納氣不正確又有煞氣襲入，事業會順利那才真的奇怪，所以她談了一年多的服裝代理權難以成功，並不意外。

風水病因

李小姐的房子正前方有牆面對到，形狀像壁刀直劈而來，會對李小姐有何影響？房子正前方有牆面對到，形狀像壁刀直劈而來，此為「破面煞」。居家會發生車禍、血光、脾氣暴躁；若是公司、工廠則會被人倒帳、收帳困難、合約不順利、員工會發生意外。

壁刀構成的條件，形成壁刀的屋宅，必須比自宅高或者同高，傷害力道才會出現。如果低於自宅，則傷及其等高度處而已。壁刀與自宅的距離

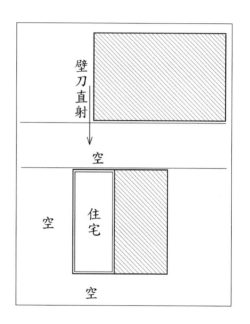

越近，凶應越明顯、越嚴重。當氣流遇到壁刀時，空氣中的氣流，延著壁刀而造成對自身之房屋垂直切割，此垂直切割的氣流，構成一股強烈的能量，直接造成自家房屋的磁場混亂，壁刀建築物越高，且距離越近時，則壁刀的影響力越大。

化煞開運

要在門口安置密宗的圖騰「南久旺丹」、或道教的「獅頭八卦」，皆

能鎮煞保平安，至於在屋子裡面可以放琉璃關老爺的雕像，或把「九龍玉璧」掛在福位方，但還是請名師指點風水較佳。

也可以將八卦桃木獅咬劍或黃金扁柏，擺在壁刀煞氣凶方化煞。壁刀正對的方位，不宜有門窗，如有開窗，可在門窗掛上金色風鈴，或在壁刀沖煞處，種樹擺盆栽使枝葉茂盛，以植物之氣，化壁刀煞氣。壁刀煞氣輕者，可安置八卦小凸鏡，以轉換不好的磁場。

南久旺丹

李小姐的房子雖然「三空一閉」又有壁刀煞氣，但短期內她也無力再另外搬遷，因此筆者將她的大門入口重新改了方向，使壁刀不直接切到大門。再安裝了一幅「南久旺丹」先化解了「壁刀煞」。至於店面後空的缺點，筆者運用天星擇日配合奇門遁甲，安置了琉璃龍龜來替她暫時挺住。並且再運用天星擇日挑了一個好時間來讓店面重新開幕，如此多管齊下之後，原本談了一年多的代理權，前陣子就順利爭取到了，而且條件很不錯，符合自己的開店成本，開幕後又生意興旺，令她甚為滿意。而更妙的是，不久之後，便有人願出高價買下她的這間透天店面，李小姐就順勢將房子賣出，又賺了一筆。

明堂雜亂煞氣重
影響心神大出錯

案例

　　廖先生的家，前面視線範圍135度內，看得到很多雜亂的東西，包括電線桿、樹木、路沖、屋角、雜物，這些東西很讓人心煩，廖先生和他老婆每次到陽台透一口氣，看到眼前這些煩人的東西，都會不自覺感到心中煩躁。這些煩躁形成了一股煞氣，讓廖先生和他老婆心神恍惚。

　　心神恍惚的廖先生曾因一時大意，差一點鑄成了大錯。在一個悶熱的午後，廖先生的妻子有一筆五十萬元的業務款需要轉帳給公司客戶，由於天氣炙熱，廖先生不忍看到老婆大熱天還要跑銀行，所以就幫忙老婆去銀行匯款。廖先生當時到了銀行大廳之後，因為感覺大廳內人多嘈雜，所以廖先生捨棄用匯款單匯款的方式轉帳，改由ATM轉帳，廖先生第一次轉帳的時候輸錯了帳號，系統顯示無此帳號。後來他又輸一次帳號，結果這次他一看系統沒說錯，就趕緊輸入金額，然後按了確認鍵，把錢轉出去了。等到廖先生回過神來，才發現收款人帳號，跟他手上所寫的帳號有出入，但此時交易已經完成了。廖先生已經把一大筆錢轉到錯誤的帳號去了。

　　情急之下，廖先生跑到派出所報案請求協助。派出所接到獲報後，立刻帶著廖先生來到銀行，並調取被錯轉帳號的個人資料。經電話聯繫，被錯轉帳號的帳號所有人吳先生聲稱自己目前

人在國外工作，帳號的金融卡是多年前辦的，放在家裡不在身邊，所以無法馬上知道自己的帳號是不是有多了一筆錢。這位吳先生一開始並不十分配合，一來是擔心對方是詐騙集團，二來是工作忙，走不開。在警方耐心地向這位吳先生解釋說，這筆錯帳的款項是不義之財，如果占為己有就會構成非法侵占罪，到最後不但要歸還所有錯帳的錢，自己還可能吃上官司。在警方苦口婆心的勸告下，吳先生最終答應自己查詢完帳戶之後，會歸還多出的款項給廖先生。經多日的聯繫，這筆巨款終於透過銀行轉帳如數回到了廖先生的手中，這讓廖先生一家懸了多日的心也終於放了下來。

廖先生稱，如果這筆錢真丟了，以他和妻子的收入，需要不吃不喝一年半才能還得清。可見明堂雜亂擾亂人心，影響甚大，平常買屋或租屋前，記得多檢查一下房屋前視線範圍135度內，是否有雜物在擾亂你的心神，如果有的話，還是少住為妙的好。

風水病因

廖先生的房子前面視線範圍135度內，看得到多種形煞、障礙物，會對家人有何影響？房子前面視線範圍135度內，看得到多種形煞、障礙物，例如電線桿、樹木、路沖、屋角、雜物堆放等等，此為「明堂煞」。有明堂煞的房子，當成住家會使人心情煩悶、事業不順、夫妻失和。

若是作為公司、生意場所則賺錢困難、是非糾紛多。明堂四周障礙物多，且整個範圍呈現陰暗，若缺少陽光的照射，陽氣不盛，那麼人際關係當然也無法開闊，而且容易形成困守的局面。

居家明堂要能匯聚好的能量，首先一定要腹地廣大，開闊明亮，其次明堂一定要清爽整潔，不可有形煞或亂七八糟的雜物。明堂可聚財氣好

運，也可聚穢氣煞氣。明堂在風水學上是一個很重要的迴旋空間，這些空間規劃佈置得好，可開運化煞永保宅運順遂。處理得不好，則家運敗退，事業不順，健康有損。形勢好的明堂，如同聚寶盆，財運、建康運、家運、事業運都能匯聚，使居住者家運興隆、財運發達。

化煞開運

最有效的方法就是將雜物清除掉。若無法清除時，可在門口安置密宗的圖騰「南久旺丹」、或道教的「獅頭八卦」，皆能鎮煞保平安。

平時要將大門外的空地，打理乾淨，盡量不要讓門前髒亂不堪，這樣出門神清氣爽，憂鬱症就不會上身。另外一種方式就是在門前打燈，利用燈光將門前空間打亮。大門外不要讓穢氣聚集，若將鞋子堆在大門外的空間裡，因鞋子本身具很強的穢氣，對住居者的人際、業務，有不利的影響，容易出現毀謗、背黑鍋、陷害、出賣、中傷、污衊等。最好能將門外滿堆的鞋子，整齊地收納到鞋櫃，並經常曬太陽以掃除不良氣場。

想在人際關係中招來貴人，除了將門外空間打理乾淨，保持通風及明亮，鞋子收納好之外，另外可在大門內外空間，擺設「黃金菊」盆栽，藉著黃色菊花的生命能量，招來貴人，形成好人緣磁場。

如果想在客廳位置擺放植物，以和氣生財為主，果實類的植物，擺放在客廳有豐收的氣場，可增強人的能量，增進夫妻的感情、家人的和睦，是不錯的選擇。但果實類植物需要細心照料，如有果實成熟後出現腐爛脫落，就要盡快更換。

大門旁或玄關位置，是引氣的地方，如果在進入大門旁的位置或者玄關處能夠擺放一盆水栽植物，有利於聚財，玄關的風水好壞與家人的事業及財運有著密不可分的關係，因此要記得為植物補充水分，以防植物因缺水而枯萎。

化居家雜亂煞氣
解離奇死亡危機

案例

　　這房子是一間令人摸不透的房子，之前有一對老夫妻住在這裡，不到一年女主人與老先生吵架，急怒攻心，心肌梗塞而亡。老伴死後，老先生不甘寂寞，又娶了個五十多歲的女士，兩人結婚不到一年，老先生因雙腳萎縮，併發腳氣病而亡。老先生死後，寡婦也不甘寂寞，跟個三十九歲的男子同居，兩人同居不到兩年，這寡婦有一天突感心煩氣躁，一陣耳鳴後昏到，送醫途中不治。警方曾懷疑這個三十九歲的男子，加害這個五十多歲的寡婦，但查無實據。後來男子在四十五歲那年，娶了一個三十八歲的女子，結婚一年後，男子突然離奇失蹤，後來被人發現他跳河自盡。當時的目擊者說，這個男子，跳河前拿著一瓶酒猛喝，一直喊著：「我好煩啊!!我好煩啊……。」一直重複這句話，路過的人以為他是瘋子，沒理會他，不久就在河中看到他的屍體。三十八歲的女人百思不得其解，她的丈夫到底在煩什麼，之前都還很正常，怎麼會突然發生這樣的事。兩年後，女人跟一個小他五歲的男人結婚，結婚不久後，那女人也離奇地去世。這件事過了十年之後，有一對年輕夫婦帶著剛出生的孩子搬進去，對房子進行一次徹底的整治之後，離奇死亡失蹤事件，從此就不再發生過了。

風水病因

這棟發生離奇案件的房子，未整修前，房子的前方（正東方）太過雜亂不清，使人情緒容易心煩氣躁；腳部會產生疾病，甚至會有跛腳的情形。在氣運上，住戶容易犯小人、精神狀況易不穩定。這棟房子，不僅前方雜亂，屋後也雜亂，後面的巷子裡有人在做資源回收，瓶瓶罐罐堆滿雜物，影響整個房子的氣運。

從風水學角度來看，屋前雜亂，影響男主人的運勢；屋後雜亂，影響女主人的健康。房子雜亂的原因，在於不必要的雜物太多，雜物是風水的大忌。風水上有所謂眼見為煞，雜物令人眼亂，眼亂則心亂，心亂則煩，煩則疾病生，情緒不穩，自殺等離奇事件，會一連串發生。

雜物是一種慢性煞氣，會緩緩侵入人的心神中，造成不好的幻覺。雜物只要堆放在能看得見的地方，就會產生不好的風水效應。雜物中有三種物品，容易形成煞氣，一是老舊不用的電器用品，二是容易潮濕發霉的物品，三是用了一次就不再用的物品。有些人買一堆鞋子，只穿過一次，就堆放在家中，久而久之，雜物會散發出濃重的穢氣，嚴重影響家中運勢。還有，一棟房子大門打開的室內空間，也就是所謂的「玄關」，如果這塊地方堆積雜物，會影響家中事業上所帶來的財路，如要改善這棟房子氣運，雜物非除不可，否則煞氣難除。

化煞開運

想替這棟「令人摸不透的房子」化煞開運，先得除去家中雜物，才能使屋主開運，除雜物前，先選個好日子，可在黃曆上選個「除」的日子，將雜物清掉。清理重點，先從大門開始，大門動線暢通，既沒有垃圾也沒有雜物，讓人進出都能感受到一種好心情，大門是住宅出入的地方，如果很雜亂，會讓人的能量阻塞，身心靈都會造成莫大的衝擊。大門玄關若無

法保持明淨，就要擇日掛一幅密宗的圖騰「南久旺丹」可鎮煞保平安。玄關鞋櫃內鞋子會產生穢氣，櫃內的鞋子應經常曝曬清洗，鞋子必須收入鞋櫃中，不能散亂滿地，才能去除穢氣。可在鞋櫃上方擺開運竹，防止破財。

依風水學說法，在九星當中五黃星是最凶的一顆星，其次是二黑星，我們住宅氣場的運轉，一般由九星主導，所謂九星，是北斗七星加輔、弼二星，又稱「玄空飛星」，九星飛佈方位可斷吉凶。九星當中五黃星及二黑星，每年輪轉方位不同。五黃星主病害、破亂、官符，二黑星主疾病、是非、陰煞。

一般來說，五黃星如果輪轉到正東方、二黑星輪轉到正南方，正東方、正南方，這兩個方位就不宜放雜物，不然會像那棟「令人摸不透的房子」一樣，產生一連串的離奇事件。正東方、正南方除了不要擺雜物之外，還可擺一些開運物，來化解煞氣。建議用紙杯裝滿一包粗鹽擺在住宅正東方、正南方除去煞氣，粗鹽必須到隔年立春以後才能移走，如果粗鹽結晶，一定要重新換過，效果才會好。也可在正東方、正南方，擺一瓶瓶口打開的黑醋或白醋除去穢氣。

除了雜物引起住宅雜亂煞氣之外，住宅內空氣潮濕發霉，也會讓住宅氣場混亂，住宅潮濕之氣，大都由浴室傳來，雜亂的浴室，是風水的大忌，浴室必須通風良好，擺設簡潔，讓氣場清爽，人才不容易感覺昏沉。浴室地板材質最好選擇大理石、磁磚及乙烯合成這類防水性建築材料，因為大理石，花崗石，這類硬度強的建築材質，表面光滑，能加速住宅氣場的流動。在浴室化妝鏡前裝置鹵素燈，也能提升住宅氣場的流動。

總之，宅氣通，人氣自然會通，人氣通，運自然會開。

浴室通風好，氣場清爽運會通。

風水危機 08

由房屋前方空間
化解租屋買屋危機

案例

　　患有肢體障礙的吳爸爸，他的家前面有個長長的鐵架子，那是之前別人架設廣告招牌用的，後來廣告招牌拆掉了，可是那個細長的鐵架子卻留在那裡了。半年前吳爸爸去醫院看病途中，被車撞倒，因腦震盪昏迷就醫，住院三週才出院。原本靠低收入戶補助及幫忙騎乘機車替人宣傳廣告為生，因選舉將到，原本可以接到許多工作，老天卻沒有因為吳爸爸可憐而憐憫他，反而讓他此時受傷。吳爸爸家中還有一個重度智障的女兒。吳爸爸的兒子小鴻，今年就讀國小三年級，很乖巧懂事，功課很好，吳爸爸受傷後，小鴻每天放學回家，除了要洗衣打掃煮飯，還要照顧智障的姊姊和受傷的父親。

　　慈善團體得知吳爸爸的情形後，前往探視並展開募款，當他們將善款及一些民生物資贈送給吳爸爸時，吳爸爸當場留下兩行熱淚，頻頻點頭說謝謝。

風水病因

　　吳爸爸的房子前面有尖銳的障礙物或標的物超過三尺（一公尺）以上，會對他們家有何影響？房子前面有尖銳的障礙物或標的物超過三尺（一公尺）以上，犯所謂的「案劫煞」。若是作為住家將會發生血光意

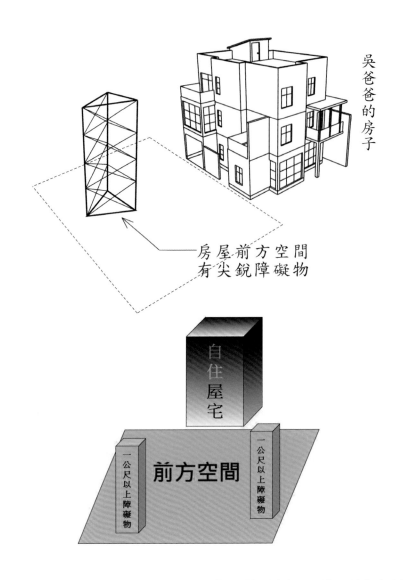

吳爸爸的房子

房屋前方空間
有尖銳障礙物

自住屋宅

前方空間

一公尺以上障礙物

一公尺以上障礙物

外，或遇到必須開刀的情形；如果是生意場所，流年一到，則會有員工受傷、財源受損等事件發生。

「案劫煞」從字義解釋，案是古人餐飲和讀書學習時使用的器具，類似書桌，「案劫煞」就好像一個人讀書寫字時，如果趴在案桌上，有尖銳的物品放在上面，很危險。如果說房子是一個人，房子前方空間如書案一樣的平台，有尖銳的障礙物或標的物超過三尺（一公尺）以上，就是所謂

的案劫煞。吳爸爸的房子前面那個鐵架子，就是造成吳爸爸車禍受傷的煞氣來源了。

不管是公司行號或者是住家、廟宇，房子正前方看過去不能狹隘逼迫或有太近的障礙物擋住，自住屋宅「前方空間」最好有廣闊腹地，一望過去要清秀深遠，乾淨清爽，如果房子前方有太多雜亂、污穢、尖銳的東西擋住視線，對居住者的健康及運勢都是不好的。

從家居風水角度來看，如果你住在大樓公寓中，主要出入口前方有停車場、平地、公園、宅內花園、海洋、湖畔對財運有利。在香港有一家世界知名的銀行總部，面對著花園廣場，此銀行至今不論金融風暴有多大，依然屹立不搖。一般所謂自住屋宅的出口，不一定是大門，有些屋宅的大門絕大部分是車門，平常都是關著，只會在左邊開一個小門出入，如果這個小門出入口的前方視覺範圍內，有尖銳的障礙物或如電線桿的障礙物，高度超過三尺（一公尺）以上，一所樣犯了所謂的「案劫煞」，家中主要的左邊出入口犯案劫煞，會衝犯到男屋主，男屋主每次出門，好像頭被敲一下一樣，容易事業不順。

化煞開運

屋宅遇案劫煞，要在門口安置密宗的圖騰「南久旺丹」、或道教的「獅頭八卦」，皆能鎮煞保平安。家裡再擺一對「琉璃貔貅」鎮宅招財更佳。古代有供養「貔貅」的習俗，貔貅是凶猛的瑞獸，護主心特強。有良好的鎮宅辟邪作用，貔貅不僅有驅趕案劫煞氣的功用，還能帶來歡樂及開啟好運的作用，令家運轉好，好運加強，有鎮宅之功效，成為家中的守護神，保全家平安。

自住屋宅前方空間遇到大的建築物或是障礙物對著家門出入口，也可在前門上面，以鏡口對外的方式掛置八卦鏡以開運化煞。

自屋屋宅內部前方小空間——玄關

除了屋前腹地不宜有障礙物之外，自住屋宅玄關，也要像屋宅外前方一樣，開闊明朗。不要讓障礙物檔住氣場，或者讓穢氣污染玄關，尤其小戶型房屋常見的格局是廁所位於玄關附近。不管是購屋或租屋，選擇長久居住的地方，千萬不要選擇廁所和玄關相近的住宅，避免一進門就看到廁所的格局。這樣的空間設計最容易影響外在人際關係，甚至導致財運不進。

玄關的位置，主掌房屋的財路、財運風水，代表進財的能量。偏偏廁所是我們大小便排泄、製造穢氣的地方，主掌著衰背、爛事、被陷害、背黑鍋。玄關遇上廁所，主掌財運的區域被廁所的穢氣所佔據，或是廁所門正開，直接衝突擋到財路，住在裡面的人，金錢財運肯定一團亂，糟糕衰背到底。缺乏財運，賺不到錢還不要緊，更可能因為運勢太衰，經常碰到爛事，或是被人陷害、背黑鍋，終至破財消災。改善玄關與廁所相衝的方法，就是廁所內通風除濕系統一定要做好，免得穢氣外洩，導致住戶的運勢日益衰退。

大門玄關前保持乾淨，有助於暢旺風水。

尖銳之物須注意
方位凶時多災傷

案例

　　王太太的家是坐西朝東的房子，房子的右前方有個小小的社區公園，公園裡豎立著一座圓錐形的雕塑，尖尖的圓錐體，造型看起來就像一支竹筍，所以社區居民都戲稱它為「竹筍公園」。然而王太太家右前方的這個圓錐體，竟隱含著凶惡的煞氣，讓王太太在醫院打針吃藥時，一命歸天。王太太的兒子王小偉（化名）怎麼也想不明白，母親只因肚子痛到醫院吊了兩天點滴，就這樣一去不回。那天，王太太突然感到肚子劇烈疼痛，到醫院打針後病情好轉。隔天王太太再到醫院進行複診，醫生建議繼續吊點滴治療，不料在吊點滴過程中，王太太突發急症，經醫院搶救無效，於當天晚上死亡。王太太大概做夢也想不到，自己家附近的藝術造型雕塑，竟成了死神的催命符。

風水病因

　　王太太的房子坐西朝東，右前方有屋脊、鐵塔、尖銳之物，會對她有何影響？房子坐西、西北、北、東北，右前方有屋脊、鐵塔、尖銳之物，這是犯了所謂的「地刑煞」。若作為住家，屋裡的人會有疾病、吃藥打針、意外、血光之災等情形，尤其容易發生在女性身上。若是公司、工廠則員工身體虛弱，常有意外之災。

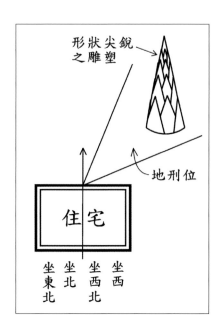

化煞開運

　　屋宅遇到地刑煞，煞氣物體其高度越高，距離住宅越近，煞氣就越重。若一時無法將煞氣物體遷走，又不方便搬家，那麼可在煞氣方門口安置密宗的圖騰「南久旺丹」、或道教的「獅頭八卦」，並且家中福位方掛上一幅「九龍玉璧」鎮宅。或是改變房屋的門向，避免煞氣的直接沖射，皆能鎮煞保平安。

風水危機 10 牌樓沖射帶陰煞，回祿之災須提防

案例

　　小林的新工廠面向一間寺廟的牌樓，牌樓帶陰煞，不但吸走小林工廠的財氣，後來更對小林的工廠造成極大的傷害。小林年輕時到國外闖天下，後來成為知名電子公司的代工廠老闆，規模最大時，員工就超過六百人，訂單接不完，讓小林身價上億，後來小林決定擴大公司規模，大手筆買下一塊土地，蓋了新廠房，又增添許多新機器設備。奇怪的是搬到新工廠以後，生意竟然大不如前，訂單大量流失，公司經營入不敷出，使得小林背負龐大的債務。更糟糕的是，過了一年以後，某天工廠突然發生火災，無情的大火將廠房和設備完全吞噬，整座工廠付之一炬。可憐的小林，只好先四處打零工，賣水果度日，但他仍深信自己可以東山再起，不會落魄下半輩子。

風水病因

　　房子如果面向牌樓（牌坊），會對我們有何影響？房子如果面向牌樓（牌坊），不論是廟宇的牌樓、貞節牌樓或商店牌樓，對商家、住家都有負面的影響，此為「牌樓煞」。

　　相傳牌樓帶陰煞，有「吸氣」作用，所以牌樓對房子有極大的傷害，不利做住家、辦公室。牌樓煞指的是自宅四周有商業牌樓、古代牌坊、碑

牌樓會對附近的屋宅造成沖煞

柱、碑記等大型版面建築沖射。風水學上認為，有形就有靈，牌樓煞就是一種形的表現。如被牌樓之翹角沖射，會有疾病、血光、開刀之災，還容易發生火災。

化煞開運

遇到「牌樓煞」的房子，趕緊搬家，走為上策是最好的。如果自家住宅或店面、辦公室被牌樓翹角沖射之處，勿開門窗，最好是被沖射的房間不要住人，短時間無法搬遷的居住者就要在門口掛一幅「獅頭八卦」鎮邪保平安。或安置一面山海鎮或是八卦凸鏡正對牌樓來化解。

八卦鏡的運用

八卦凸鏡安卦之前，要先了解八卦鏡的原理，才能發揮好的效應。八卦鏡在都會城市及鄉鎮村落，隨處可見，很多屋宅將它掛在門楣上或陽台上，可見八卦鏡的化煞功能已成為人們的共識。八卦鏡外形有八個邊，八

個邊代表北方、東北方、東方、東南方、南方、西南方、西方、西北方八個方位，八卦鏡面四周分別刻有：乾、坤、震、巽、坎、離、艮、兌等八個卦象，用以代表天、地、雷、風、水、火、山、澤等八個自然現象。

八卦鏡功能有健、順、動、入、陷（險）、附（麗）、止、悅等八個震懾邪魅的力量，八卦始作於上古時代的伏羲氏，自古以來就是化煞與吉祥納福之物。八卦鏡乃結合陰陽五行與易理，將八個卦象融合鏡子反光效果組合而成，主要作用是化煞與納福的功能。八卦鏡風水效能，因八卦鏡的型態不同，而產生不同的效應。

八卦凸鏡是居家風水常用的避邪物，八卦凸鏡凸出成圓弧形，其凸出的弧形鏡面，能把對面沖射而來的煞氣分散向四方，而瓦解其沖煞力。八卦凸鏡通常最主要是針對陽宅周圍門窗的正對面受到的沖煞氣來化解，如天斬煞沖、壁刀沖、牆角沖、屋簷沖、柱沖、電線桿沖、路燈柱沖、旗桿沖、交通指示牌沖、樹沖、巷沖、路沖、車道沖、電梯出入口沖、發射台沖、建築物頂端之屋脊沖、河溝來水沖、爐火沖……等對沖的化解能力。若能在大門上或窗戶上懸掛八卦凸鏡來化解其煞氣，效果甚好。

另一種八卦凹鏡，作用則是收聚氣場，八卦鏡面凹入與凸鏡恰好相反，凸鏡的作用是破壞煞氣，化解惡氣。而凹鏡是收入分散的氣場，凝聚好氣。當屋宅出現氣場散亂不定時，可利用八卦凹鏡來收聚，門楣上掛一個八卦凹鏡，將逸走的地氣收聚回來。如果大門外有天地靈氣，在遠山秀水間，廣遠分散，如果山水靈氣距離屋宅太過遙遠，吸收不到，這時可在自家住宅的門楣上，懸掛一個八卦凹鏡，來吸收接納遠山秀水靈氣，為屋宅氣運助勢。

八卦平面鏡，與八卦凹凸鏡不同的地方，是八卦平面鏡是用在「鬥」煞氣，而八卦凸鏡用在「化」煞氣，八卦凹鏡用在「收」好氣，懸掛八卦平面鏡不要正對別人家的門窗，會影響家人之間的和諧，也會與鄰居相處不好，如果八卦鏡上有虎頭、獅頭，或者刀劍三叉或者神將手執神器，其

反效果更強，不但不能化煞，還會影響自家人。八卦平面鏡反射作用太強，可將門前或窗前的所有煞氣反射回去，在門楣上或窗戶上掛八卦平面鏡，其效果雖然不錯，但較不建議使用此八卦平面鏡來化解煞氣，因為八卦平面鏡的「鬥」氣效果，很容易與鄰居鬥氣，有與人相鬥之意，容易傷了和氣。

八卦鏡

　　不管懸掛哪一種八卦鏡，絕對不可以懸掛在屋內，八卦鏡主要是擋大門外或屋外的形煞，懸掛於屋外較好。而安放八卦鏡必須注意，將八卦正放，乾上坤下懸掛，在有沖犯的門或窗的中央上端安置妥當，不一定要正對著沖煞物，但是不能將卦鏡放反，這樣有礙真氣入宅，阻礙了真氣入宅，卻化不了煞氣，會造成運氣不發，反受其害。

風水危機 11

十二種開運物，化解吐血危機

案例

　　五十歲老鵬，是個單身漢，住的房子座北朝南，房子的左前方是另一棟斜屋頂造型的建築物，這棟斜屋頂建築的中央屋脊就正對著老鵬的房子。老鵬的家族並沒有家族肝病遺傳，但是自從他六年前搬進這棟座北朝南的房子，三年前得了肝病，最後發展到肝硬化階段。在肝硬化階段時常會有吐血、尿血、便血等症狀。肝硬化時由於門靜脈高壓，使消化道的血液回流受阻，引起側支循環的擴大和開放，造成靜脈曲張，容易讓老鵬血管破裂出血，加上老鵬喜歡吃一些鹹辣刺激性的食物，會導致曲張的靜脈破裂出血更嚴重，時常發生吐血現象。

　　經過一段時間，鄰居一直沒看見他出門，並聞到他的住處傳出異臭味，發覺不對立即會同警方打開上鎖的大門一看，老鵬躺在地上早已死亡，身旁還有血跡，檢察官偕法醫相驗，研判應是肝異常症狀引發吐血後死亡，無他殺嫌疑，家屬對死因沒異議。

風水病因

　　老鵬住的房子座北朝南，左前方有屋脊沖射，對老鵬有何影響？房子座西、西北、北、東北，左前方有屋脊、鐵塔、尖銳之物，此為「天劫煞」。作為居家會產生虛癆吐血、血光、長年久病的人；若是工廠、公

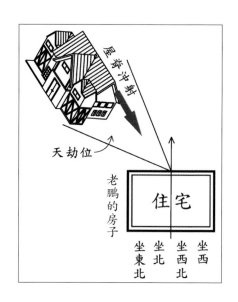

司，容易遇到物品被退貨，員工出意外等事。一般像老鵬這樣的房子，通常不是房屋本身有什麼問題，而是房屋外部煞氣干擾，造成病痛災禍纏身，所以在打算租屋或買屋之前，要注意有一些房子外部環境會對屋主氣運不利，這類房子不宜居住。以下將這些環境形態整理出來，提供大家參考。

- **神前廟後**：香火之地、陰氣注集、陽氣不足，宅在此地，人不宜久居。
- **四圍曠野**：陽氣不聚、蕩氣散氣，宅在此地，人不宜久居。
- **近山近塔**：廉貞尖形火象，宅難富貴，宅在此地，人不宜久居。
- **市場周圍**：腥穢雜陳、靈氣飄蕩、瑣事不斷，不宜久居。
- **祭壇墳墓橋樑牌坊**：陰森險殺之氣多，人住其中凶險多，宅在此地，人不宜久居。
- **電廠鄰近**：電波干擾腦波、易生細胞畸變、癌變，宅在此地，人不宜久居。

高壓電塔：會產生強大電磁場，宅在此地，人不宜久居，久居則人體細胞突變分裂。

火焚之地：建宅之地，地氣盡失，宅在此地，人不宜久居。

兇災之地：遇水災、火災之地，死傷無數，人魂怨氣、陰氣滯留，宅在此地，人不宜久居。

醫院四周：血光環境、鳴笛驚促，擾人清夢，魂不附體，宅在此地，人不宜久居。

逼促深巷：濁氣滯留、清氣不入、陽氣不舒，宅在此地，人不宜久居。

窄　　巷：前明堂壓迫或逼窄，影響發展及心胸，宅在此地，人不宜久居。

死　　巷：濁氣停滯巷內，難排出；清氣難進入，逃生不易。

高　架　路：路邊氣流動盪、不聚氣，氣散家敗，宅在此地，人不宜久居。

地下道附近：地氣、地脈受破壞阻絕，影響健康、人事、財運，宅在此地，人不宜久居。

鐵　道　邊：地動震動、車速快、噪音多，宅在此地，人不宜久居，久居富貴難留。

河　道　邊：太近河道、濕氣太重，宅在此地，人不宜久居，久居易受污染。

圓　　環：動氣、可開店做流動性生意，宅在此地，人不宜將其當成自住宅。

天　　橋：似路沖、長箭直射，宅在此地，人不宜久居。

陸　　橋：將房子前切割成一半，宅在此地，人不宜久居。

飛機航道：噪音干擾強烈煞氣重，宅在此地，人不宜久居，久居腦神經衰弱。

加油站：附近穢氣、汽油味、鉛氣等隨風吹散揮發，宅在此地，人久居會影響健康。

化煞開運

　　房子座西、西北、北、東北，左前方有屋脊、鐵塔、尖銳之物，產生「天劫煞」時，可在門口安置密宗的圖騰「南久旺丹」、或道教的「獅頭八卦」，並且家中福位方須掛一幅「九龍玉璧」鎮宅。或是改變房屋的門向，避免煞氣的直接沖射。

　　這類房屋外有不良障礙物，會影響居住者運氣健康的風水格局，除了上述的方法，也可用不同的開運方法趨吉避凶。

開運物一：瓦將軍或飛虎將軍（瓷陶人像）

　　凡有屋簷、獸頭、屋脊、牆角、牌坊等，屋外障礙物沖屋者，急安瓦將軍或飛虎將軍（瓷陶人像）與其沖物相對。選吉日晴天，蔬果清茶祭之安上以化煞開運。

開運物二：山海鎮

　　「山海鎮」三大字旁寫對聯：「我家如山海，他作我無妨」，化解橋樑、涼亭、屋角、煙囪、電桿、高壓電塔等，這類屋外障礙物煞氣，開家運。

開運物三：山水圖

選吉日將山水圖安掛門上或廳堂神前，化解橋樑、涼亭、屋角、煙囪、電桿、高壓電塔等，這類屋外障礙物煞氣凶象，開家運。

開運物三：安賜福板

書寫「天官賜福」一板（黃底紅字），釘在傷我之屋脊、牆頭、屋角上。但必須要與該屋主說明，要他家主人親手寫懸掛，不可自掛。因為此有和睦鄰里，相互平安之意，必須他家主人親寫釘上為吉，化解橋樑、涼亭、屋角、煙囪、電桿、高壓電塔等，這類屋外障礙物煞氣凶象，開家運。

開運物四：白虎鏡

安「白虎鏡」或稱凹面鏡，若無凹面鏡可暫用平面鏡代之。鏡面內不可寫字或畫符，或畫八卦，否則無效果。此鏡之意義在於反射沖來之凶象，將其光線全部反射為要緊，亦選吉日安上，化解橋樑、涼亭、屋角、煙囪、電桿、高壓電塔等，這類屋外障礙物煞氣凶象，開家運。

開運物五：生財板

安「對我生財」板，此板可安在他家沖物上，亦可安在我家擋住沖物之地方。如同安「天官賜福板」一樣，選吉日安上，化解橋樑、涼亭、屋角、煙囪、電桿、高壓電塔等，這類屋外障礙物煞氣凶象，開家運。

開運物六：圓形鐘

安時鐘，必須選擇圓形時鐘，鐘面有阿拉伯數字寫明1、2、3、4、

5、6、7、8、9、10、11、12等為最佳，因為十二時辰時針秒針運行擺動，把一切凶象擺除掃盡，化解橋樑、涼亭、屋角、煙囪、電桿、高壓電塔等，這類屋外障礙物煞氣凶象，開家運。

開運物七：獅獸牌

安「獅頭獸面」牌，此獅頭獸面要正對沖來之物，選寅日寅時安之。釘時鐵釘打在四角位置，化解橋樑、涼亭、屋角、煙囪、電桿、高壓電塔等，這類屋外障礙物煞氣凶象，開家運。

開運物八：八卦圖

安「八卦」此將先天八卦圖安掛之，選吉日安上，化解橋樑、涼亭、屋角、煙囪、電桿、高壓電塔等，這類屋外障礙物煞氣凶象，開家運。

開運物九：錶褙中堂

家內陰盛，常有怪異聲音或濕氣重、光線暗者，家人不安，可安「一善」。書寫「一善」兩字，錶褙成中堂，選四月八日吉時（午前為佳，辰時亦好），懸掛在門口一進來顯眼的地方向外。並請老人說一句好話曰「一善能消百惡」，如果大家人多一起說更好。另有一板亦可寫「百善孝為先」懸掛之，化解橋樑、涼亭、屋角、煙囪、電桿、高壓電塔等，這類屋外障礙物煞氣凶象，開家運，效果很好。

開運物十：黃紙符

在都市常有鄰居動土，沖煞到吾家不安，尤其小孩，尤為敏感，則用黃紙書寫「姜太公在此」（五字在中），兩旁小字，右寫「天無忌，地無忌」，左寫「陰陽無忌，百無禁忌」等。貼在對面動土興工之地方，等完

工之後再撕下焚化，與紙帛錢銀火化之。可化解橋樑、涼亭、屋角、煙囪、電桿、高壓電塔等，這類屋外障礙物煞氣凶象，開家運。

開運物十一：石敢當

凡有巷道路沖來，則立石板擋之，石板高四呎八寸、闊一尺二寸、厚度四寸，板面刻有「泰山石敢當」五字，選冬至日後甲辰、丙辰、戊辰、庚辰、壬辰日或甲寅、丙寅、戊寅、庚寅、壬寅日乃龍虎日用之。凌晨用生肉三片祭之寅時（早晨三點至五點之間）立於沖來處，石板面對之。此為沖來「石敢當」無妨，可化解橋樑、涼亭、屋角、煙囪、電桿、高壓電塔等，這類屋外障礙物煞氣凶象，開家運。

開運物十二：花香

來路有不合風水宅法者，改變引氣入門，可用種植花草，如「七里香」、「丁蘭花」令此門路轉向入內，納吉氣入門效果最佳。

種植花草，引好氣旺風水。

看出「啞巴宅」
避免病變危機

案例

　　美國某州有一幢兩層樓的磚造房屋，正西方面對一個高壓電塔，這一棟房子有四間臥室，二○○二年，住在這兒的吉米先生，他九歲的女兒瑞莎，突然之間說不出話來，二○○三年，吉米出售這棟「啞吧宅」，由於該州的法律並未規定房產仲介，需要向買主透露這房子是「啞吧宅」。所以，不知情的瑞奇‧羅伯茲買下這棟房子，卻沒想到自己的老婆也變成啞巴，成了第二名「啞吧宅」受害者。六年前有位議員買下了這棟房子，在他競選連任議員的期間，突然聲音一夕之間沙啞，說不出話來，最後連任失敗。兩年後一位中學校長買下這棟房子自住，有一次這位校長在對學生致詞時，突然間「失聲」說不出話，後來陸續有三組人馬賣過這棟房子，這三組家人中，都會有一個人突然間無法說話，這些住過這房子而變啞吧的人，經醫生檢查，都無法找出病因。後來沒人再敢買這個房子，就算銀行從60.2萬美元，減價到31.5萬美元，直到現在，還是沒有人敢買。

風水病因

　　房子的正西方，如果有電桿或高塔或高大之建築物高壓時，家人會有啞巴、口吃、喉疾、缺唇等情形。美國的這棟「啞吧宅」正符合這個條

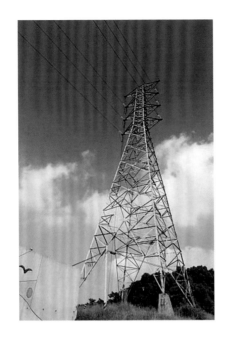

件，導致接二連三，不明的啞巴病因產生。

　　居家風水最忌諱的是，住宅附近有形體高大具有壓迫感的建築物，有壓迫感的建築物，稱之為煞，在都市叢林中，如果住家在高大建築物左右，都不是很理想的居家場所，沒有高大建築物壓迫的住家環境，會讓人睡得安穩、精神好。

　　一般我們說的高壓建築物，是指電塔、變電所、高架橋、牌樓或電線桿，在這些壓迫性的建築物中，以高壓電塔電磁波殺傷力最強，高壓電塔在通電時，具有強大的磁波發送，附近住宅大都不易躲開。除非你住在二十層的大樓，比其他高大建築物住得還高，否則電塔、電線桿，會依其高度不同，影響您的住家磁場，如果高塔高度有三層樓高，大概也會影響住家三個樓層的高度。

　　電線桿在台灣比較常見，大部分台灣的電線桿，都尚未地下化，多少會在住家周圍產生煞氣，影響住家風水問題，但是，並非每一根電線桿都有風水上的煞氣問題，一般來說電線桿附帶電箱、電線桿旁邊有支撐，或

是兩支電線桿相連在一起的，煞氣才能成立。

　　從風水角度而言，住宅像人體，門為住宅的嘴巴，而西方在八卦的卦象上也象徵著嘴巴，所以一開門就看到電線桿或是電塔，等於是傷及家中成員的口部，家中成員不只會有啞疾，甚至有血光之災，家中運勢容易走下坡，電塔若距離住家二公尺內，或者住宅周圍被電線環繞，則屋主對外發展事業也不容易成功，事業上較無貴人提攜。

💠化煞開運

　　買房子時，附近有高壓鐵塔、電線桿，或高大建築物，凌空高壓自己的住宅時，這類房子盡量不要買，租房子也一樣，要多注意窗口附近，是否有電磁波干擾物。

　　如果您暫時無法搬走，可在電壓、高壓煞氣沖擊的方向，安置道教的法器「獅頭八卦」，並在門口安一對琉璃龍柱，化解煞氣。另外可在外牆用採光罩，遮擋這類煞氣，正對窗戶可用較厚的窗簾布擋住，或種些植栽吸收電磁波化解煞氣。圍牆或是陽台上也可種些鳳梨樹、鐵樹之類針刺植物化解。

　　此外，工作位置、休息座椅、床鋪、書桌，盡量不要靠近電磁波散發的方向，最好能將水晶球放置在電磁波沖擊位置旁邊，來淨化電磁煞的干擾，如果您住的地方，對面無人居住，則可在煞氣方向，安置凸透鏡將煞氣反射回去。

風水危機 13 擺對開運物 避免過敏感染危機

案例

　　李經理在一家公關公司上班，她的兩個孩子都很小，大女兒五歲半，小的才十一個月大。三十九歲那年她搬到一個新興社區居住，附近房屋工程都還在進行著，她住的房子前方（東南方）常有小石堆，或是蓋房子的建築材料。搬進來不久，她剛換了新工作，準備上班的前兩天，卻突然腸胃不適，被救護車送到了醫院。檢查過後，醫生說她得了嚴重的腸胃型感冒。李經理從兩個小孩身上感染到疾病是家常便飯，而且每次病況都很嚴重。兩個小孩染病後不用幾天就活蹦亂跳；而她上次被傳染，卻要整整十天才痊癒。李經理說：「小孩有什麼病，我就得什麼病，而且嚴重好幾倍。孩子流個小鼻涕，我卻得流行性感冒，還臥床好幾天；他們只吐一次，我卻引發腸胃炎。」

　　自從搬進這個房子以後，常遇到感冒、咳嗽、胃腸不適、呼吸道等疾病。她說，大女兒讀幼稚園後，較容易自學校感染到病菌，例如感冒，一年平均感染三、四次，為免親子互相傳染，有時在家亦會戴上口罩，或彼此不那麼靠近，但這種狀況，不管李經理如何防備，這些小病還是不斷復發。

風水病因

每一個房子方位各自有不同的氣場共振效應，有些住宅方位會影響家人健康，所以，有些風水常識您不可不知。以下歸納幾點提供您參考。

住宅東方：後天八卦屬震宮，影響家中大兒子或二女兒的肝膽健康。

住宅東北方：後天八卦屬艮宮，影響家中大兒子或小兒子，脾胃消化系統方面健康。

住宅東南方：後天八卦屬巽宮，影響家中大女兒或小女兒肝膽方面健康。

住宅南方：後天八卦屬離宮，影響家中二女兒或男主人心臟、眼睛方面健康。

住宅西南方：後天八卦屬坤宮，影響家中女主人或大女兒脾胃方面健康

住宅正西方：後天八卦屬兌宮，影響家中二兒子或小女兒，肺和呼吸道系統方面健康。

住宅西北方：後天八卦屬乾宮，影響男主人或小兒子頭部、皮膚、肺部的健康。

住宅北方：後天八卦屬坎宮，影響家中二兒子或女主人，腎臟方面健康。

從李經理的住宅風水看來，住宅東南方那些要命的石堆，正對住家前方，並不是一個吉利的象徵，這類風水格局，會讓石堆的陰性煞氣沖擊到兩個女兒，使身體本身免疫力下降，造成呼吸道感染的毛病，有時也會造

成腿部疾病或盤骨痛、坐骨神經痛。

化煞開運

石頭屬陰，這種房子長久住下來，會讓人免疫系統降低，經常有感冒或各種小病，時間再更久，就會危及性命；應盡速清除障礙物，保持進出口暢通。如果暫時無法移除障礙物，可在住宅各方位，擺設開運物，潔淨住宅氣場，補健康的方式如下。

一 → **東方震宮補健康：** 在震宮擺放琉璃兔來彌補。

二 → **東北方艮宮補健康：** 在艮宮擺放琉璃虎來彌補。

三 → **東南方巽宮補健康：** 在巽宮擺放琉璃蛇來彌補。

四 → **南方離宮補健康：** 在離宮擺放琉璃馬來彌補。

五 → **西南方坤宮補健康：** 可在坤宮擺放琉璃猴來彌補。

六 → **西方兌宮補健康：** 在兌宮擺放琉璃的酉雞來彌補。

七 → **西北方乾宮補健康：** 在乾宮擺放琉璃的亥豬來彌補。

八 → **北方坎宮補健康：** 在坎宮擺放琉璃的子鼠來彌補。

這些開運物的精準擺放方式，最好請有經驗的風水專業人士，擇日開光，效果會更佳。

風水危機 14 避免地氣被吸走 化解窮困危機

案例

　　李寒剛（化名）的房子東北有個枯樹，影響家族氣運，家中容易出不孝子孫。李寒剛原想把孫子帶大後，老了有個依靠，不料孫子長大後，兒子李雄卻對李寒剛惡言惡語，甚至把他趕到養老院，這讓李寒剛頓時無所適從。因為孫子大了，而自己太老了，很多事都使不上力。兒子媳婦看到李寒剛在家務上幫不上忙，就把李寒剛趕進養老院。有一天李寒剛走在路上突然暈倒，社工打電話給他的兒子媳婦，希望他們接他回去住，但是李寒剛的兒子媳婦，一直都不願意接老人家回去。李寒剛曾在兒子有財務危機的時候，把自己的養老金拿出來幫忙。但是當財務危機渡過，孫子上學後，兒子媳婦開始嫌棄李寒剛，逼迫他住養老院，連一點生活費都不願意給他。李寒剛想到小時候把子女帶大，又幫助子女帶孩子，現在無用了被子女拋棄，心裡真是難受。李寒剛看著路邊枯樹漸漸凋零，他默默滴下淚來，感嘆自己雖然不死，心卻已漸漸凋零。

風水病因

　　李寒剛房子前方（東北方）的枯樹，影響他整個家族和諧，對他的家運影響很大，房子前方的枯樹，對房宅產生衰敗氣場，會導致家運敗退，

宅前枯樹吸走地氣對居住者不利

　　子孫不賢不孝，這種風水格局的房子，嚴重一點的話，損丁敗財，老人不超過六十歲就早亡，手部及肩膀常常會出現疾病，身體病痛不斷，如果您住在這種風水格局的房子，要多多注意，早點找出風水病因，根除厄運。

　　古人認為，樹是有助於風水調和，很多鄉村或城鎮住宅附近，都會以樹造林調和風水。風水造林其實就是大量將植物氣場聚合，集中某一方位，幫助整個區域遮風擋雨；並使大量樹木的根部調和地氣，避免水土流失；樹林成為孕育風水生機的地方，所以樹木對風水調和而言，相當珍貴。

　　不過，這種調和地氣的方法，不是指枯樹，枯樹對陽宅風水而言，有害無益。枯樹易生細菌蟲蟻，會破壞住宅氣場，樹根也會入侵擾亂地氣。如果家居四周有枯樹，這枯樹在哪個方位，哪個方位就是家宅的煞氣方，就算這方位吉星到，吉氣也會被枯樹破壞掉；枯樹在大門，更是不利家運，門如人體之口，口吸枯樹煞氣，人住其中運難發。

化煞開運

　　如果每天一開門就引進這枯樹的陰邪之氣，必然是大凶之象；選房子時應避開這種情形。最好在門口安置密宗的圖騰「南久旺丹」、或道教的「獅頭八卦」，皆能鎮煞保平安。

　　切忌門前不可種樹，大樹種門前，不僅住宅的採光通風不良，阻礙氣場進入，也影響室內濁氣排出，門前有大樹，住宅內陰氣生、陽氣消，住宅陰陽二氣難平衡，陰氣滋生，陽氣就受到侵蝕。

　　如果您窗前有種樹，高度一定不能超過窗戶的高度，宅前也不可有傾斜的樹，傾斜的樹會使氣場轉圜緩慢，導致人住其中，體氣不順，身體健康影響大，甚至會使原本平安吉祥的家運朝著不正常的方向走。如果門前有這樣的樹，最好在傾斜樹和住宅之間，重新種植一排整齊高大的樹木作為屏障，擋住煞氣。所以，在買房、租屋之前，仔細察看周圍的樹木，保住好的氣場，才不至於家運衰敗。

窗外樹勿高過窗，避免氣場轉圜遲滯。

風水危機 15　避開反弓煞 化解離婚危機

案例

　　小芬（化名）現在住的地方，西南方有一條蜿蜒的河流，這是他和老公結婚前就買下的家，小芬新婚才兩年，家庭幸福，事業也很順利，小芬對自己生活很滿意，對未來的生活充滿了無限的激情和憧憬。可是幸福的日子不長，就在結婚的第三年，小芬發現自己患了多發性子宮肌瘤，其中一個為黏膜下的，當時覺得肌瘤較小，未治療，可近一年，經量多，伴隨淋漓不淨，經期下腹痛，婚後三年未孕不說，近兩個月來，膿性白帶越來越多，人也越來越憔悴。小芬的家人很擔心，聽說有家醫院不用開刀，就可以輕鬆摘除腫瘤，而且還不會傷害子宮，小芬立即前往該醫院接受治療，醫生將一根細長如毛衣針的治療器，經陰道入子宮吸取子宮肌瘤，治療器通過電腦控制射頻電能的功率和時間，產生適當的生物高熱效應，使得肌瘤脫水，凝固，最終萎縮。僅僅一個小時，小芬的肌瘤成功摘除。不過，小芬在手術之後，依然很難懷孕，結婚第五年後，小芬的老公在外面有了別的女人，這女人還替小芬的老公生了個兒子，小芬難掩悲傷，最後在結婚第六年簽字離婚，結束這一場婚姻。

風水病因

小芬住的家，西南方蜿蜒的河流，形狀如反弓狀，從風水角度而言，房子的西南方若有水（溝渠）或道路反弓，對家中的女主人不利，女主人會有腹病或子宮方面的疾病，而且家人感情不和、也很無情，兒女多半不喜歡回家。

反弓煞就是住家附近的水（溝渠）或道路，形成類似弦月彎弓造型的彎曲地形，很像圓月彎刀，彎刀地形在住家旁形成一股煞氣，反弓煞所產生的煞氣，在排水溝或和河流方面，會傳來臭氣、蚊蟲的侵害；在馬路方面會產生車燈光害，嚴重者甚至有車輛直衝住宅的危險。反弓煞氣對於住宅而言，是一股不安定的擾動力量。會導致血光或是意外的災害，財運也會破損消耗，家中氣氛也難以安寧。

想像一下，弓箭通常會從彎弓的中點射出來，所以住家如果在彎弓中點，傷害更大，在反弓的中點，就像水管被彎成一個弧形，只要這水管有破洞，水氣會奮力由中點宣洩衝出，受害的正是被射中的住宅。小芬的家正好在彎弓中點，彎弓地形在住家西南方，西南方後天八卦屬坤宮，坤在易經卦理中有皇后之意，所以直接傷害女主人甚深。

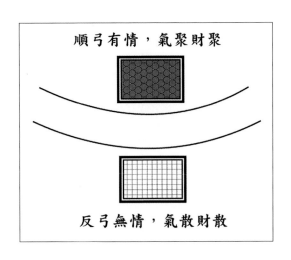

🧭 化煞開運

反弓煞的煞力形成無聲無息，需
要比較長的時間，但是它的穿透力很
強，一旦煞氣形成，對人的傷害是很
嚴重的，即使跑到天涯海角，這股煞
力依然會緊迫不捨；因此為了不被反
弓煞氣沖到，最好在門口安置密宗的
圖騰「南久旺丹」、或道教的「獅頭
八卦」，皆能鎮煞保平安。

若是水（溝渠）反弓，在廳堂中
最好再掛一幅「九龍玉璧」。也可以
用凹鏡把反弓煞縮小，或者用泰山石敢當放在陽台、窗戶正對反弓方向，
可化解部分煞氣。

九龍玉璧

風水危機
16

垃圾堆積煞氣重
引起皮膚病危機

案例

　　張明翰最困擾的事，就是家附近不遠處的垃圾場的臭味一直以來影響他的生活，他的嗅覺每天被干擾，甚至感染了皮膚病。張明翰的居家風水犯了嗅覺煞，人在這種地方住久了，情緒上易緊張激動。張明翰就常常這樣緊張激動，動不動就跟老婆吵架，進而引起他皮膚過敏。張明翰體型消瘦，說話速度快，個性急躁易怒，加上住家附近有垃圾場嗅覺煞擾亂心神，讓他情緒更緊張，也容易激動，尤其是夫妻爭吵後，皮膚病發作更嚴重。求醫救治，依然常常復發。張明翰的症狀，因為垃圾場味覺與視覺，影響到心理，心理又影響皮膚過敏，因而使得他的皮膚病一直好不了，這讓他非常痛苦。

風水病因

　　如果房子靠近垃圾場，會對我們有何影響？一般來說，房屋大門附近，最好別囤積垃圾，更別成為暫時堆放垃圾的聚集地，除了衛生問題之外，再加上陣陣惡臭，此為嗅覺煞，又叫做氣味煞，會令人作嘔、發暈，引發敏感疾病及皮膚病；同時也會引來不好的陰氣，造成家人健康欠佳的情況。

化煞開運

萬一無法排除嗅覺煞這個問題，一定要長保垃圾堆的乾燥與清潔，減少陰氣的凝聚。嗅覺煞如果來自住宅的西北、西南方向，會給家中男女主人造成傷害；如在辦公場所，會對最高職位的人造成影響。如果來自住宅東、東南方向，會給家中的大兒子或者大女兒造成傷害；辦公場所則會對財務人員和銷售人員造成影響。如果是大型的垃圾場帶來的嗅覺煞，建議你能搬多遠就搬多遠，若短期無法搬遷，就要在家裡的旺方點檀香精油。

以五行的原理來看，每個人五行成分不同，間接會影響人的嗅覺變化，在選用精油去除嗅覺煞時，須注意自己的性情格調，屬於五行中哪一行的精油。

木行人：

像案例中的張明翰身體修長清瘦挺直，膚色帶青、手骨節明顯，手指細而多紋，皮膚表面浮筋滿佈，性格很敏感而情緒化，這種調性的人為木行人，木行之肝氣較為旺盛，頰部色素沉著，容易氣滯血瘀，常常會出現頭暈頭痛、情緒憂鬱、胸脅脹滿現象，因此木行人須用檸檬、天竺葵、葡萄柚、迷迭香、胡蘿蔔子精油配方去除嗅覺煞，改善全身神經、內分泌系統功能，增強新陳代謝，達到鎮靜抗壓、舒緩情緒、提神醒腦的目的。

火行人：

頭尖、鼻尖，面色紅潤，性情衝動，上半身都比較魁梧，心火旺盛時，常會出現靜脈曲張、面部潮紅、紅血絲等症狀。火行人當以降火為先，須用薰衣草、薄荷、尤加利、橙花、玫瑰精油配方抑制過於興奮的腦下垂體、神經、內分泌腺功能，平衡和改善體內的血液循環，擴張血管保護心臟，同時針對體內的炎症，清熱消炎、驅除火毒。

土行人：

手足皆厚，頭面厚大，鼻準豐隆，腰腹肥圓，形體厚重，性情忠厚缺乏活力。面色明而黃潤，土行人食欲較為亢進，經常可因暴飲暴食、貪圖美味佳餚而誘發胃腸炎、消化不良、大便秘結、肥胖症、糖尿病等。土形之人濕氣偏盛，容易引發風濕痛、痛風、關節炎等疾病。須用芹菜子、洋甘菊、葡萄柚、肉豆蔻、茴香精油配方，健胃整腸、促進機體的消化吸收與代謝功能。

金行人：

性格清高孤僻，善於變化，外表看似光鮮油亮，其實體內缺水，津液不足，皮膚乾燥鬆弛，容易生斑，須用檀香、薰衣草、胡蘿蔔子、茉莉、佛手柑、依蘭精油配方滋陰生津，潤肺防燥預防感冒等呼吸道疾病，促進體內的淋巴循環、津液代謝、機體的免疫功能，保護皮膚和呼吸道的健康。

水行人：

喜靜厭動、畏寒，膚色暗沉偏黑，很容易出現肢體浮腫，尤其是下半身肥胖，女性會有痛經、月經不調現象，須用雲杉、杜松子、松針、檀香、絲柏精油配方，促進體內荷爾蒙的分泌，調整泌尿、生殖系統的平衡，預防腎、膀胱、子宮、腎上腺、卵巢等器官疾病發生。

案例

　　六十歲申老伯，十多年前住進一處老舊社區中的房子，房子靠近公共廁所，三年前有一天，申老伯右側睪丸疼痛一個星期，短短兩、三天睪丸就漸漸腫脹，經醫師檢查發現是尿路感染，導致睪丸內多處化膿，為救命只好將右側睪丸切除。

　　申老伯十多年前住進這房子後，不到兩年就被診斷出罹糖尿病，糖尿病本身會引發很多併發症，早期尿道發炎出現小便不順暢、灼熱感、疼痛或血尿會引發更嚴重逆行性感染。逆行性感染路徑，一是沿著尿路往膀胱、輸尿管到腎臟，引發腎臟發炎，死亡率極高；另一種逆行性感染是沿生殖系統，從尿道、輸精管到達副睪丸的發炎，通常到達副睪丸感染並不少見，但感染到達睪丸合併多處化膿則相當少見。申老伯的感染，與一般人不同，有些原因醫學界至今還是不明。

風水病因

　　申老伯住家靠近公共廁所，會對申老伯有何影響？房子靠近公共廁所，原本就會有衛生上的問題，尤其是長年不散的臭味，很容易造成住戶情緒上的不悅，自然不會有長長久久的安樂。另外，公共廁所所凝聚的陰氣，會讓人的泌尿系統產生毛病，造成暗疾纏身，或招來陰物進出。如果

公廁位於屋宅右側白虎位置，則兇相畢露，或是公廁的門對著家中客廳，這都會大大地影響居住者的健康和財運。

此外，對於室內廁所位置的安排，也是要注意的。如果臥室門和廁所門正對著，廁所陰氣容易進入臥室，會使人身上的陰陽失衡，給人帶來霉運，使家人的運勢減退，也對健康不利。廚房門正對廁所門，意味著上水對下水，漏財。有些公司辦公室樓上是男女廁所，這樣的格局對公司的運氣會不好，生意會一落千丈。

大門與廁所門正對著，對腎、膀胱、泌尿系統有影響，臥室門和廚房門相對，中間有個廁所，這種空間設計，會將廚房、廁所之間的氣場流通到臥室，引起健康、情感、財運的下降。

灶爐對著廁所，會使得爐灶陽火之氣，與廁所陰濁之氣相衝，造成陰陽之氣不能調和，會使家人運勢不好、情感不合，而且易招惹暗病。

廁所在整個房屋的西南，而且在兩個臥室的中間，兩個臥室的門也是正對著，這樣的格局對女主人不利，女主人易得婦科病，最好是經常讓廁所保持乾淨，並根據女主人的命盤，擺設開運物化解。

化煞開運

住家附近受公共廁所干擾，可在家裡安裝長明燈；在最接近公共廁所的地方，長年點燃檀香精油。長明燈能化煞也能助長陽宅陽氣，陽宅必以陽氣為主，陽氣充裕才算符合陽宅基本要求。如果家中的玄關位置沒有裝燈，或者燈光不夠明亮，那應趕快加裝夠亮的電燈，並讓它二十四小時開著，好讓陽宅產生平穩、祥和的氣場，化掉宅中煞氣。

長明燈投射方位也可依據住宅方位搭配，從一棟房子的中心點看，東北方為外鬼門，西南方為內鬼門。由東北方位連線到西南方位，這條線稱五鬼線，東北方或西南方為五鬼方，主招陰，易有怪事，所以這兩個方

位，一般盡量不要開門；若此方位開門，而門無法移位之情況下，我們可以安置長明燈來增旺氣場避免靈界不速之客干擾。

長明燈不能直射床，會令人難以入睡，燈光不宜用紅光或閃爍的霓虹燈，容易使人產生浮燥不安的情緒。長明燈數量宜單數不宜雙。住家陰暗、潮濕的長廊，宜用一盞長明燈長時間照明，降低陰氣。房屋缺角處放置光明燈具有修補方位缺陷的功效。

除了長明燈化煞之外，香味也可化解公廁傳來的臭穢煞氣，可在家中點檀香讓香氣盈溢，可淨化空氣驅除邪氣。檀香的氣息寧靜、聖潔而內斂，它獨特的安撫作用可以清心、寧神、排除雜念，對冥想和入靜很有幫助，對體質或運勢較差的人，也有補運作用。

玄關明亮可以產生祥和的氣場。

案例

　　房屋前方有破屋，這是鐘大壘一出門常看到景象。鐘大壘房屋前方有這種死氣逼人的破宅荒屋，房屋方位又與他的本命「凶方位」對沖，這使得鐘大壘無端惹來一椿離奇的牢獄之災。說起來，鐘大壘是出於一片好心，他為了要成全曾龍西而惹上牢獄之災的。鐘大壘與曾龍西是多年好友，鐘大壘受好友曾龍西拜託，讓他早日脫離病痛折磨，鐘大壘的一片「好心」讓曾龍西安樂死，沒想到給自己惹來牢獄之災，法院對鐘大壘以故意殺人提起公訴，鐘大壘及其家人均當庭喊冤，認為自己是出於善意，卻被法院以故意殺人起訴。

　　鐘大壘說，十年前曾龍西得了一種怪病，病情發作時必須服藥，吃藥後常會出現抽搐、劇痛，非常痛苦。當年因家境貧苦，曾龍西為將幾個孩子撫養成人，只好忍受病痛折磨。如今幾個孩子都已成家立業，他覺得自己沒什麼放心不下的事情，而萌生「安樂死」的念頭，並多次求助鐘大壘幫忙但都遭到拒絕。

　　鐘大壘的鄰居也做證陳述，曾龍西會選擇「安樂死」，一是不堪忍受病痛，但主要原因是為子女們減輕負擔。鐘大壘礙於情面無法拒絕曾龍西，只好答應，不料鐘大壘的「好心」為他換來的卻是牢獄之災。

風水病因

　　鐘大壘房屋前方有破屋，會對鐘大壘有何影響？房屋前方有這種死氣逼人的破宅荒屋，那麼，這種沒有生氣的破宅若在辰、戌、午方，會造成牢獄之災。每一個人的吉凶方位不同，如果在房宅某一方位，與自己本命的「凶方位」對沖，可能導致居住者不好的影響，一般簡單的方法辨別吉凶方位，以出生年來看。請看以下說明：

一 ─ 尾數是1的話： 例如出生在1961、1971、1981年等，「凶方位」在戌方─西北。財方在酉方─正西，貴人出現在寅方─東北，或在午方─正南。

二 ─ 尾數是2的話： 例如出生在1962、1972、1982年等，「凶方位」在子方─正北，財方在亥方─西北，貴人出現在巳方─東南，或在卯方─正東。

宅前破屋帶來牢獄之災

三 → 尾數是3的話： 例如出生在1963、1973、1983年等，「凶方位」在丑方—東北，財方在子方—正北，貴人出現在巳方—東南，或在卯方—正東。

四 → 尾數是為4者： 例如出生在1964、1974、1984年等，「凶方位」在卯方—正東，財方在寅方—東北，貴人出現在丑方—東北，或在未方—西南。

五 → 尾數是為5者： 例如出生在1965、1975、1985年等，「凶方位」在辰方—東南，財方在卯方—正東，貴人出現在子方—正北，或在申方—西南。

六 → 尾數是為6者： 例如出生在1966、1976、1986年等，「凶方位」在午方—正南，財方在巳方—東南，貴人出現在亥方—西北，或在酉方—正西。

七 → 尾數是為7者： 例如出生在1967、1977、1987年等，「凶方位」在未方—西南，財方在午方—正南，貴人出現在亥方—西北，或在酉方—正西。

八 → 尾數是為8者： 例如出生在1968、1978、1988年等，「凶方位」在午方—正南，財方在巳方—東南，貴人出現在醜方—東北，或在未方—西南。

九 → 尾數是為9者： 例如出生在1969、1979、1989年等，「凶方位」在未方—西南，財方在午方—正南，貴人出現在子方—正北，或在申方—西南。

十 → 尾數是為0者： 例如出生在1970、1980、1990年等，「凶方

位」在酉方——正西，財方在申方——西南，貴人出現在丑方——東北，或在未方——西南。

化煞開運

選購房屋時應避免這種情形，若已居住者，應盡速拆除破宅荒屋，並且要在門口安置密宗的圖騰「南久旺丹」、或道教的「獅頭八卦」，皆能鎮煞保平安。此外，可在凶方擺放沉重物或廁所、高櫃來壓服，盡量避免在凶方去辦大事。

獅頭八卦

如果家裡有多人居住，應盡量將家庭頂樑柱，設定在賺錢最多的財位，利用吉利方位，集聚吉祥氣場，在財位放置有生氣的物品用以旺財，在貴人方位，擺放馬車飾品，以利升遷。

風水危機 19

物體凸出如探頭
所產生的遭竊危機

案例

　　李龍（化名）住的地方，向前望去是一排高度差不多的舊式公寓，在這些舊公寓的後方可以看見有一棟比較高的建築物凸出一部分，像是一個人探出頭來一樣，這樣的風水格局容易有盜賊侵入。

　　李龍有天颱風夜返家後發現家中物品散落一地，顯然是遭小偷闖入行竊，遂向派出所報案，警方勘察現場，調閱周邊監視器畫面清查過濾，初步鎖定附近鄰居吳男涉有重嫌。派出所通知吳嫌到案說明，吳嫌矢口否認，直至警方出示相關證據，才突破吳嫌心防，令他伏首認罪。

　　吳嫌表示因為玩電玩欠債遭追討，一時財迷心竅，趁颱風來襲之際，看到李龍住的地方，覺得似乎很容易行竊，遂潛入李龍家中行竊，共計得手金飾一批、提款卡、現金新台幣六千元整。李龍向警方表示：因為自己年紀大怕忘記提款卡密碼，所以將密碼寫在紙條上連同提款卡放在一起，沒想到這次遭竊，戶頭存款也遭盜領十萬元，吳嫌於行竊得手後，立即將金飾變賣花用，警方查獲時，吳嫌身上僅剩下新台幣三萬多元。

風水病因

李龍房屋前方有物體凸出，類似探頭時，會對他有何影響？

一般來說，房屋前方有探頭山，容易有盜賊侵入或子孫作賊；後面有探頭山時，則女主人淫亂不吉。左邊有探頭山則家中男子喜偷腥。

所謂探頭山者，是山峰或房屋後面，另外有一座稍微高一點的山峰（或房子）它的形狀歪斜，作探頭（露出）狀。這個形狀就好像竊賊或偷兒，躲在暗處，將頭伸出做偷窺之狀矣！探頭煞會陰生心術不正，喜作奸犯科之流。

如探頭之狀

化煞開運

小人探頭該如何化解？最好在門口安置密宗的圖騰「南久旺丹」、或道教的「獅頭八卦」，皆能鎮煞保平安。

此外，有另外三種化解方式：

1. 孔雀羽毛掛客廳。

2. 八卦凸鏡對向探頭方。

3. 安放麒麟神獸對之化解，麒麟具保護好人，對付小人的作用。

麒麟神獸保護好人，對付小人。

屋後屋脊像弓箭
親友暗算被拖累

案例

姜先生家後面，有一道屋脊直直衝著他家後方而來，好像背後有一枝箭射過來在暗算他，他做夢也沒想到小洪就像這枝箭，連累他吃官司坐牢。

這起發生於二〇〇九年的故意殺人案，小洪因故意殺人被判死刑，姜先生因窩藏小洪被判處有期徒刑。二〇〇九年五月，小洪父母在工地與人發生爭執，小洪聽到消息，馬上帶刀趕到工地理論，兩人爭執中，小洪一刀刺中對方心臟，當場死亡。小洪逃走後，曾到多名親友家尋求幫助躲避，姜先生正是其中的一個倒楣人。二〇〇九年十二月，刑警發現小洪蹤跡，隨後逮捕押回警局，小洪逃亡期間提供他掩護和幫助的姜先生也被警方抓入警局，遭受無妄的牢獄之災。

風水病因

姜先生房子後面有屋脊沖射，形狀就像弓箭從背後直射而來，會對姜先生有何影響？

房子後面有屋脊沖射，形狀就像弓箭從背後直射而來，此為暗箭煞。若是居家住宅，則容易被親友暗中連累傷害、倒債、被撞；如果是當作公司、工廠則會有貨款不容易收到、被拖累等情形，還會影響居住者的腎

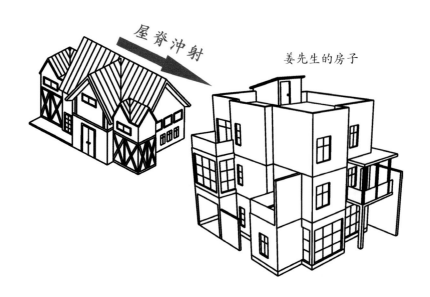

屋脊沖射

姜先生的房子

臟，引起腎臟相關的毛病。屋脊沖射常常在新式建築與舊式建築同時並存的景色中出現，住家被屋脊對到是大凶。

另外一種，屋宅背後的風水煞氣，是屋後的巷子，如果屋後的巷子對著住家後面，被稱為「暗箭煞」，氣場會像箭一樣，從巷子往後射過來。

暗箭煞氣會隔著牆傳遞煞氣，牆受到煞氣的反作用力，影響住居者的宅運，住居者在這種風水格局，會因煞氣的反動能力，影響身體整個氣脈，導致日常生活中，人的精神不好，氣色也不好，臉色灰暗無光彩，煞氣累積越久，住居者四肢容易酸麻，心臟變得無力引起病變，身體免疫力不斷降低，頻繁感冒，小病不斷，小病累積成大病。

化煞開運

屋宅後方犯上屋脊煞的時候，可在房子後面安置密宗的圖騰「南久旺丹」、或道教的「獅頭八卦」，皆能鎮煞保平安。或者面對屋脊方向放一個碗，碗必須定期至大廟過香火，保持化煞的靈性，記得拿到廟吸收靈性的碗，碗底內外要貼上紅紙才有效果，也可在煞氣方懸掛一面開光過的山海鎮來化解。

屋脊沖射屋側面 左沖損男右損女

案例

　　很多人都不信風水，就算住進不好的房子，災禍連連發生，仍然不信，有時候風水師很難做，明知這家人風水格局會遭大難，如果直說，遇到不信的人，他會認為你在唱衰他。多年看風水的經驗，筆者屢屢看見屋脊煞的凶象，後來也印證了凶象。筆者曾在鄉下看過這樣一個土財主，這個土財主拆了他們家族以前住的大宅院，在宅院東邊蓋了一棟透天厝，將大宅院的部分土地拿來蓋雞舍。舊的大宅院坐落的位置，地理風水格局不錯，土財主在養雞賺了錢之後，便將其餘的大宅院土地都擴充成雞舍。土財主因為養雞，日進斗金，每月收入逼近百萬元，土財主有錢後又去做土地買賣，錢賺越賺越多。

　　但是錢賺得多，不代表命就活得好，土財主透天厝的左側面，被新蓋雞舍的屋脊沖射，這個「屋脊煞」，不久就完全毀了他的一生。

　　一般風水犯上屋脊沖煞的毛病，都屬於急發性意外，犯煞的居住者，通常會有來不及反應的意外狀況，土財主五十八歲那一年，有一次颱風來了，他擔心雞舍可能會被颱風損害，就爬上雞舍屋頂，看看屋頂牢不牢靠，結果一不小心，從屋頂摔下來，當場就活活摔死。

風水病因

　　屋脊沖煞，不同方向有不同的影響，房子側面有屋脊沖射，犯了所謂的側脊煞。沖左邊損宅主（男主人）、長子，沖右邊損宅母（女主人）、女人。如果是生意場所，側沖的流年會發生破財、倒債等事。

　　風水觀點認為一條屋脊一條槍，二條屋脊傷絕人，在風水學中屋脊所射過來的地方，不得正對臥室，否則每天至少睡眠時間會受到影響，容易讓居住者，產生內臟出血的毛病，有開刀血光之災，除了內臟出血的問題以外，也容易導致屋中缺少男女主人，或男女主人早亡的現象發生。

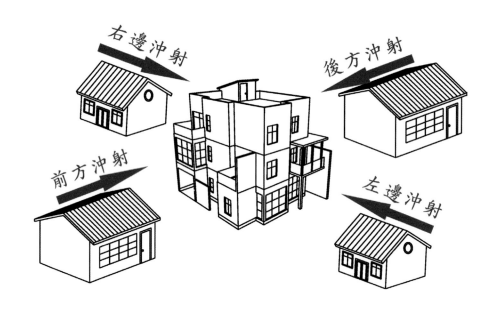

不同方位的屋脊煞有不同的危害：

一　前方屋脊煞： 有意外血光、災禍，並會危害到家中人內臟器官的健康。

二 ─ 後方屋脊煞： 意外血光、災禍、危害家中內臟器問題、破財、犯小人。

三 ─ 左方屋脊煞： 意外血光、災禍、危害家中內臟器問題，或男主人早亡的現象發生。

四 ─ 右方屋脊煞： 意外血光、災禍、危害家中內臟器問題，或女主人早亡的現象發生。

依五行屋脊屬性差異，有不同程度的危害

一 ─ 金行屋脊煞： 白、銀、玻璃、金色，危害呼吸系統。

二 ─ 木行屋脊煞： 綠、墨綠、木頭原色危害肝臟、神經系統。

三 ─ 水行屋脊煞： 黑、灰、藍、水泥原色，危害腎臟、泌尿系統健康。

四 ─ 火行屋脊煞： 紅、磚頭原色，危害心臟、血液循環系統。

五 ─ 土形屋脊煞： 黃色，危害腸胃、消化系統。

化煞開運

　　遇到屋脊沖煞，可在屋脊沖射的地方安置密宗的圖騰「南久旺丹」、或道教的「獅頭八卦」，皆能鎮煞保平安。或是懸掛開過光的「乾坤太極圖」、「山海鎮」可收移山倒海的效果，化解煞氣。

房前有獨立屋
夫妻吉凶難斷

案例

　　張老太太的女兒原本在市區開了一家芳療館，經營得還不錯，在當地小有名氣。後來因都市計畫變更，原店面的房東將房子賣給建商準備改建成大樓，張老太太和女兒便打算遷回老家，在老家附近開館。張老太太來找我替她老家的房子看風水，看看適不適合開店。我來到當地之後，發現附近都是相當老舊的建築，街上大多是白髮蒼蒼的老人，而張老太太老家前方只有一間獨立的房子。我仔細觀察整個區域的地理形勢之後，告訴張老太太，這裡不適合開館，這是一間寡婦屋，會對男主人不利。張老太太指向老家左邊的一個房間說：「丈夫七年前就是在這房間因中風過世。」張老太太接著說：「說來也是，去年年底，隔壁鄰居的丈夫也因癌症而過世，隔壁正準備把房子賣掉。」我立即建議張老太太：「這裡居住都成問題，更休想在這裡做生意了，還是趕快把房子賣掉得好。」

　　告別張老太太之後，我邊走邊看這附近的房子，發覺這裡一半的房子都有問題，不是出寡婦，就是會剋老婆的風水，這些房子最好是重建，免得危害下一手的住戶。

風水病因

　　張老太太老家前方有一間獨立屋，會出鰥、寡孤獨之人。在陽宅風水中，有些格局會形成寡婦風水，比如說門前明堂，如果有直沖的圓形障礙物，則此房宅居住者多出寡婦，家人容易引起肺癆疾病。此外，在住宅風水中，東北（丑寅）的方位稱鬼門；西南（未申）的方位，稱為裡鬼門。建築物如果在西南（未申）方位有巨大凸出的高樓、電塔沖剋，男主人會早死，女主人會變成寡婦。西南方是妻的位置，此方位有凸出物，代表老婆的物質欲望高。為了滿足私欲，她什麼事情都做得出來，不僅不討人喜歡，還時常替丈夫招來一些恩怨，嚴重者還會連累丈夫致死。

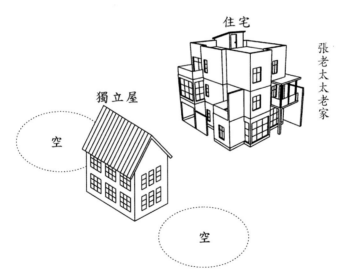

住宅

張老太太老家

獨立屋

空

空

化煞開運

　　選購房屋時應避免這種情形，若已居住者，應盡速搬遷至他處，無法搬遷就要在門口安置密宗的圖騰「南久旺丹」、或道教的「獅頭八卦」，並且需用「琉璃鴛鴦」安置在家裡的旺方，夫妻才會長長久久。

琉璃鴛鴦

風水危機 23

房前尖物的
血光之災

二十八歲的小薛（化名），來到台北工作，一個人就住在淡水，房子不大，卻還算舒適，不過，從窗戶和大門望出去，卻會看見附近建築物的牆角、屋角直射而來，那種尖銳的感覺讓人不舒服，附近建築物的玻璃帷幕，陽光強烈的時候，還會反射到自己的房間中。平時老實沉默的小薛，在這裡住了一陣子，竟發生了一件倒楣事。

那天傍晚小薛下班後騎著機車回家。經過一個很偏僻的轉彎路口時，路旁忽然衝出兩輛機車將小薛撞倒，四名歹徒立刻動手搶走他常年戴在手腕上的一條金鍊子。摔倒在地的小薛還試圖反抗，結果卻遭歹徒砍傷。小薛被送進醫院急診室，頭部、胸部都有刀傷，傷得很重，一度有生命危險。小薛的家人在急診室內急得團團轉。而小薛怎麼也料想不到，竟會因為手上的金鍊子遭到搶匪的覬覦，惹來一場血光之災。

風水病因

小薛房子前面有很多尖物沖射，會對小薛有何影響？

房子前面如果有很多尖物沖射，會對屋內的人造成呼吸道疾病、眼睛的毛病和血光之災。門窗對著建築物的牆角、屋角等形狀尖銳的地方主

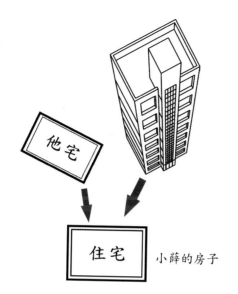

他宅

住宅　小薛的房子

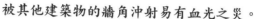

被其他建築物的牆角沖射易有血光之災。

凶，這是陽宅的大忌。尤其是近距離內沖煞到門窗者更甚。小薛門窗正對尖物建築，根據煞型、宅型、方位，及小薛的命盤，剛好遇到小薛流年不吉，沖犯到小薛，所以導致凶災產生。

化煞開運

　　如果家裡的門，正對建築物尖端，要在門口安置密宗的圖騰「南久旺丹」、或道教的「獅頭八卦」，皆能鎮煞保平安，能減輕凶禍。

　　從風水學的角度看，尖物、有稜有角之物，在風水上代表的是「殺氣」，會使人莫名其妙地焦躁不安起來，「殺氣」過旺會使夫妻吵架頻繁，會為毫無意義的事而爭吵。如果是房子大門面對很多尖物沖射，家中人容易犯桃花、損丁。化解的方法是可以在屋前種樹擋煞，以及避免將房舍建蓋於屋前三角形地的尖端。

　　選擇居所，除了要知道配合自己命格，還要選擇建築物的外型，假設

您要入住大樓社區，選擇住家要注意大樓之外型、樓層數、顏色，如果一個人的命格與五行中的火行相剋時，買屋或或租屋時，切忌入住有紅色外牆的火行大樓裡，如果入住這類住宅，將有損自己的運程及健康，輕則破財、官非纏身，重則有橫禍、重病，就算是流年轉大好運勢來，好運也會減半。

此外，不同的五行命格，所適合居住的大樓也不同——

一 → 適合水行大樓的人： 幸運樓層一樓或六樓，白色、淺藍色波浪式大樓最好。

二 → 適合火行大樓的人： 幸運樓層七樓或二十七樓，紅色、紫色尖高型大樓最好。

三 → 適合木行大樓的人： 幸運樓層三樓或八樓、三十八樓，青色、綠色高長型大樓最好。

四 → 適合金行大樓的人： 幸運樓層四樓或九樓，白色、金色圓型房屋最好。

五 → 適合土行大樓的人： 幸運樓層五樓或十樓、十五樓，咖啡色、棕色長方闊型大樓最好。

風水危機 24 房宅後方路沖射 必傷家主

案例

　　小陳是個一很孝順的人，與家人一起住在一棟透天厝中，這棟透天厝的後方，有一個高壓電塔，還有一條筆直的馬路直衝他家的後門，這樣的風水格局，對小陳非常不利，但小陳渾然不知自己已經一步步走向死亡。小陳平常在一家知名餐飲店當店長，雖賺得不多，但賺的錢都會貼補家用。那年國曆九月三十日，小陳在下班回家的途中，與一輛遊覽車擦撞，卡在車底，當場死亡，才剛過生日的小陳，人生正有大好前程，沒想到會慘死在車輪之下。

　　小陳六十歲母親聽到兒子車禍，趕到現場，看到死狀悽慘的兒子，哭到肝腸寸斷，數度昏厥。小陳的舅舅說，小陳母親自從丈夫死後，很辛苦獨自扶養兒子長大，好不容易生活越來越好了，卻發生這種事。肇事駕駛事發後，跪在小陳母親面前猛磕頭，懇求小陳母親原諒。由於小陳是家中經濟支柱，卻因車禍猝死，家中生計恐陷入困頓，肇事駕駛被警方偵訊後，依業務過失致死移送法辦。

風水病因

小陳房子後面有一個高壓電塔，還有一條筆直的馬路直衝他家的後門，會對小陳有何影響？房子後面如果有路沖或尖物沖射而來，一定會傷到一家之主，或是家中的老人。一般而言，後面路沖，稱之為破腦煞，一旦流年走到大凶之日，必破腦而死。

從小陳的八字命盤來看，小陳出生時間近立春時節，約冬季末，月令是「癸丑」，八字大運剛好在該年的國曆九月三十日前後進入「己未」大運，大運和月令形成天干己癸相剋、地支丑未六衝，這種天干克、地支衝的五行惡運，實在是恐怖。

小陳大凶運，加上家宅日積月累的破腦煞，使小陳在劫難逃。住宅背後遭到路沖，這種路沖較正面的路沖危害更大，居於其中，不只傷及自身性命，還會常遭人暗算，對自己後代十分不利。

從氣場觀點來看，在小陳住宅後方道路上移動的一切物體，包括汽機車、腳踏車和行人等，都攜帶著能量朝小陳住的透天厝直衝而來，雖然人車並沒有直接衝撞到小陳的住宅，但移動物體的氣動能量肯定會受到某種轉化作用，往小陳住宅後方不斷撞擊。小陳住在路沖的住宅裡，就

路沖的房子

會造成種種的病痛，腦部也會出現混沌狀態，稍一不慎，可能因精神不集中，無法躲過災難，以致於慘死意外。

化煞開運

如果您遇到像小陳一樣的風水格局，可在正對沖煞的牆壁上，安置密宗的圖騰「南久旺丹」、或道教的「獅頭八卦」，皆能鎮煞保平安。也可在牆角設立「石敢當」，略微擋掉沖煞。如果可以，最好趕快遷離，才能永絕後患。面對路沖之處的牆壁，最好不要有窗戶，才能避免高速移動的路沖能量從窗戶跑入屋內。另外一種小路沖也要注意一下，如果房子正對著巷弄或樓梯間，巷弄或樓梯間的路沖強度雖然比較弱，但仍然有機會造成傷害，所以，買房子就不要選擇巷弄盡頭處的房子。

有許多人掛鏡子擋路沖，鏡子屬內明外暗的一種避邪物，一切陰煞在它面前都無法逃脫，鏡子有收剋煞氣的功效，不只可擋路沖，還可反射一些尖型煞氣，像是屋脊、屋角、牆角及寺廟、旗桿這類尖型銳氣，可用鏡子反射化解煞氣。

另外也可在路沖方種樹，樹有靈性，從生物學來看，樹經光合作用製造氧氣產生的芬多精，有殺菌抗炎作用，在風水的佈局上更是佔了重要的角色，而且樹要種密集一點，形成樹牆才能吸收衝擊而來的負能量。或者在正對路沖的方向，隔成一個房間當倉庫，倉庫逢路沖，貨物放不久，有出路，對做生意的人來說，貨物不會堆積太久，會有銷路。

有些人認為，面對路沖，也可用圓柱型建築物化解路沖煞氣，將煞氣化成兩股氣流，從圓柱旁溜過，或在自家前院，挖一個半圓形的水池，圓弧一面向著路沖，水池保持八分滿，以水氣化煞氣。此外還要注意，如果住家大門，正對高速公路交流道，也算路沖，買屋租屋千萬要留意這種要命的格局。

風水危機 25 地鐵穿下方 家運起伏難捉摸

案例

　　人的一生命運高低起伏不定，尤其住在地氣不穩定的住宅之中，命運起伏會更大。小韓本是有錢人家的千金，父親的公司很賺錢，小韓出外上學有專車備人接送，十六歲那年，她賺了大錢的父親買下某棟大樓的兩層樓面，當做新的公司兼住家。這是一棟與捷運共構的新建華廈，也就是說，樓上是住商混合型的大樓，樓下及地下層是捷運車站。所以捷運地鐵經過的路線，正在她家的地底下方，自從搬入這棟大樓之後，小韓父親的運氣變得不好，被很多廠商倒債，生意一敗塗地，五年之後，小韓的父親公司倒閉，欠了一屁股債，父親受不了債務壓力自殺了，小韓的媽媽氣運也不好，常是小病不斷，大病常犯，每年都要住院兩三回。為了負擔家中的開銷，小韓出外兼了三份工作。不過，小韓的母親還是敵不過死神的召喚，離小韓而去，留下小韓孤孤單單一個人。

風水病因

　　小韓房子的下方有捷運經過，會對她有何影響？如果有地鐵從房子底下穿過，會產生所謂的「地底穿心煞」，尤其是貼近地面的樓層，影響家運甚大，「地底穿心煞」除了影響小韓一家人的身體狀況之外，同時也會

讓他們的家運起伏不定，時起時落、難以捉摸。

都市區住宅，多半以公寓大廈形態出現。不容易看出地氣的好壞。倒是有捷運地鐵的都市，地底大量乘車的人潮，會影響地氣。地鐵捷運出入口是判斷地氣好壞的指標。在購屋時，最好不要選擇捷運地鐵出入口緊鄰和相對的房子，以防人氣流通直沖而來，變成了煞氣，將房子本身的旺氣沖掉，形成了洩氣住宅。

就風水的觀點來看，住家附近的河川與道路，也會影響地氣，有些人買房子希望增值，結果都買在捷運旁，如果要買這種房子自己住，除了捷運系統不要穿過住宅正下方之外。還有一些事需要注意。首先看看捷運路線有無反弓煞。然後看看捷運系統，有沒有跨越住宅上方或住家的大門。捷運路線也不宜往屋側邊經過，最好要注意，盡量不要讓捷運站變成您的鄰居，最好離捷運站二、三條巷子或者一百公尺範圍外，地氣影響會較小。

從種種風水實際觀察經驗，住家下方有捷運、地下鐵、停車場車流通行的通道等，都不利於居家風水，屋主容易破財、健康狀況不佳，尤其以三樓以下低樓層住戶，影響最大。

🧭 化煞開運

遇到這種地氣破壞嚴重的房子，必須請名師找出屋宅的流年吉位，在吉位上安置「天然火山琉璃製成的龍柱」才能移龍轉脈，化凶為吉。也可在房屋的四周圍繞三十六枚五帝錢，意為「36天罡星」，有提升住家氣場的效能，能減低破財機會並穩定身心。可在銀行開設保險箱，將錢財存入守住正財。

希望改善財運，最好能改變自己的生活模式，並在家中擺放招財樹，守護財運。為避免捷運通行造成的噪音干擾，住家內另可依序擺放金、

水、木、火、土的水晶球，提升磁場能量。另外一個簡單的方式，可擺放一個銅葫蘆在西方，穩定財運。

　　住宅下方捷運帶來的高電量、音頻震動，在住家下方聚集時，會帶來「火行煞」與「聲煞」。這兩種煞氣容易引起眼睛、心臟、血液等部位，建議選擇與屋主生肖相同的陶製品，如屋主屬雞，擺放雞造型的陶製品在住家門口，可化解負磁場。為減低漏財機會，住戶可在家中擺放招財樹，最好還能改變常往外跑的生活模式，減少不必要的支出。氣動環境在住家下方通行，容易造成感情生活不佳，單身者較不易結婚，想成婚者，應避免選購；已婚者為加強夫妻關係，可在主臥床的下方擺放紫黃晶。

風水危機 26

從通道化煞開運 解除倒閉危機

案例

有一間庇護商店,商店位於二樓,而商店下方就是騎樓,騎樓的氣場不穩定,干擾到庇護商店的財氣。庇護商店主要是販賣身心障礙學員的手工產品,不過開設將近三年的時間,年年虧損,從今年開始,庇護商店結束營業,身心障礙學員辛苦完成的產品,沒能再上架販賣。學員們推著放滿麵包與西點的推車,在庇護商店裡販賣,雖然身心發展有障礙,但待人的禮貌一點也不馬虎,鞠躬又道謝,他們的服務最重禮數。不過店裡多數時候沒顧客,原本販賣學員自製產品的庇護商店,因為開店以來年年虧損,自今年起不得不關門了。庇護商店老闆表示,透過商店讓孩子們有跟外界做接觸的機會,是孩子們最喜歡的地方,現在這個地方沒有提供身心發展有障礙的人來店實習,往後也就沒有對外營業的必要,對那些期待我們做公益的人,心中多少有一點遺憾。

風水病因

庇護商店下方是騎樓,會對庇護商店有何影響?房子或房間下方是車道、走廊、騎樓,因氣場流失,犯所謂的「浮空煞」;當成住家會漏財、賺錢困難;當成公司、辦公室則主管常出狀況,業績發展差。

住宅或辦公室下方是車道即犯了浮空煞

　　一般來說，商業空間的風水，無論是公司的上方還是下方，都不能是車道、走廊、騎樓，因為來回穿梭的人流、車流會破壞氣流運行的路線，這樣一來，不規則的氣場就會對公司的運勢造成影響。有些採用了底層架空設計的商業大樓，如果租用架空樓層之上的樓層作為辦公室，就會面臨樓下全部是空的格局。有些住宅大廈的地下停車場，出入口車道的上方也規劃了住宅單位，這就是犯了浮空煞，這種住宅房型對於運勢是非常不利的。

化煞開運

　　避免讓房子變成「浮空煞」的風水格局，勿將車道、騎樓上方的房間，當作臥房，若無法移位，則須在此房間放置聚氣金字塔以防散氣。金字塔擺設方位，依居住者命卦不同，擺設方位不同，擇日開光時機也有一

定的規則。擺設金字塔之前，先依天星地平方位命盤，找出吉利的星辰會聚的方位，那才是最適合自己的擺設方位。

屋宅四周圍的道路對住宅風水影響也很大，水路通道，風水學上通常以「水」之一字來通稱，我們租屋、買屋時，從屋宅四周的水路通道方向，可找出運勢方向，化煞開運。

🏠 收逆水

水流方向與房屋的坐向、大門的方位有密切的關係，將會影響到居住者的財運，在風水上，必須收到「逆水」才會旺財，相反的如果是「順水」必定導致財運敗退的情況，所以對於房屋四周的水流（道路）來去方向一定要仔細判別。

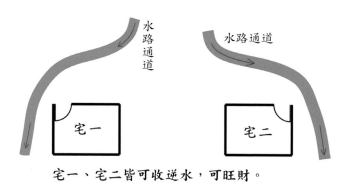

宅一、宅二皆可收逆水，可旺財。

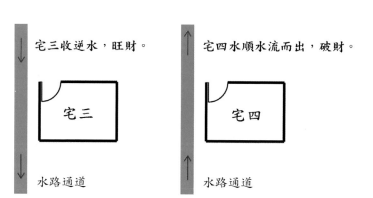

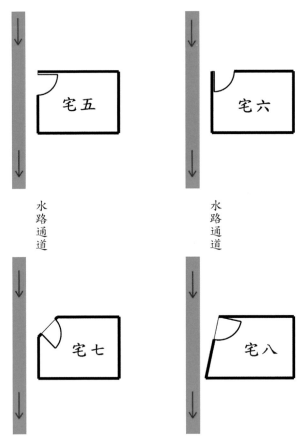

宅五的形態並未收到逆水,可修改門的方位。
若改成如宅六、七、八的形態即可收到逆水。

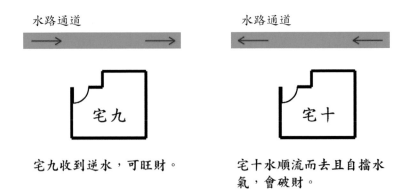

宅九收到逆水,可旺財。

宅十水順流而去且自擋水
氣,會破財。

🏠 桃花水（歪哥路）

外部通道往左來，與男性有關，通道往右來，與女性有關，「歪哥」指對錢有意外之財，或意外損失。對異性有桃花，外遇、劈腿可能性大。由路勢高、低之差別判斷外遇關係。

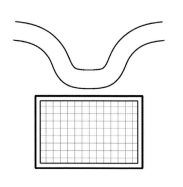

宅前道路如八字，如掀裙舞袖，將招致爛桃花。

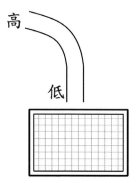

宅前路由高往低來，長輩會有外遇。

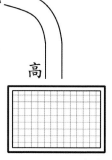

宅前路由低往高來，晚輩會有外遇。

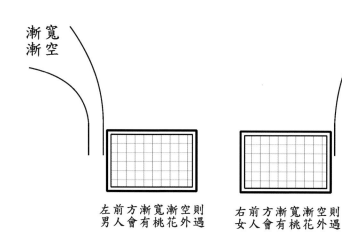

左前方漸寬漸空則男人會有桃花外遇

右前方漸寬漸空則女人會有桃花外遇

牽鼻水

所謂「牽鼻水」，最常見的狀況，是樓梯口直衝大門；公寓型房子，開門見樓梯直下；房門打開，見樓梯往下。有牽鼻水格局的房子，走氣散財、錢財不聚，破財消災，家庭親子關係不好，小孩愛往外跑，請小心小孩會被拐走。另外，這類房屋格局，家庭瑣事繁多，紛紛擾擾不斷，對居住者健康也不利，尤其要注意心臟健康。可改大門玄關方向以避之。

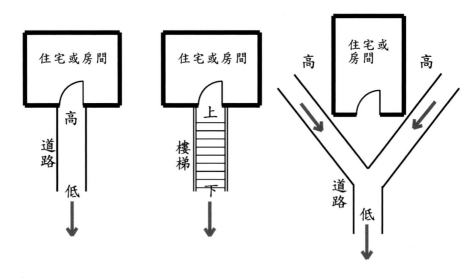

賊水

「賊水」格局的房子，龍邊沒有護衛，缺乏貴人相助，易犯小人，也容易遭小偷光顧而破財，筆者看風水時，曾在中壢陳先生的房子遇到這種風水格局，陳先生的住宅就被小偷光顧了三次，損失不少財物。

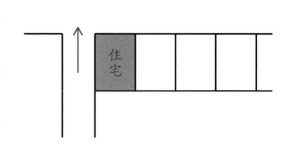

發財水（拜堂水）：

　　如果是對門屋簷流下來的水，往你家流過來，這叫做發財水（拜堂水），主有財流入你家。根據風水學說從屋簷流下的雨水，基本上就是老天賜給我們的天財，最好用集水管集起來，排入自家的排水暗溝裡，這樣才不會讓老天爺賜給你的財外流。

　　自家住宅對面，如果有瓦狀、波浪狀之斜屋頂時，可收到財運，一般若做生意的居住者，大多會賺錢，瓦狀、波浪狀斜屋頂的房子，如果在自家住宅前方，可收正財，與居住者生意、本業有關，如果是在後方，可收股票之類投機性偏財，不過這類風水格局，要看屋瓦的材質，紅瓦、石棉瓦、琉璃瓦最好，鐵板瓦次之，瓦片越大片越好，尖形、破形的屋瓦比較不好。還要看高度，太高、太陡、太短的屋頂收不到財水，距離方面，最好離對方六公尺較佳。「發財水」只論賺錢，不論存錢或健康意外。收財水的方法可在自家住宅蓋圍牆比較好接財水，或自家加水管自收財水。

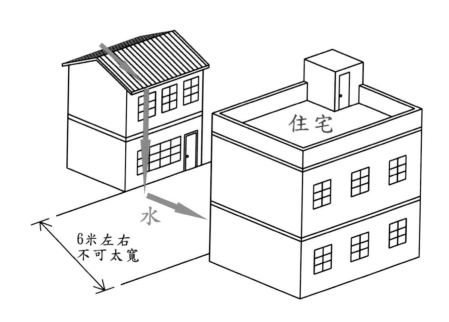

風水危機 **27**

屋靠寺廟教堂
陰靈作怪

案例

　　張姓郵差的房子靠近一間寺廟，每天他出門之前，都會先到廟裡拜一下才去上班，有一天張姓郵差在送信途中，氣喘病發送醫不治。他的家屬質疑，張姓郵差是過勞死。而張姓的同事也私下爆料，說張姓郵差於死前兩天，處理許多大宗郵件和大宗掛號，這段時間又逢大雨，懷疑張姓郵差極有可能有超時工作。同事指稱，張姓郵差在死前當天感到身體不適，但因職責在身仍抱病上班，卻在當天送信途中引發氣喘，就醫後不治死亡，家屬質疑張姓郵差是過勞致死。

風水病因

　　如你的房子像張姓郵差的房子靠近寺廟或教堂，會對居住者有何影響？

　　神前廟後為孤煞之地。孤煞即孤寡，孤獨之意，凡警局、消防局、廟宇、教堂、墳墓等地均屬孤煞之地，此種風水格局，因充滿靈氣，造成各類靈體的聚集，其中當然包括了會對人產生不好影響的陰靈。而住戶本身的氣場狀況不一定能承受這種靈氣，常會出現自身氣場紊亂的現象，自然會身體不適、事業不順。

　　張姓郵差所住之處的左邊有一座寺廟，中間隔著一條馬路。寺廟的屋

住在寺廟教堂附近，小心陰靈干擾。

脊和飛簷正好沖射到張姓郵差的房子。如此必對張姓郵差構成不良影響，易有損丁之應。

　　消防隊也算是孤煞之地，消防隊大門大都塗成紅色，如果住宅正對消防隊，居住者易有血光之災。有些大樓，四個樓層分別是基督教、伊斯蘭教、天主教教堂和佛堂。一棟大樓把不同的宗教陰煞聚集在一起，人在附近或上面居住，會受到陰氣侵襲，令居住者精神萎靡，暗病叢生，家業蕭條。在都市租屋、買屋，務必要注意孤煞之地。

化煞開運

　　最好的方法，是直接到廟裡或教堂請來護身物，才能藉由神靈的力量，保佑一家平安順利。另外，在窗外或門口面對寺廟、教堂處，懸掛密宗的圖騰「南久旺丹」、或道教的「獅頭八卦」，皆能鎮煞保平安。

風水危機 28　屋靠墳場、殯儀館 家宅不寧

案例

　　住在墳場或殯儀館旁邊，是小趙不得已的選擇，要不是預算不夠，絕不會租屋在此，可是小趙跟老婆搬進這個家之後，就時常爭吵，有一天和老婆發生口角後，心結難解；告訴家人要帶兩名年幼的孩子去釣魚，孰料到達集水池時，竟然狠下心腸將孩子一一推入池中，導致他們全都溺斃。將孩子推入池中後，他像沒事一樣走回家，準備服毒藥自殺，但遭家人發現和阻止。小趙這才說出已將孩子推入池中。小趙父親聯合附近鄰居到魚塭池邊尋找孫子的蹤跡，卻發現兩個可愛的孫子，早已溺斃池中。

風水病因

　　房子靠近墳場或殯儀館，會對居住者有何影響？

　　無論是墳場或殯儀館，都是大量聚集陰氣的場所，能搬多遠就搬多遠，以免遭到鬼祟，引來不好的影響。無法搬離的住戶，一定會出現健康狀況不佳的情形，而且口舌是非特多，鬧得家宅不寧。

　　活人居住的房子稱「陽宅」，死人埋葬的墳墓稱「陰宅」，有些人將陽宅，蓋在祖先陰宅附近，以為這樣可以得到祖先的保佑，庇蔭子孫，帶來福氣及運氣，其實這是錯誤的觀念。住宅選址講究陰陽和諧，墳墓附近陰氣較重，陽宅不宜建在陰宅附近，住在墳地附近，陰氣森森，易受其陰

住在墳場、殯儀館附近恐受陰靈磁場干擾

氣影響，人的陽氣必然受侵害，陽氣一弱就容易招來病痛。面對墓地而居，在人的心理上總覺得陰森森，家中的任何風吹草動，都可能會有所聯想，長久下來自然會影響主人的心理健康。

化煞開運

　　住家旁若有殯儀館、火葬場、墳墓、屠宰場等陰氣較盛的環境，居家內務必保持清潔明亮，找出房子生氣最旺的吉方，將大門移到此一吉位；找出房子生氣最旺的窗位，長年開啟這扇窗；在屋簷下安置密宗的圖騰「南久旺丹」、或道教的「獅頭八卦」，皆能鎮煞保平安。

　　避免擺放陰氣較重的物品，並常約朋友來家中增加人氣。家中不可有蜘蛛網糾結，若有燈泡、燈管損壞忽明忽滅，應立即更換，且室內白天應引陽光入內，可助長陽宅運勢。另外可用紫檀木製成的薰香，制煞淨化空氣，薰香味道可選檀香味或艾草味。

　　一般人其實都很忌諱將房子蓋在墓地的附近，但現在的生活空間有限，也沒人可以肯定自己的房子下方，不曾埋過人骨，所以在搬到新家之前，可以先做一些入宅儀式，以祈求全家平安。入宅之前，可先請專業的

風水師，代為挑選吉祥時辰，引動財運、貴人、文昌、桃花等吉運，以利往後發展。入宅前七十二小時燈光打亮驅寒、轉陽，去除霉氣。入宅後最好拜一拜地基主，因為地基主是住家守護神，掌管家中人的身體健康、財富和全家的平安。另外也可在新居入宅後多找好福運的親朋好友來家中坐坐，以人氣帶福氣。

安置南久旺丹可辟邪鎮宅化解煞氣。

兩棟新屋夾住宅 人傷財不安

案例

　　小李住在一棟三樓半的透天厝房子，房子被左右兩棟新大樓包夾成凹字型，小李住此宅已有十幾年，與太太育有一女一子，兒子三年前騎機車出車禍，造成跛腳。女兒則有學習障礙，太太體弱多病，常常筋骨酸痛、頭痛而面無血色，好像藥罐子。自己也患痛風多年醫不好。小李去年在菲律賓投資生意失敗，最近又和對面鄰居發生衝突，而被告傷害，可以說是禍不單行。

風水病因

　　小李住的房子，被兩棟新大樓夾在中間，這種兩新屋夾一間舊屋，或兩大屋夾一小屋，會對小李有何影響？

　　兩棟新屋的中間夾了一間舊屋，或兩大屋夾一小屋，犯損人煞，容易損失人丁、受傷，居家不平安、壓力大。公司、商店則生意不好，發展過程很辛苦。

　　通常自宅被高大簇新的房子包夾，在氣場上容易有滯悶感，老舊建築物低矮，於兩側新建築高聳夾縫中求生存，容易引發意志消沉、保守、氣運衰敗現象，不易讓居住者在事業上有好的發展。

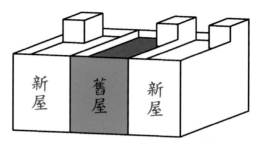

兩新屋夾一舊屋

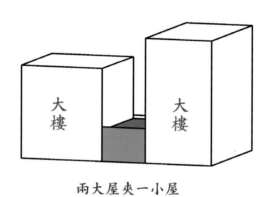

兩大屋夾一小屋

化煞開運

　　兩棟新屋的中間夾了一間舊屋，只要重新油漆過就可以了，都是新的，就可以化解。若是兩大屋夾一小屋，可以裝潢屋頂，讓樓層看起來高一點、凸出一點，就可以化解。若兩旁是大樓高出太多，那還是趕快搬遷為宜。

風水危機 30 屋後大水溝，離家出走人稀少

案例

　　美娜（化名）新房子後面緊貼大水溝，居家風水犯了斷龍煞，導致美娜事業升遷受影響。美娜本是一家上市公司的營業部經理，搬到新房子後不到半年，她突然被貶至偏遠營業所。美娜升經理之前，是一個頗為精明的營業員，升遷比其他同時進公司的同事快，由於樹大招風，引起許多人嫉妒，同事利用她部下出錯的機會，扯她後腿。由於美娜的部下犯了一個嚴重的錯誤，她的部下跟某公司簽訂販賣大量產品到國外的合約時，發生了令人難以置信的差錯，帶給公司極大的損失，雖然合約不是她簽的，但是責任她還是要負。加上眼紅的同事，一再跟高層說她不適任現在的工作，導致她一下子被外派到鄉下去，從此升遷之路遙遙無期。

風水病因

　　如果你的房子像美娜一樣，房子後面緊貼大水溝，對你會有什麼影響？

　　房子後面緊貼大水溝或河流，犯斷龍煞；居家久住人丁漸漸出走，事業升遷都會受影響。如果公司、工廠、店面犯斷龍煞，一開始生意雖然不會影響，但久了則財運、事業會漸漸退敗。購買房子前，如果想預防破

屋後大水溝或河流，犯斷龍煞

財，可以留意屋子背後是否緊臨水溝，或是陰暗的巷弄，若有這些情況，容易導致對外的人際關係不順遂，感情不如意，並且業務發展容易遭遇困難。

並不是房子後方有大水溝，就會犯斷龍煞，要看距離，若是緊臨水溝，其煞必凶，若有保持一段距離，又有後牆隔離，其煞較弱，若水溝的水很少，犯小人，易生女。所以既然有隔後牆的話，建議可種植一些樹，讓你有後靠，可降低煞氣的影響；若水溝的水很大，就要看整體的座向了。

化煞開運

如果廁所在屋內外正後方，須在馬桶上方放「琉璃龍龜」鎮煞。如果是房子後面逼近大水溝，或是房子前面高後面低，形成斷崖，也是斷龍煞的一種，這種有形的東西沒辦法解，建議還是盡速搬遷為宜，若短時間無法搬遷，那就要在正後方置放「琉璃龍柱」來補助龍脈。

龍龜簡介

　　龍龜外型為龍頭龜身，相傳為「龍生九子」之一，具龍與龜兩種靈獸之特質。

　　「龍」應用於風水上有：招貴人、制白虎（小人）及生旺財運的功用。而「龜」具長壽、祥和、化煞的作用。龍龜又稱「玄武」，乃北方神獸，五行屬水，若住宅的背後空虛無靠山而導致家運衰退，則可用龍龜鎮之。在風水上龍龜是

龍龜

最被喜愛擺設的靈獸之一，風水師也喜歡用龍龜來化解三煞、太歲、與歲破等凶悍的煞星，同時藉其生旺財氣。此外龍龜也有「榮歸」之意，代表衣錦還鄉，榮歸故里的意思。

　　效果：安家、鎮宅、避邪、化煞增緣、化是非、化陰氣所產生之疾病。

　　用法：龍頭向家內，有賜福之意；龜尾、龜背向外，可擋沖煞之氣。

　　安置：風水師選定最佳的吉日良辰，將淨化加持過的龍龜安置於屋中受煞氣干擾的方位上，即可發揮鎮宅化煞、招財增福的效果。

風水危機 31 兩路夾住宅 桃花是非多

案例

　　明明（化名）住在一棟被情絲纏繞的房子，房子被兩條馬路夾住，就像兩條有情水纏繞著，也像一把大剪刀，剪向她的房子，也鉗住了她的感情。

　　明明哭著說她是個不光彩的「小三」。她的朋友不明白，那男人到底有什麼好？為什麼竟有那麼多的女人肯為他傷心落淚？那男人叫林壘（化名），是明明的同事，相貌平平稱不上英俊，但為人很熱情，言語幽默風趣。辦公室有林壘在，氣氛總是輕鬆愉悅。那一回，明明被指派獨自接待一個滿身酒味的男客戶，險遭狼吻，這時林壘主動站出來，願意陪明明一起工作，明明不勝感激。相處久了，漸生情愫，明明不顧任何人反對和林壘同居。

　　林壘老婆知道後，就跑到公司找明明鬧，弄得全公司都知道這件事，面對各方壓力，明明動搖了。但林壘一點兒也不在乎別人怎麼說，他告訴明明要跟老婆離婚，仍對明明窮追不捨。明明刻意避開林壘，林壘白天沒有機會與明明說話，就在晚上到明明家裡來找她，明明不開門，林壘就把車停在明明家門口，一等就是一夜。明明雖然把林壘關在門外，卻關不住自己的淚水和一顆躁動不安的心。迫於輿論的壓力明明不敢接納林壘，但他寒夜裡的真情守候又使明明感動和心痛。在矛盾中徘徊和煎熬到第三個晚上，明明終於不顧一切地衝出大門，撲進了林壘的懷抱。

明明約林壘老婆出來談，那天傍晚，明明和林壘的老婆相對而坐，明明勸她說：「林壘已經不愛你了，再糾纏下去還有什麼意思？」在一段長談後，明明終於逼退了林壘的老婆，明明雖然替這個怨婦難過，但心卻如春日裡綻放的鮮花一般，彷彿看到她和林壘光明的未來。

後來明明如願和林壘結婚，原以為婚後生活定是快樂又幸福，不料結了婚之後，卻是另一個痛苦的開始，林壘的公婆對明明很冷淡，認為明明不是好女人，從沒給明明好臉色。林壘六歲的兒子不想和明明說話，有一次明明跟他玩，小男孩伸出手一把掐住明明的臉，狠狠地捏明明，讓明明痛得叫出來。面對小孩的敵意、公婆的不滿，明明眼淚往肚裡吞。明明想，為了林壘不管多痛苦，她都願意忍受。然而，林壘對明明的愛情熱度不到一年，就開始冷了。林壘不再對明明甜言蜜語，經常不回家吃飯。

其實婚後明明已經看出林壘拈花惹草的個性，也聽說林壘外面有女人，明明不相信這是真的，兩人結婚還不到兩年，林壘就變心了。那天晚上，明明跟蹤林壘，親眼看到他擁著一個年輕的女孩子進了旅館。明明不甘心報警抓姦，兩人鬧到警局，之後林壘乾脆就不回家了。明明還在想，如果林壘能夠回頭，她願意原諒他，沒想到林壘打電話給明明說他想離婚，而且林壘怕明明糾纏，還請他的「新小三」逼退明明。明明的心再一次被刺傷。

新小三對明明說：「如果不是妳胡鬧，林壘不會提離婚，這樣糾纏，你覺得好嗎？」沒想到幾年前明明逼退林壘老婆的話，現在是眼前這個年輕女孩對她說，明明心很亂，冷眼看著這位很像她的女人，苦笑著無言以對。明明想到她的愛情，就像她的房子有兩條馬路夾著一樣，永遠都是糾纏不清的爛桃花。

風水病因

　　明明家被兩條馬路所夾，形狀就像剪刀剪向她的家，會對她有何影響？兩條馬路所夾的陽宅，形狀就像剪刀剪向此宅，此為「剪刀煞」；居家會犯是非、桃花、離婚、火災、血光；生意場所容易發生打架、鬧事、糾紛等麻煩，這種風水格局的房子，如果用來當店面做生意，生意如果要好，不可蓋高，最高不可超過二樓。

　　明明家在老舊市區，附近道路規劃混亂，分岔路口隨處可見，明明家門正對兩條路從旁而過，匯聚成一條路形成剪刀煞。剪刀煞一般座落於三叉路口、十字路口交叉不成直角，交叉口像一把尖銳的剪刀口，若位於剪刀口的建築物是商業大樓，易造成業務不順、公司倒閉等危機。

　　一般而言，剪刀口處的房子開店做生意，若經營鑰匙店、刀具店、五金店等等，這類屬「金」的店面，較不容易造成沖煞。若是經營傢俱店、木工廠這類屬「木」的店面會被沖煞到。一般擁有剪刀口的三角窗店面，通常車流人流都相當旺盛，如果選對方位開門的話，能夠兼納兩條馬路的

兩條路在此分岔，即犯了剪刀煞，不適合居住。

人氣，相當適合當作生意的場所，但是這類的房子較不適合當作住家。

 化煞開運

　　剪刀煞動氣交沖多帶血光，氣亂而濁、不聚氣，易有是非、意外、凶災、事故機率多、健康受損。可種樹或圍外牆、或退後蓋，前方多一緩衝空間。

　　剪刀煞化煞開運的方法，可改變門的方位，注意元運的金龍零正，使大門收到當運旺氣。而兩條路所夾尖處再用密宗的圖騰「南久旺丹」、或道教的「獅頭八卦」，皆能鎮煞保平安。或在房屋靠近路口一側擺放大小適當的石頭製成的「石敢當」，用以鎮煞。室內可擺水晶茶樹，加強化煞磁場。

南久旺丹

對面大樓高壓
財運差、前景堪憂

案例

　　小蠟與小新從小學到高中一直是交情很好的哥們兒，好到一起在山林脫褲子游泳，還學蠟筆小新用屁股跟山林打招呼，所以他們兩個人各取了小蠟、小新這兩個綽號，正因為他們是好朋友的緣故，所以有許多共同的理想，也想要一起去完成。小蠟的父母並不喜歡小新，他們認為小新不成熟，不走正路，總有一天會帶壞小蠟，但是小蠟不顧父母的反對，跟小新共同合資開設了一家賭博性電玩店，電玩店外表看起來很低矮，對面還有一棟高樓，有時候去店裡消費的客人，會感覺對面那棟大樓好像隨時會倒下來，壓垮電玩店。

　　兩人剛開始經營時，收入還可支撐成本，但後面的經營越來越難，一直在虧損。經由朋友的介紹，小新認識銀行發卡的業務人員，小新拿著小蠟的證件前往銀行辦卡，兩人開始以現金卡預借現金，希望能渡過難關，以求未來有翻身的機會，但是經過一段時間，並沒有任何起色，還是無法讓公司營收起死回生。這讓小蠟很氣，當初怎麼會聽小新的話去辦現金卡，欠了一屁股債，小蠟吞不下這口氣，向法院提告，控告小新偽造文書，不經由他同意，拿證件去銀行借錢。

　　但是後來法院還是判小新勝訴，原因是小蠟長期有收到現金卡帳單，但是卻沒有停卡的動作，可見小蠟是同意小新代辦銀行

現金卡，所以偽造文書罪不成立，這起官司不只是金錢的損失，也造成多年友誼的破裂，沒想到小新、小蠟的友情被錢壓垮了，就像他們的店，被旁邊的高樓壓住一樣，一輩子都沒有起死回生的機會。

風水病因

　　小新和小蠟開的店旁邊被高樓壓住，形成壓迫，就像泰山壓頂，此為高壓煞。當作住家會使人發生腦神經衰弱、車禍、無前途、被倒債；若是生意場所、公司則財運不好、業務發展困難、前景堪憂。

　　一般來說，如果一定要住在高樓林立的環境中，最好住高不住低，因為低層壓迫感大，高層視野開闊，壓迫感較低。

　　除了注意附近開工狀況，最好選擇背有靠山的大樓居住，所謂背有靠山，是大樓後方有另一棟大樓當靠山，如果大樓後方有靠山，靠山高低遠近適中，而左右兩旁又各有大樓當護衛，這樣的形態就像左右有扶手後面

對面大樓高壓，財運差前景堪憂。

有靠背的龍椅一般，是一種安穩並且能得貴人幫助的格局。

化煞開運

如果遇到泰山壓頂的格局，最好盡快搬遷，選擇另一地點開店為宜，若短時間無法搬遷，則須把大門轉移方向，避開被壓的那個方向，並且安置密宗的圖騰「南久旺丹」、或道教的「獅頭八卦」在屋簷下，家中的福位方再掛一幅「九龍玉璧」來鎮煞保平安。

另一種方式，是將住居內的壓迫感消除，減低大樓壓頂的壓力，除了在選房子住時候，挑高樓層、採光佳、向外的視線寬廣的房子，窗戶、樑柱過多的房子也不宜居住。

還有，忌用藍色、紫色、黑色等暗色系沉重色調，佈置內部空間，可以用顏色化解壓迫感，可用白色之類淡色系，來佈置內部格局，白色看起來寬敞明亮，可減少空間壓迫感，白色屬金提升財運。為不使住家附近大樓壓迫感，讓住居者氣運鬱悶，可用暖色系佈置內部空間，補足氣運不足的缺點，黃色、橘色、米色屬土有包容的能量，令人情緒穩定，智慧的增長、走向光明。

在空間太過窄的地方，可用鏡子加大反射空間效果，開闊空間，擋柱子、避掉缺角，讓視野通透開闊、動線流暢，自然減少壓迫感。但是鏡子擺設不宜放在椅背後或床前，鏡子對床容易做惡夢、失眠。

臥室鏡面不宜對床。

面對大樓側面如面壁
前途暗淡賺錢難

風水危機
33

案例

　　小谷開的店，前面對著大樓的側面，這種遇到面壁煞的店面，做生意賺錢困難，客源稀少。據小谷表示，店面從試營業以來，基本上每天賠八千元左右。小谷說，鑒於生意不好的情況，他特意試嘗了周圍餐廳的各種特色菜，以改進自家餐廳的菜品，吸引更多的顧客，但是依然留不住客戶。小谷說，自己起初並沒有想到創業的艱難，遠遠超過自己的想像。小谷創業資金的大部分都是從親戚朋友手中借的。原先計畫預算是六十萬到八十萬元，結果實際投入高達二百萬元，超出預期很多，小谷以過來人的身分表示，創業做好充分的心理準備，如果事業上能有一個可以分擔的合作夥伴，那是最好的，最重要的是開店的地點選擇，不要選在大樓側面，這對用餐人有壓迫感，不容易留住客人。

風水病因

　　房子前面對著大樓的側面，會對居住者有何影響？房子前面對著大樓的側面，好像面壁思過一樣，此為面壁煞。作為居家會應驗事業不順，前途暗淡、神經緊張。作為生意場所，則賺錢困難，客源稀少。

　　風水講究環境與人之間的互動關系，若住宅四周的房子都是大樓，從家中看出去，皆是高大牆壁，會令居住者感受到壓迫感，難以舒展。其自

面對大樓側面，賺錢困難，事業不順。

然採光及通風也會受到影響，很難成為有生氣的地方，氣不能自然流動，變成一個死地，也容易產生緊迫感，令人感到緊張、壓迫，精神層面難以放輕鬆，自然影響主人的健康和運氣，所以會造成諸事不順的現象。

化煞開運

被大樓側壓或包圍的房子，可在門口安置密宗的圖騰「南久旺丹」、或道教的「獅頭八卦」，皆能鎮煞保平安，可帶來貴人。當房子四周有被大樓高牆壓迫的情況，我們雖無力改變外在的環境，但可以調整室內格局，去除不必要的雜物，將空間格局安排得清爽宜人，保持整體空間氣場通順，並運用床位、辦公桌、爐灶、沙發椅等家具的方位調整，來接收旺氣，如此也能夠達到化煞保平安的功效。

虎邊大樓高壓
女人強勢宅不安

案例

　　明武（化名）三年前的新家，房子的右邊虎方，受大樓側壓，這種風水格局，使得明武三年來的婚姻生活，受盡女方的羞辱。明武對老婆越是小心謹慎，越是容忍謙讓，老婆就越得寸進尺。面對老婆的家暴，明武很痛苦，覺得自己一點男性的尊嚴都沒有。

　　明武和老婆結婚已經整整六年了，當初結婚基本上是遵從父母的意見，婚前彼此了解不多。剛結婚老婆還很賢慧溫柔，明武性格特別內向，不愛說話，所以當時明武覺得自己的性格，和老婆的性格還挺合得來。結婚三年生完孩子，搬到新家之後，老婆性情大變，脾氣變得很暴躁，稍有不滿就對明武大吼大叫，一次比一次更嚴重。

　　有一次明武和老婆因為某件尋常的小事爭吵起來，她劈頭蓋臉地就對明武一頓訓斥，最後老婆越說越氣，就甩給明武兩個耳光，這件事之後，明武的老婆每次吵架就會動手，明武常常來不及閃躲，甚至常常要跪下來讓她消氣。有時候她氣未消，就會把明武推出門外，把明武關在外面，明武也不敢敲門，只能在門外坐著，等她開門才能進去。

　　明武不懂老婆為何要如此對他，他很守本份，每天工作完回到家，即使再累，看到家裡有什麼家務需要做，明武都會積極去

做。可有時明武正在做家務的時候，老婆卻莫名其妙地開始罵明武，這常常讓明武不知所措。明武覺得搬來新家之後的這三年的婚姻生活，簡直就像一場噩夢。

風水病因

房子的右邊虎方，受大樓側壓時，會對居住者有何影響？房子的右邊虎方，受大樓側壓時，犯了虎壓煞。作為居家的話，會犯小人，女人強勢，家裡不平安。若作為生意場所，則納財不易，財源流失，要預防被倒債。

煞氣由虎邊攻入，虎邊代表家中的女性，因此當虎邊有形煞時，家中的女性便容易發生災禍以及疾病，虎邊高，女人個性較強悍、氣勢較強。虎邊斷會影響女人健康，易引起中風、心肌梗塞等病變。虎邊宜低而安

靜，不宜將水族箱、大型電器用品、車庫、高花架、高大樹木、涼亭招牌設置在虎邊，虎邊的樹木，要經常修剪，樹大財便衰，會導致家中財運不旺。

化煞開運

　　虎邊大樓太高的話，煞氣難解，一定要盡速搬走；如果大樓還不算太高，可在龍邊放一對「天然火山琉璃龍柱」，龍邊的牆壁再掛一幅「九龍玉璧」，就能補助。如果家宅右側高或是龍邊低陷時，也可在家宅左邊安置三隻開光銅龍，化解虎邊高的煞氣。如果反弓煞氣由虎邊來，則可在屋內客廳的龍邊放置水族箱，加強龍邊的力量，以壓制來自虎邊的煞氣。

琉璃龍柱

風水危機 **35**
從家中的福氣方位
找尋幸福，化解危機

案例

　　有位民意代表，家族親戚世居在一個村莊之中，他們家後面的靠山，高大而逼近，宛如一股黑道勢力在背後撐腰。民意代表曾因打人，傷害罪被判處有期徒刑十年。民意代表的弟弟則因金融詐欺案坐牢，最近剛出獄不久。民意代表本不應該當選，但他欺上瞞下，糾集黑社會成員採取恐嚇、賄賂方式當選。當選後更膽大妄為，獨攬工程，並和村裡多名婦女有不正當的男女關係，村民真是苦不堪言。

　　民意代表為了壟斷工程，獨霸一方，指使他的親戚及其黑道惡勢力成立了一個砂石公司，僱養幾十個外來黑道分子充當打手，採取砸店、恐嚇、恣意鬧事、故意傷害等手段，強行獨攬了當地所有的大小工程，所獲暴利達十幾億元。為達到其壟斷工程的目的，對稍有不服從的村民就恐嚇毒打。有一次民意代表的砂石公司，在村莊亂倒砂石，損壞了一位村民的農田，村民前去理論，卻被民意代表僱養的黑道分子，手持砍刀、木棒將這位村民打到頭部縫了二十幾針，手腳也都骨折，後又追砍到這位村民的家，大叫著要殺死他全家，迫於民意代表的淫威，這位村民至今仍不敢報案。

　　有一次民意代表為取得某裝修工程，夥同黑道分子採取堵門方式，不允許客戶和其他裝修人員進入現場工地裝修，時間長達

一個多月，最終民意代表拿到了這個裝修工程案才開門放行。另有某家建設公司欲收購村莊一塊土地進行開發，民意代表得知消息後，便在該土地上搭了很多組合屋，對外宣稱他代表開發區的地主，態度強硬地向建設公司索取巨額的拆遷賠償費，卻就此侵吞賠償金額數千萬元。民意代表因為補償費案被逮捕，不知為何，幾個月後他就被釋放，此人真是有通天本領，難怪這夥人膽子越來越大。村民們都感到很恐懼、無助。村民迫切希望執法單位能將這些黑道分子繩之以法，好讓村民能夠安定生活下去。

風水病因

民意代表的房子後面有山，高大而逼近，好像大軍壓境一般。當作住家會出流氓、脾氣暴躁、上司壓力大、影響升遷；如果是公司、商店生意越來越難做。房子背後有山分為「有距離靠山」和「近距離貼山」。

近距離貼山的房屋，容易受山林濕氣影響，房屋容易受潮。山林的泥土多藏腐朽物質，物質在腐爛中有微量毒素，所釋放氣體對久居者不利，尤其當狂風暴雨來時，房屋旁邊的山如果太斜、太抖，土石流容易狂洩而下，居者易受山洪威脅，造成活埋慘事。太過貼近山的房子，蛇鼠蟲蟻等奇怪動物容易誤闖屋宅，蚊蟲也較多，有過敏症的人，不宜居住近距離貼山的房屋。由於山地比較僻靜，很容易被賊光顧，成為盜賊匿身溫床，流氓歹徒容易聚集在這種地方，就像民意代表一夥人，喜歡群聚在這種風水格局中，結黨營私幹盡壞事。 近距離貼山的房屋也容易有光線不足的問題，黑暗氣息濃厚，人久居於此，思想不光明，專想幹壞事。

化煞開運

遇到太貼近山的房子，可以在屋子伏位方掛一幅「九龍玉璧」鎮宅，伏位方的意思，就是將自己的「命卦」方位與宅卦方位相配合，譬如說屋宅居住者是乾卦命，可在住宅乾卦方位，掛一幅「九龍玉璧」鎮宅，化煞為權將氣場能量調和。男生女生的命卦，分為坎、坤、震、巽、乾、兌、艮、離，八種卦命，整理出來如下表：

出生年份	男生	女生	出生年份	男生	女生	出生年份	男生	女生
1924	巽卦命	坤卦命	1953	坤卦命	巽卦命	1982	離卦命	乾卦命
1925	震卦命	震卦命	1954	坎卦命	艮卦命	1983	艮卦命	兌卦命
1926	坤卦命	巽卦命	1955	離卦命	乾卦命	1984	兌卦命	艮卦命
1927	坎卦命	艮卦命	1956	艮卦命	兌卦命	1985	乾卦命	離卦命
1928	離卦命	乾卦命	1957	兌卦命	艮卦命	1986	坤卦命	坎卦命
1929	艮卦命	兌卦命	1958	乾卦命	離卦命	1987	巽卦命	坤卦命
1930	兌卦命	艮卦命	1959	坤卦命	坎卦命	1988	震卦命	震卦命
1931	乾卦命	離卦命	1960	巽卦命	坤卦命	1989	坤卦命	巽卦命
1932	坤卦命	坎卦命	1961	震卦命	震卦命	1990	坎卦命	艮卦命
1933	巽卦命	坤卦命	1962	坤卦命	巽卦命	1991	離卦命	乾卦命
1934	震卦命	震卦命	1963	坎卦命	艮卦命	1992	艮卦命	兌卦命
1935	坤卦命	巽卦命	1964	離卦命	乾卦命	1993	兌卦命	艮卦命
1936	坎卦命	艮卦命	1965	艮卦命	兌卦命	1994	乾卦命	離卦命
1937	離卦命	乾卦命	1966	兌卦命	艮卦命	1995	坤卦命	坎卦命
1938	艮卦命	兌卦命	1967	乾卦命	離卦命	1996	巽卦命	坤卦命
1939	兌卦命	艮卦命	1968	坤卦命	坎卦命	1997	震卦命	震卦命
1940	乾卦命	離卦命	1969	巽卦命	坤卦命	1998	坤卦命	巽卦命
1941	坤卦命	坎卦命	1970	震卦命	震卦命	1999	坎卦命	艮卦命
1942	巽卦命	坤卦命	1971	坤卦命	巽卦命	2000	離卦命	乾卦命
1943	震卦命	震卦命	1972	坎卦命	艮卦命	2001	艮卦命	兌卦命
1944	坤卦命	巽卦命	1973	離卦命	乾卦命	2002	兌卦命	艮卦命
1945	坎卦命	艮卦命	1974	艮卦命	兌卦命	2003	乾卦命	離卦命
1946	離卦命	乾卦命	1975	兌卦命	艮卦命	2004	坤卦命	坎卦命
1947	艮卦命	兌卦命	1976	乾卦命	離卦命	2005	巽卦命	坤卦命
1948	兌卦命	艮卦命	1977	坤卦命	坎卦命	2006	震卦命	震卦命
1949	乾卦命	離卦命	1978	巽卦命	坤卦命	2007	坤卦命	巽卦命
1950	坤卦命	坎卦命	1979	震卦命	震卦命	2008	坎卦命	艮卦命
1951	巽卦命	坤卦命	1980	坤卦命	巽卦命	2009	離卦命	乾卦命
1952	震卦命	震卦命	1981	坎卦命	艮卦命	2010	艮卦命	兌卦命

各人計算命卦方法：

男生：例如是1959年出生，四個數字相加，1+9+5+9為24，再將兩個數字相加2+4為6，公定數11減掉6，得5為坤卦命。

女生：例如是1979年出生，四個數字相加，1+9+7+9為26，再將兩個數字相加2+6為8，8加上公定數4，得12，1+2為3為震卦命。

命卦數字不論男女，兩位數一定要加到個位數為止，最後的個位數為屋宅居住者的命卦。命卦方位數字1為坎卦命，2為坤卦命，3為震卦命，4為巽卦命，5為坤卦命，6為乾卦命，7為兌卦命，8為艮卦命，9為離卦命。

化煞為權的過程，就是將自己本身的卦命，用每個方位所展現的不同屬性，調和宅氣，讓煞氣減弱之後，導引煞氣成平和的氣場能量，對居住者身體健康、正偏財運都會很有幫助。化煞為權理論就是考慮到陰陽的平衡，將不利因素轉化為有利因素。

由於伏位方沉靜，如果針對自己命卦方，找出住宅的伏位方，在這個方位受孕，得女的機會比得男要大得多。也有人認為伏位方藏財，陽宅的伏位方如果良好而得氣，錢財細水長流，會源源不絕而來，不虞匱乏。伏位是每個人自己的本命位，萬一受煞或者被污損，帶來的災禍會很大。伏位方是宅氣循環最後棲息的地方。居住者事業、財運會貯藏在此宅中本命穴，又伏位與福位諧音相同，代表福澤綿長之意，所以伏位是開創自己福氣的好方位，現在我們可從自己的命卦方位，找出自己吊掛「九龍玉璧」轉運的伏位方，以及屬於自己的開運方位，表格整理如下：

命卦		男（生肖年）	女（生肖年）	伏位	吉位	煞位
東四命	震卦命	屬牛：1925、1961 屬龍：1916、1952、1988 屬羊：1943、1979 屬狗：1934、1970、2006		正東	正北 正南 正東 東南	西北 西南 東北 正西
	巽卦命	屬鼠：1924、1960、1996 屬兔：1915、1951、1987 屬馬：1942、1978 屬雞：1933、1969、2005	屬虎1926、1962、1998 屬蛇1917、1953、1989 屬猴：1944、1980 屬豬1935、1971、2007	東南		
	坎卦命	屬鼠1936、1972、2008 屬兔1927、1963、1999 屬馬1918、1954、1990 屬雞：1945、1981	屬虎1914、1950、1986 屬蛇：1941、1977 屬猴1932、1968、2004 屬豬1923、1959、1995	正北		
	離卦命	屬牛1937、1973、2009 屬龍1928、1964、2000 屬羊1919、1955、1991 屬狗：1946、1982	屬牛1913、1949、1985 屬龍：1940、1976 屬羊1931、1967、2003 屬狗1922、1958、1994	正南		

九龍玉璧

命卦		男（生肖年）	女（生肖年）	伏位	吉位	煞位
西四命	乾卦命	屬牛：1913、1949、1985 屬龍：1940、1976 屬羊：1931、1967、2003 屬狗：1922、1958、1994	屬牛：1937、1973、2009 屬龍：1928、1964、2000 屬羊：1919、1955、1991 屬狗：1946、1982	西北	西北 西南 東北 正西	正北 正南 正東 東南
	坤卦命	屬虎：1926、1950、1962 1986、1998 屬蛇：1917、1941、1953 1977、1989 屬猴：1932、1944、1968 1980、2004 屬豬：1935、1959、1971 1995、2007	屬鼠：1924、1960、1996 屬兔：1915、1951、1987 屬馬：1942、1978 屬雞：1933、1969、2005	西南		
	艮卦命	屬虎：1938、1974、2010 屬蛇：1929、1965、2001 屬猴：1920、1956、1992 屬豬：1947、1983	屬鼠：1912、1936、1948 1972、1984、2008 屬兔：1927、1939、1963 1975、1999 屬馬：1918、1930、1954 1966、1990、2002 屬雞：1921、1945、1957 1981、1993	東北		
	兌卦命	屬鼠：1912、1948、1984 屬兔：1939、1975、2011 屬馬：1930、1966、2002 屬雞：1921、1957、1993	鼠虎：1938、1974、2010 屬蛇：1929、1965、2001 屬猴：1920、1956、1992 屬豬：1947、1983	西方		

五路交會斷吉凶
正神破財零神大賺

案例

樊媽媽的店面前方，有五條馬路交會，五條路剛好交會在正神方，這種風水格局，導致樊媽媽財運每況愈下，樊媽媽直嘆：「白忙了半年，賺不到錢！」，五十歲的樊媽媽是一家房地產公司的財務主管，擁有會計師證照。說起投資經歷，她無奈地笑著說自己賠得一塌糊塗，現在都不好意思跟朋友聊自己的投資經驗，二〇〇八年十月初到二〇〇九年七月初，許多人認為，市場繁榮，投資機會來了，樊媽媽在二〇〇八年八月，陸續出資投資新店面，沒想到市場突然一個反轉，生意變得不好，樊媽媽看著店前方有五條馬路交會，只能感嘆五路財神離她太遠、太遠了。

風水病因

如果你的房子像樊媽媽一樣，房子前方有五條馬路交會，未來對你會有什麼影響？

房子前方有五條馬路交會，此為五鬼煞。如果交會在正神方則會破財、遇血光之災；如果交會在零神方則會賺錢，有五鬼運金之妙。我們知道宅有宅運，在1996至2016年之間，元運是走下元八運，這段時間零神方在東北、西北、西方、南方，正神方是西南、東南、東方、北方。所以如果東北方有水或有馬路交會則是旺財之宅，偏偏樊媽媽住的地方，其西南

方有馬路交會，則為破財之宅。

除五條馬路交會在零神方會賺錢外，還須注意馬路的狀況，最理想的是整條路走下來是彎彎曲曲，呈彎抱狀也就是我們常說的成語「車水馬龍」，馬路像水流一樣有轉折緩衝，整個氣勢才不會散掉，且能在馬路曲折中順暢流轉氣場，如果在這樣的路段交會零神方，又能曲折聚氣轉氣，財利興旺不是難事。馬路彎抱的形狀，就像是向內的半弧形，可以聚財，而雙合水就是兩條路的交接處。但是有一點要注意的是面前的馬路不能太寬，如果太寬就無法聚氣，反而不利財運。

化煞開運

遇到這種五路交會的風水格局，一般的做法是在門口安置密宗的圖騰「南久旺丹」、或道教的「獅頭八卦」，皆能鎮煞保平安。如果可以的話，把這類五路交會人潮流通頻繁的房子，改成店面使用，最好不要當作住宅使用。

另外一種避開五鬼煞的方法，是在五鬼方位上儘量不要開門，如果門無法移位，可安置羅盤或三盞投射燈，增旺氣場，也可在大門上方安置開光的凸鏡及紅綵來化解。在室內可以放置水晶七星陣來化解。除了化五鬼煞之外，我們也可以在五鬼位上，放一個大的豬撲滿，裡面放入半滿的硬幣，旁邊放四隻小豬擺設，全部頭向著屋宅中央，佈一個五鬼運財局，不僅能化煞也可招財。

大樓空隙對著屋
公司倒債挫業績

案例

　　米先生的公司前方，可以看到兩棟大樓中的空隙，正對著公司，這兩棟大樓中的空隙對著房子，形狀就像一把天刀直切，像一把債務的刀直直刺向米先生的心。他曾借了二百萬給友人貝先生，但貝先生遲遲不肯歸還，於是找了討債公司幫忙，討債公司開出的討債費用，是酌收一成佣金，米先生覺得這筆費用相當合理，於是讓討債公司全權處理討債事宜，兩個禮拜過後，討債公司將米先生的債務討回，給了米先生一張二百萬的支票，米先生非常高興的依約付了二十萬作為酬金。過了一個月後，二百萬的支票跳票，米先生氣沖沖地找討債公司理論，但討債公司說他們也是受害者，被債務人騙了。討債公司答應米先生會處裡這件事，有一天晚上，討債公司打電話給米先生，說自己的小弟被債務人找來的黑道挾持，要四十萬贖款，米先生迫於無奈，又給了討債公司四十萬贖人，隔日討債公司對米先生說，他們找了當地非常有勢力的黑道大哥幫忙討回這筆帳，不但可以討回之前的債務，連多付的帳都可以一起追回，但須付七十萬的委託費。

　　米先生覺得既然可以追回之前帳款，又可以追回多付出的款項，覺得值得一試，於是又付了委託費，正當米先生滿心期待著好消息時，討債公司說這位黑道大哥因為有案在身已經被警方逮捕，米先生頓時才驚醒，原來他被騙了。但是這些錢他永遠都討

不回來，因為對方公司已經人去樓空了。現在米先生只要想起這件事，就像看到前方那兩棟大樓的天刀，刺向他的心，痛到他死也死不成，活也活不了。

風水病因

米先生公司前面對著兩棟大樓中的空隙，會對他有何影響？

兩棟大樓中的空隙對著房子，形狀就像天刀直切，此為天斬煞。居家會發生血光、意外、夫妻失和。如果是公司、工廠則容易被倒債、業績發展受挫、犯小人、是非多。「天斬煞」，樓越高、距離越近、煞氣就越厲害。

以風水角度來說，天斬煞就是兩棟大樓中間的空縫，當面對前方兩棟大樓的間隙時，由於風的前進方向有障礙物，會產生較大之風壓，風直接從到兩棟大樓穿過的氣場，形成風壓沖到自己屋宅，讓內部氣流不穩定。

兩棟大樓間的細縫形成了天斬煞。

風水講究藏風聚氣,當室內氣流不穩,並隨著強風、冷風灌入造成溫度變化較大等情形,若家宅有病人或老人就容易生病。從外形來看,天斬煞就像一把刀,一天二十四小時正對刀刃,會有血光之災。對於住在屋子裡的人的健康及運氣都會有不良影響。

許多人認為,自己家隔著一條馬路、人行道或安全島,有兩棟大樓空隙對著自己的家,就是「天斬煞」,其實這些還不算標準的天斬煞。真正的天斬煞,除了大樓空隙要小而透空,還要離住家的距離很近,才能算是天斬煞。就是兩棟樓高度相加總數的十分之七;而兩大樓的縫隙有一定的標準,一般來說兩棟大樓加起來高度的八分之一。假設以米先生家為例,他們家對面的甲、乙兩棟大樓,甲大樓約80公尺,乙大樓約70公尺,兩棟樓總高度是150公尺,150公尺×7/10=105公尺,而兩棟大樓的空隙150公尺×1/8=18.75公尺,米先生家離兩大樓距離,在105公尺以內,空隙寬度又在18.75公尺,空隙後無大樓障礙,所以是標準的天斬煞,煞氣很重。

化煞開運

這樣就必須要在門口安置密宗的圖騰「南久旺丹」、或道教的「獅頭八卦」,才能鎮煞保平安。最好在家中的福位方掛一幅「九龍玉璧」,但還是請名師指點地理風水較佳。天斬煞衝向流年五鬼位時,除了上述方法,也可種三盆化煞植物,通常可用尖葉植物化解天斬煞,最常用的植物是仙人掌,可把高大的仙人掌擺放在五鬼位化煞於無形。另一種植物是玉麒麟,其翠綠而美麗的葉片,可吸收甲醛、苯類等有毒物質。

案例

　　這間中古車行，已經連續換了好幾個老闆，聽說住在這裡的人，發生了一些怪事，這間車行是一棟五層樓透天厝，一樓當車行店面，它面對著一個凹狀缺口的建築物，犯了凹風煞。目前這家店的新老闆，大家都叫他黑仔，因為他時常滿身油汙，全身經常滿身黑，所以大家都叫他黑仔，他搬進這家中古車行一段時間之後，莫名其妙患了風溼關節炎，這令很多人不解，這種老年病，怎麼在黑仔這種年輕人身上也會發病。跟黑仔同居的女朋小雲，一起住在這裡之後不久，精神變得很不穩定，小雲有時會因一點小事，跟黑仔吵架，以前的小雲都不會這樣，黑仔百思不得其解，為什麼換了房子之後，小雲好像變了一個人。

風水病因

　　如果你的房子像黑仔一樣，房子對到形狀像凹狀缺口的房子，風從凹處吹入，此為凹風煞。當作住宅會使身體筋骨不好、風溼關節炎，嚴重者會有中風半身不遂、財運也差；若是公司、工廠則會發生火災、破財等事。凹風煞容易導致居家發生血光、睡眠品質變差，或是容易感冒的問題，主腦神經衰弱、情緒不穩、判斷錯誤。

　　凹風煞在房子的青龍方（左方），則長房敗，代表家族中大兒子以後

兩邊高起中間低陷形成凹風煞。

所衍生的後代必然衰敗。凹風煞在房子白虎（右方），則三房敗，三兒子衍生的後代子孫衰敗。房子正對凹風煞，則二兒子衍生的後代子孫衰敗。

化煞開運

　　住宅面對凹風煞，可在面對凹風煞方向上，安置密宗的圖騰「南久旺丹」、或道教的「獅頭八卦」，皆能鎮煞保平安。懸掛開過光的「乾坤太極圖」、「山海鎮」可收移山倒海的效果，化解煞氣。或者在面對凹風煞的方向，種植闊葉盆栽，盆栽數量取單數一、三、五、七、九盆化解煞氣。也可懸掛開過光的「銅麒麟一對」，達到化解煞氣之效果。麒麟為靈獸，集龍頭、鹿角、獅眼、虎背、熊腰、蛇鱗、馬蹄、豬尾於一身，為吉祥仁慈之瑞獸，古代稱麒麟能幫助好人，有增孝道、積善功、化煞開運的效用。

風水危機
39

兩高一低如斷頭
賺錢辛苦難出頭

案例

　　吳先生在香港，他以前生意做得很好，也賺了很多錢，但最近搬到新店面之後，生意漸漸減少，有些債也討不回來，不知道要怎麼辦才好？因此委託筆者診斷，並提供化解方式。從現場風水形勢格局來看，吳先生的房子兩旁的建築物較高，而他這間房子比兩邊矮了一截，形成凹陷狀，俗稱「斷頭煞」。吳先生搬到新店面之後，一些老客戶逐漸流失，且居家感覺心不安寧，自從筆者幫吳先生改善風水後，店內營收大幅增加，甚至又新投資美容用品公司，生意也突飛猛進。他認為，風水問題化解後，心情舒暢且思緒暢通，確實對自己的事業經營方向深思熟慮，有正面效果。

風水病因

　　如果你的房子像吳先生一樣，房子兩旁高、中間低，形成凹陷狀，會對你有何影響？房子兩旁高、中間低，形成凹陷狀，對中間那棟房子造成一股壓迫，此為斷頭煞。住在房子裡的人賺錢很辛苦，無運、難出頭。兩高夾一低，會讓中間的低矮樓房感受到被壓迫的磁場，居住其內者，壓力大，健康、財運、事業都會出問題。

中間的房子矮了一截，就像頭不見了，是為斷頭煞。

化煞開運

　　房子遇到斷頭煞，可以將頂樓加蓋到跟兩旁房子一樣的高度，頂樓再置放「火山琉璃金字塔」，如此能讓店主出人頭地，店運開通財氣。此外設置金麒麟與紫水晶，也能提高聚財效果。

　　水晶石運用在屋宅開運時，不同材質水晶作用不同，在家居佈置化煞開運時，有些眉角要注意。一般而言：

火山琉璃金字塔

綠幽靈適合擺在正財位：有高度凝聚財富的力量，可強化居住者肝臟功能。

綠碧璽適合擺在正財位：可打開心輪將負面能量轉為正面，容易得到創意財。

綠髮晶適合擺在正財位：男生佩戴綠髮晶，有助於性功能的加強。

黃水晶適合擺在偏財位：常可帶來意外之財，可強化居住者腸胃及消化器官功能。

黃碧璽適合擺在偏財位：能為人帶來意外之財，可強化居住者肝腸等消化器官。

黃冰洲石適合擺在正、偏財位：可招財使財富加倍，改善家中磁場圓融氣場。

黃鐵礦適合擺在正、偏財位：可強化居住者腸胃消化系統。

鈦金適合擺在正、偏財位：可當護身符使用。

以下是未來六年水晶開運財位：

流年	正財位 綠幽靈、綠碧璽、綠髮晶 黃冰洲石、黃鐵礦、鈦金	偏財位 黃水晶、黃碧璽、黃冰洲石黃鐵 礦、黃鐵礦、鈦金
2013 癸巳年	東南	南方
2014 甲午年	東北、西南方	西北、東南方
2015 乙未年	東南、西北方	東北、西南方
2016 丙申年	西方	西南方
2017 丁酉年	西南方	西方
2018 戊戌年	北方	西北方

案例

張先生住的地方，旁邊有火車經過，又有工廠在附近，時常有震動的聲音，孩童常因此而受驚嚇。張先生的孩子今年16歲，叫小涵，小涵成天老愛往外跑，而且從來不告訴家裡人她要去哪裡，讓父母常常擔心。還有個問題，就是小涵一直以來很喜歡咬手指，又瘦又矮小的孩子，看起來都不像16歲，張先生和太太每天開店做生意，但店面生意也不好，小涵又常讓他們操心，事業、家庭都不如意，不知道該怎麼辦才好。

心理醫師認為，小孩愛咬手指是一種有礙健康的現象，如果小時候常常處於驚嚇的環境中，沒有及時矯正這種習慣，長大後習慣就很難改掉。對未來學習和工作，都有不良的影響，內心時常會產生緊張、壓力、憂慮或煩躁的情形。

小孩嬰兒期口唇受到外界刺激會自然產生本能的吸吮動作，等到長牙時，也會用咬手指來舒緩不舒服感。而且因為小涵從小家居生長環境，常常會出現震動聲音，驚嚇到小涵，給小涵增加精神上的壓力，所以當小涵感到寂寞或者壓力的時候，就有可能下意識地吸吮手指，就像在媽媽的懷抱中吸吮乳汁一樣，得到安全感。咬指甲和吸手指頭其實屬於同一類現象，成年人的類似案例中還有咬指甲邊上的角質皮、咬拔汗毛、摳疙瘩等習慣。

風水病因

張先生的房子旁邊有火車經過,有工廠重機械震動,時常讓他住的屋子跟著震動,會對他有何影響?

房子旁有火車經過或工廠重機械震動到房屋地基,會產生震動煞,若當成住家則不安寧,小孩會待不住家裡、喜歡往外跑,財源容易流失;若是公司、辦公室則不平安、業務發展大受影響。

震動煞是風水波動能量的一種,透過聲音波動的特殊頻率,影響居住者的內分泌系統與中央神經系統網路,導致行為產生異常狀況。

好的風水磁場會誘發大腦產生 α 波($8\sim12Hz$),α 波會讓人產生愉快輕鬆的心情,事業與學業生活效率比較高,財運跟快樂也會跟著來。所以我們在日常生活中,一定要調好自己住家環境風水能量,將住宅能量調整成對人有益的 α 波,這樣對孩子學習能力有幫助,對成人情緒調養也有很大的助益。

在選擇住居上,住宅太貼近鐵路,是風水波動能量最不穩定的風水格局,列車川流不息來來往往,波動速度很快,高速往返的波動能量,會產生很強的氣流漩渦,使人心不安寧,對身體健康也不好,久住其中容易生病、體力不佳、精神不振。再加上火車所產生的灰塵污染、噪音污染都會嚴重影響住居品質。

化煞開運

有震動煞的房子當作工廠還比較沒關係,如果工廠和住家在一起,就將住家遷移,或用「九龍玉璧」鎮宅。「九龍玉璧」結構致密、質地細膩,花紋五彩相間,貌與碧玉同,硬度高,經九龍江水長期沖刷天然拋光,古樸帶有綠意和古銅色石肌的山形石皮相最佳。

大型的山形九龍玉璧石,受急流的沖刷、拍擊、磨洗、滾動,歷經漫

長歲月，自然造就柔美、秀美、壯美、雄美於一身。九龍玉璧石含有鋅、鉬等二十多種有益人體健康的微量元素，對於住宅波動能量吸收，具有相當的功效。

九龍玉璧

既然震動煞的房子不適合人居住，那我們在選房子住的時候，應該選哪一種房子，才是適合我們呢？選擇對自己有利的住宅風水，首先要先找出自己的「命卦」屬於哪一種，命卦要配合宅卦才是適合自己的好房子。計算命卦的方式：

男生：（100—西曆出生年的後2位數）/9

女生：（西曆出生年的後2位數—4）/9

餘數為命卦，無餘數為9

如果算出來的餘數答案為1、3、4、9則屬於東四命；答案為2、5、6、7、8則屬於西四命

例如：1969年出生的女性（69—4）/9餘數為2，屬於西四命。自己的命卦和宅卦需要配合。東四命的人適宜東四宅；西四命的人適宜西四宅。

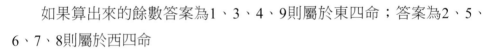

西四宅 （2、5、6、7、8西四命）	東四宅 （1、3、4、9東四命）
座東北向西南	座北朝南
座西向東	座南朝北
座西南向東北	座東向西
座西北向東南	座東南向西北

風水危機 41

用家居植物氣味
對抗鴿舍毒氣
化解肝病腦病危機

案例

　　住家簡直就像鴿舍的小賀將樓上鄰居告上法庭，原因是他無法忍受鄰居飼養鴿子的髒亂和異味。他懷疑自己的肝病，是受了鴿糞細菌的影響。小賀鄰居的鴿舍，不僅影響小賀，連路人都不堪其擾。有一天傍晚，有個住在附近的人，像往常一樣從體育場運動完回家，經過小賀鄰居鴿舍樓下，路人覺得有東西落在頭上和衣服上。他低頭看到落在身上的白色黏稠物，頭上也落有幾粒這種東西。他也無法判斷這到底是何物，正巧遇到要回家的小賀。小賀告訴路人，這是樓上鴿舍裡的糞便，這讓這個倒楣的路人，感到非常噁心。路人抬頭一看，樓上陽台果然有一個很大的鴿舍，並不斷有鴿屎掉落下來。鴿子在鴿舍內外飛行，有一些鴿子就停在臨街的陽台上，還不時發出咕咕的叫聲。整個鴿舍下面就是人行道，每天有眾多行人途經此地。小賀說他是鴿舍最大的受害者。他家門前不是羽毛就是鴿屎，又髒又有臭味。親朋來訪時都得提醒，生怕鴿屎砸到客人，小賀進出也非常小心。

　　小賀說，從二〇〇六年開始，樓上鄰居在自家陽台窗外搭建鴿舍，幾年來因鴿子產生噪音、氣味、鴿毛、鴿糞、蚊蠅、蟑螂，嚴重影響了他的生活環境。小賀說，鄰居在鴿舍施工中用電鑽和鐵鎚在他家陽台外牆上打孔錘擊，導致陽台窗戶密封材料脫落，家中多處漏雨，外牆和窗框開裂變形。小賀說，他和鄰居多

次溝通也沒有結果，後來，鄰居不顧他的反對，將原來的小鐵籠改成大鐵籠，懸掛在他家陽台外牆上，家人因此出現不同程度的頭痛、胸悶、失眠、搔癢、焦慮等身體不適症狀。小賀向法院提起訴訟，要求判鄰居拆除鴿籠，賠償其牆體維修費、空調維修費、醫療費、精神損失費等共計五萬餘元。

風水病因

小賀房子對面是鴿舍，鴿糞味道隨風飄來，犯了所謂的「鴿舍煞」。居家會導致腦部疾病、肝機能不好、錢財留不住；養鴿子的人要防親情淡薄（因為賭博、賭錢的關係），注意身體健康；若是公司、商店蓋在鴿舍旁，則會影響業績。

鴿舍的臭味是一種無形煞氣，比起有形的風水煞氣更傷人。無形煞氣，最令人心驚膽戰的就是毒氣，也就是前面提過的味覺煞。在日常的風水勘測中，嚴重的味覺煞確實存在，使人受害無窮。在筆者的風水案例中，有些常年犯頭痛的人，多半是居住環境中，受了臭味毒氣襲擊，造成病痛不斷，這些臭味毒氣有些來自於地下，譬如說在買房子之前，這棟房子以前的地下室是電焊小工廠，這可能會有一些電解石埋入這棟房子的地底下，然後分解出臭味毒氣攻擊居住者，嚴重危害健康。

曾有一戶人家移民到德國之後，在德國買了一棟房子，自從這家人搬進德國的新家，全家人就大病小病不斷，這房子一進去，就聞到一股刺鼻的潮濕黴氣味，揭開地毯一看，地面潮濕，有些地方已有厚厚的黴層。這種房子應該趕快將房子水氣滲出的地方找出來，及時修理補漏。請不要小看臭味毒氣的風水煞氣，在我們日常生活中，一定要注意自身和環境的味覺效應，如果臭氣太重，應使用合適的優質芳香劑、不斷保持環境空氣的

清新，這才符合風水中藏好風，聚好氣，讓運隨好氣、好風運轉。

化煞開運

如果你家的房子像小賀一樣，對到鴿舍受到臭味襲擊，可用「獅頭八卦」破解，或在家中安置大銅葫蘆收穢煞氣。如果戶外常常飄來臭氣，可關閉窗戶，選用空調設備轉換過濾空氣，室內有臭氣，多數的原因是從排水溝、地下室、水管造成，所以應選用U形排水管或防臭落水頭，並且多開窗戶。

除了靠硬體設備改善住家空間產生的味覺煞氣之外，可藉由植物的淨化作用，自然改善家中空氣，用植物來調節環境氣場，能夠淨化空氣，增加含氧量，減少電波輻射，舒緩緊張情緒。

但是利用植物改善室內氣場，卻要注意有些植物本身也會釋放不好的物質，例如不要擺百合花在臥室內，因為百合花所散發出來的香味容易使人失眠。黃花杜鵑也不適合，因為這種花有一種毒素，一旦誤食，輕者會引起中毒，重者會引起休克，嚴重危害身體康。另外洋繡球花也不適合放在屋內，洋繡球花所散發出來的微粒，如果與人接觸，皮膚會有瘙癢過敏現象。還有松柏類的花木所散發出來的芳香味，聞太久對人體腸胃太刺激，不僅會影響食欲，還會使孕婦心煩意亂，噁心想吐，頭暈目眩。

除此之外，夾竹桃的乳白汁液有毒，花朵味道容易使人昏昏欲睡，智力下降，而鬱金香花朵含有一種毒鹼，如果與它接觸過久，會加快毛髮脫落。還有夜來香、紫荊花、蘭花、月季花這類植物，會引起氣喘、胸悶、心臟病、高血壓等疾病，所以都不宜放在室內作為化煞開運之用。

風水危機 42 發射電波近住宅 血液病變癌症生

案例

　　某縣市國小旁百公尺範圍內民宅，於民國一九九六年前後設置基地台後，該區域居民陳情癌症增加且抗爭要求拆除該基地台，經環保團體前往調查，結果發現基地台建造完後七年，該基地台二百公尺範圍內，已有二十多位民眾罹癌、中風或重病。就讀當地國小的學童中，有三名學童罹患血癌，附近住戶有兩名成人也罹患血癌，其中三名血癌學童患者，皆居住於離基地台約只有百公尺內，幾乎全天暴露於基地台電磁波之中，皆於基地台建造完成四年後發病。其他還有三名罹患鼻咽癌、五名罹患口腔癌、一名罹患肝癌、一名肝硬化、一名罹患扁桃腺癌、一名肺癌、一名胰臟癌、一位子宮頸癌、四名中風。

　　根據國外醫學研究報告，長期暴露在電磁波下超過10μW/m2即會產生敏感複合症狀，德國健康住宅更規範電磁波須在5μW/m2以下，由於住宅學校等區域為民眾常駐空間，暴露於過高的電磁波下將造成長期健康危害

風水病因

　　在房子附近有發射台或發射電波的天線，電波會干擾房子磁場，此為電波煞。將影響家運興旺、身體多病痛，嚴重時容易有血液病變或癌症。

天線發射電波會干擾房子的磁場。

周邊物體若會發出電磁波，那就會影響到風水的能量磁場，住在此地的人將開始受到這個風水的影響，雖然我們肉眼看不見電磁波，但藉著收音機、無線電話、電視機的收聽以及收視，誰也不能否認它的存在。住宅風水學的理論，就是評定房屋的磁場與居住人的磁性感覺是否適合。如果適合的話，居住者的血液循環就會正常，感到身心調和，精神愉快，工作效率很高；如果房屋裡磁場與居住人的磁感應不協調，時間一長，就會漸漸感到心煩意亂，以及各種不適的反應。

化煞開運

對於有受電波干擾的房子，睡覺的位置最好遠離電波干擾的煞方，並可針對電波發射方向，種植綠色植物或盆栽，或在房屋後面擺放「琉璃龍龜」，琉璃具有超強優質天然能量，能釋放穩定且波長約九微米的生物

波，此能量最適於人體吸收使人身心舒暢，容光煥發，凝聚良好氣場，驅邪避煞，帶來好運，亦能中和有害的電磁波。且能量不易衰退，不須淨化、還原或消磁。日常保養只須以乾淨柔軟的布擦拭或清水沖洗即可。

琉璃龍龜

現今人們的生活壓力因全世界經濟不景氣影響而日益沉重，又因科技的發展而到處充斥著不良的電磁波，導致原因不明的疾病及社會亂象叢生。琉璃提供一個淨化磁場的養生能量，對於氣色不佳，運勢低迷多波折者；經常情緒低落、體質虛弱，病後及產後者；長時間讀書、辦公、熬夜，作息不正常，體力過度消耗者；經常使用電腦或行動電話者；更年期婦女及年長者，都有幫助。

阻隔或去除電磁波對於提升生活品質仍是相當重要，除了琉璃之外，許多植物也有吸收電磁波的功效。種一盆好植物可吸收電磁波及空氣中的懸浮微粒，在室內擺放植物可以減少相當數量的懸浮微粒。而且葉子表面積越大的植物，其淨化懸浮微粒的效果就越好，植物除了能藉由葉片表面吸附懸浮微粒外，行光合作用與蒸散作用時產生的負離子，更會與懸浮微粒結合，使得淨化速度加快。要是經常擦拭植物的葉子，那麼效果會更好。

風水危機 43 變壓器電磁波干擾 財源、客源流失

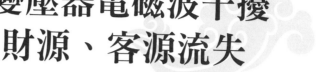

案例

　　夏方芳（化名）開的店位於城鎮的主幹道，經營環境相對繁華，但客流量卻一直偏少，經過風水環境分析發現，由於店面附近有變壓器會擾亂磁場，影響店主經營策略判斷，導致夏方芳經營店面沒有恰當的進貨概念，店面商品種類偏少，許多消費者到店面購買不到所需要的商品，便不願再到夏方芳的店裡消費。久而久之，客源不斷流失，客流量越來越少。

　　更糟糕的是，夏方芳的店曾販售假煙被查獲，雖然她是在不知情的情況下進貨。但是客戶對夏方芳的店已不再信任，很多當地的消費者寧願多走路，也不願到夏方芳的店購買商品，消費者擔心去夏方芳的店消費，會買到仿冒品。由於夏方芳被店面附近的變壓器，擾亂了自己的決策磁場，導致她不斷做出錯誤的進貨決定，使得店面信譽破產，很難再挽回顧客的信心。

　　夏方芳開店還犯了一個很嚴重的毛病，就是經常關店休息，導致客源流失。她還常忙於其他事物，開店三心二意，經常休息，使原本屬於自己的固定消費者轉移至其他店家，久而久之自己辛辛苦苦培育起來的忠實客戶就被其他店家搶走，商品銷量也會隨之減少。所以夏方芳必須早點找一個沒有變壓器磁波干擾的店面位置，專心做好開店工作，留住客源，才能增加銷量。

　　開店經營其實是一門學問也是一門藝術。除了調整好風水環

風水病因

如果你的房子像夏小姐一樣，房子附近有變壓器或變電箱，會對你有
何影響？

房子附近有變壓器，變壓器會產生不好的磁場，此為「電桶煞」。居
家會導致身體不好、開刀、血光；若是公司商店，客源受影響，財源流
失。變壓器在運轉過程中會產生電磁輻射。如果這種電磁輻射超過規定的
能量限值，就會形成電磁輻射污染。電磁輻射污染能造成許多危害，其中
對人體的危害主要是造成人體神經功能紊亂，血壓、血相失調，甚至損傷
眼睛。

夏方芳常常有渾身乏力、記憶力減退、易激動等症狀，可以說是電磁

變電箱、變壓器

輻射污染對人體危害的常見症狀。夏方芳店面附近變壓器所產生的低頻
（50hz）電流對人體的影響與微波爐、基地台高頻電流原理不大一樣，高
頻電流主要是熱效應，而夏方芳所承受的低頻磁場，對人體的作用，會通
過細胞膜的電頻變化直接發生作用；有理論認為這是一個催化劑的作用，
如催化癌細胞白血球的產生等等。其他如乳腺癌發病率也很高，在低頻電
流曝露的地方開店，人會更易有疲乏無力健忘等神經衰弱症狀的產生，經
營判斷上也會不斷出錯。

⊘ 化煞開運

　　遇到有「電桶煞」的房子，可擺一幅「九龍玉璧」面向煞方，不過為
了身體健康，還是盡速搬遷為宜。變壓器在五行上屬火，如若房屋對著變
壓器，那麼凶事會立現，從很多風水案例分析，變壓器在煞位，流年運氣
一到，十之八九非死即傷，即使不出問題，家中也是病人不斷，多得偏
癱，高血壓或腦中風等病，且對年輕人影響較大。

　　開店位置選擇，必須重視外局，盡量要避免路沖煞氣，正對著馬路路
沖的店面，店面附近形成岔路或者四周道路不正，又剛好對著店面，這種
店最好不要選，道路彎曲變成反弓水的馬路，也不適宜開店，風水煞氣方
面，只要有天斬煞、隔角煞、探頭煞、反光煞、鐮刀煞、孤陰煞……等
等，都應該盡量避免，

　　有些大型的商場，樓梯過多，會有好幾層空間，希望能分散人潮，設
置不同的專櫃，並增加消費意願，樓梯、電梯設置的出口方向不對，就會
導致人潮不聚集，特別是在商場中間來設置樓梯、電梯，其影響最為嚴
重，會讓消費意願減退。

　　開店要注意，不要前門對到後門犯「穿堂煞」風水禁忌，穿堂煞會讓
財氣沒有辦法聚集，形成財來財去的情況，客人通常待不久，也不太願意

風水危機
43

變壓器電磁波干擾，財源、客源流失

消費，所以要盡量避免，最好是中間加裝隔板，或用櫃子來擋住，不然就是封閉其中一扇門，就可以改善不良的影響。

九龍玉璧

　　店面出入口，對開店氣運也影響很大，客人的第一印象來自於入口，通常入口設置在旺方，才能夠發揮作用。目前較旺的方位在東北方、西北方、南方、西方，較不好的入口方位，在西南方、東南方、東方、北方。若是在旺方設置出入口，自然就財源滾滾，反之，若在不好的方位設置出入口，生意就每況愈下，很容易虧本倒閉，還有，開店設置出入口不宜太多，要配合空間規劃，太多出入口反而不利，不容易藏風聚財氣。

大馬路筆直寬闊
氣散不聚，生意難做

案例

　　申老闆有十家小型購物店，每一家店都賺錢，唯獨一家不賺錢，這家店面位於一條四十米寬的大馬路上，道路筆直寬闊，是條交通要道，車輛來來往往速度很快。申老闆本來以為在這樣筆直寬闊的交通要道上開店一定能賺大錢，誰知道事實剛好相反，這家店從一開店就賠錢，申老闆用盡了各種促銷的花招手段，都只有一時的效果，終究無法改善這家店賠錢的命運。

風水病因

　　申老闆店面位在筆直寬闊的大馬路旁。一般而言，申老闆店面前的馬路太寬廣，又很筆直，加上車輛來來往往速度很快，這樣的房子根本無法聚氣，此為散氣煞，氣散蕩不收，居家不利發展，人丁容易出走，商店大多生意難做，賺錢辛苦。

　　相反的如果是小街道、小馬路，則容易聚氣，如果道路不那麼筆直，而是有一點點轉折的話，那聚氣的效果就更好了。如果無法改變店前馬路寬大的事實，一定要想辦法，將大馬路的財水引進來，比較好的辦法，是將店面內縮，也就是將整個大門位置內縮，讓財水流入洞口。

筆直寬闊的大馬路其實反而不能聚氣。

稍微狹窄而且又有些許轉折的街道，反而能形成聚氣格局。

化煞開運

店面遇到散氣煞，可在店內財位安置「聚寶盆」聚集財氣，並在氣最旺的方位開設店門。店面的大門，不能對到柱子、電線桿或路樹，員工容易捲款潛逃，建議可懸掛凸面鏡來改善煞氣。

申老闆的店門口馬路從店的左手邊斜下來。左邊較高，店門適宜開在右手邊，開右門迎財水。並且在右邊位置牆上安置廣告招牌，即可迎財進門。

大馬路筆直寬闊，氣散不聚，生意難做

聚寶盆

用財位催旺財運
化解創業失敗危機

案例

　　小鄭創業開了一家強調有浪漫格調的咖啡店，咖啡店前馬路的另一頭，都沒有住宅或商店，馬路只有一側開店做生意，這種風水格局對小鄭很不利。

　　小鄭店面的租金不高，賣的是高價咖啡豆所煮出來香醇又濃郁的平價咖啡，開在以上班族為主的辦公大樓旁，照理說應該生意不錯才對，然而這家店每月結算下來都是虧損連連。這家咖啡店除了開店的位置有問題之外，經營的方式也有檢討的必要。因為店前這條馬路，流動太快，趕著上下班的顧客們只是想暫歇，不會有太多時間待在店裡，大多數是外帶，如此店內座位雖然十分舒適有氣氛但使用率不高，坪效就不佳，再來儘管你使用的是價高純度也高的咖啡豆，煮出售價自認為沒什麼賺頭的平價咖啡，但實際上消費者可能對你所採用的原物料不會太在意，卻會因趕著上下班而在意的是速度。開店營業，一定要瞭解什麼樣的人，會來買這個產品，還有瞭解這些人為什麼要來你的店裡買，才能清楚定出你的市場定位所在，才不會接不住財水。

風水病因

　　馬路的兩側，如果只有一側有住宅或商店，會有何影響？馬路的兩側，如果只有一側有住宅或商店，此為「孤陽煞」。所謂「孤陽不生，獨陰不長」，孤陽煞對商店生意有不利影響。「孤陽煞」表示陰陽不能達成某種平衡，一方獨勝，另一方萎靡，便產生不良影響。

　　「孤陽煞」除了小鄭咖啡店所遇到的情況，如果自己住的大樓或透天厝，周圍沒有比自己高的建築物，而獨自一柱擎天，孤高於一方，代表陽氣過盛，盛極容易衰竭，甚至衝暴氣場，所以這類地標類建築，在低矮的建築群中獨高的建築物，一般不適合住人。除非當地人氣極旺，地價很高，周邊土地買賣形成共識，這種獨高的大樓才不會有問題。犯孤陽煞的獨幢高樓，周圍沒有呼應、遮擋，風壓大，一般不能設計自然通風，談不上藏風聚氣，尤其最重要的前方明堂一片空曠，氣散盪而不收，當然財氣很難聚集。

　　另外一種孤陽煞的解釋，是由住所附近有火形的建築或設施造成的煞氣。風水中建築物被賦予五行特性。建築物的形狀：高直為木性；尖刻為火性；低平為土性；圓滿為金性；波形為水性；火形建築物形態過於尖

只有一側有房子，對面空曠，則氣散蕩不收，生意難做。

削，如教堂、發射塔。外形上，有很多建築，到了頂部呈尖角狀，有些樓頂會有明顯的避雷針，或者發射塔。火形建築通常屬於凶宅。特別是在建築物周圍，有火形建築物近距離逼壓，住在這種陽火很重的建築物附近，容易犯「孤陽煞」，人住其中脾氣容易暴躁，家人容易見利忘義，常會彼此互不相讓，家中吵吵鬧鬧不斷，甚至會互相傷害對方。

化煞開運

　　遇到「孤陽煞」的房子，可開生旺方的門窗，窗台再擺一對「琉璃龍龜」、或「琉璃龍柱」。將已開光的葫蘆掛於受煞方的牆上也可化煞開運。

琉璃龍柱

　　另外一種帶來財運的方法，是找出財位，加強招財效應。看財位最簡單的方法，是看進門斜對角線位置找出財位，但如果大門開在正中，財位則在左右兩邊斜對角位置。

　　找出財位之後，要懂得幾種保護財位的方法，首先 財位不能讓電視、音響、電風扇或馬達這類的電磁波干擾，財位旁的牆不可開窗、開門，財位不可是走道、走廊。財位忌放食用或醫療器具及藥物，當然也不能讓橫樑壓頂，壓住財位，也不可堆壓重物或雜物壓住財位，財位忌污穢、喜明亮不宜暗，也不可將財位規劃成廁所。

　　懂得保護財位後，可運用一些開運吉祥物來增強財運，開運物除了前文提到的琉璃龍龜、琉璃龍柱、葫蘆之外還有：

　　1. 三腳金蟾蜍，白天頭朝外，去咬錢，晚上頭朝內吐錢。

　　2. 貔貅，頭請朝大門或落地窗。

3. 魚缸，武市店可養紅龍，文市店可養金魚、血鸚鵡來開運招財。

4. 紫水晶洞，洞口請朝向大門或落地窗。

5. 文武財神或福祿壽三星。

6. 招財金元寶。

7. 風水輪或石來運轉。

8. 聚寶盆。

9. 招財寶馬，馬頭向內；駿馬，馬頭朝外。

10. 風水寶船。

風水危機

46

路上帆船任飄零
運勢飄盪財難守

案例

　　小帆的家房子前後左右空曠，地勢平坦，地平高度相同，房子如同路上帆船，小帆的家好像一艘帆船在大海上飄盪，小帆的財運情感運，就像她的家一樣，在汪洋中載浮載沉。

　　小帆是一名四十多歲的單身熟女，戀上美國男網友Jaco，並論及婚嫁，小帆依約飛到美國卻被遣返，Jaco建議她到新加坡找奈及利亞籍友人解決護照問題，結果卻被來接應的另一名外籍男子下藥迷昏劫財劫色。這個外籍詐騙集團，犯罪觸腳已經深入亞洲國家，很多像小帆一樣的單身寂寞熟女，都被騙。他們佯稱自己是皇族後裔或是企業大亨，專騙高學歷的單身熟女。這個外籍詐騙集團慣用的伎倆是先搏取對方信任，等論及婚嫁後，謊稱迎娶的珠寶首飾太多被扣押，要對方匯錢或匯運費，等到錢匯過去了，人也消失了。網路世界身分可以造假，愛情可以造假，小帆因想婚而昏了頭，被這種假象矇騙，人財兩失，心情降到谷底。

風水病因

　　小帆的房子前後左右空曠，地勢平坦，房子如同路上帆船，飄盪無依，這是犯了游離煞。無論是公司、工廠、商店、住家都會發生錢財流失，運途每況愈下，嚴重時會關門倒閉。

四周空曠，沒有護衛也不能聚氣，看似漂亮，實則不吉。

　　理想的房子格局，是後方和左右兩邊都有其他的建築物，後面的建築物視為靠山，左右兩邊則是護衛。房子的前面如果是馬路，馬路不宜太寬，而且最好有一點點的彎曲轉折，這樣才能聚氣。如果房子的四周一片平坦空曠，那就是沒有護衛，沒有靠山，又不能聚氣，那麼住在這樣的房子裡，既得不到貴人相助，又沒有保護力，則受騙上當，生病受傷在所難免，再加上不聚氣則賺不到錢，運途可說是每況愈下。

　　在郊區和鄉下常常可以見到這樣的房子，在一片空曠的田野當中，矗立著一棟孤孤單單的房子。不要以為房子蓋得漂亮，四周田園風光優美就沒問題，其實從風水的角度來看這就是犯了游離煞，所以不可不慎啊。

🧭 化煞開運

　　「游離煞」的房子類似「浮空煞」，遇到這種房子，應掛一幅「九龍玉璧」來鎮宅補運。

　　從風水學的角度來看，在路旁的房子要慎選，即使是環抱形的路，也

要分析具體利弊的失，如果為了貪圖交通方便，而選擇了道路形態不佳的地點居住，對居住者會產生很不利的影響。

房子被天橋環抱，風水稱「有情水」。

通常道路直衝住宅的房子，路況不佳容易形成直射的氣流，氣流的速度過高，房子處在氣流風口，要不了多久，居住者就會出現問題。

環抱形的馬路，對住宅而言，應該注意環抱的方向，如果房子被馬路、天橋或河流環抱著，在風水上稱為「有情水」，代表住在這裡的人有情，人緣、情緣較佳。如果環抱形的馬路，是環抱另一方，環抱彎弓的頂點對著著自己的房子，風水上稱為「無情水」，不利人緣、情緣發展。想婚的熟女最好不要選這種地點的房子住。

另外，房子住宅地點不要選在Ｔ形路尾或河流之端，因為這種環境，所產生的「波」不斷衝擊，長年累月形成一個磁場效應，容易打亂生命場的平衡，不符合住宅宜「四平八穩」的原則，也不符合熟女需要一個穩定的感情原則，況且這種環境地點的房子，發生火災時，遭受的災害也最為慘重，而且車禍的發生率也比其他地區高出很多。

案例

　　小郭與老李兩戶房子大門相對，兩人早就互看對方不爽，小郭與鄰居老李，曾為了小郭的小孩製造噪音，而產生衝突，那次是李太太到郭家抱怨小郭的小孩製造噪音，雙方因此起口角；小郭竟恐嚇李婦，並嗆「我對妳很不爽了，妳給我小心一點」因此挨告。法官依恐嚇罪判小郭拘役三十天，得易科罰金，緩刑一年。還有一次，老李為了機車停車位和小郭再度槓上，老李認為停車格人人都可以停，但小郭卻認為機車格剛好在他店門口影響客人進出，因此把老李的機車牽走，雙方爆發口角衝突，還勞動警察來勸架。又有一天老李跟小郭因為清洗騎樓，水花四濺而引爆口角，老李認為小郭的水噴到他家，那時小郭正騎機車要出去，老李正要跟小郭理論，小郭的車子卻突然撞上老李，事後小郭辯稱是車子暴衝，不過老李卻堅稱對方是刻意衝撞，要提告求償。這之後兩家爭端還沒結束，有一次不知道什麼小事，小郭跟老李又發生口角，小郭辱罵老李三字經外，還揚言要打人，老李持現場錄影蒐證帶，一狀告到警局，警方依妨害名譽、妨害自由等罪嫌，將小郭函送法辦。警訊中，小郭供稱，自己是因一時情緒失控，才會脫口罵三字經。

風水病因

小郭與老李兩戶房子大門口接近相對，會對他們有何影響？兩戶房子大門或房間接近相對，此為「鬥門煞」。兩家大門相對，通常人口多或房子門比較大的那一家，氣比較旺會贏，以小郭跟老李的案例來看，老李的門大比較佔上風，不過兩家口角難免，常常鬥嘴也是家常便飯，遇到這種風水格局，門小的那一家，家人的身體會變差、家運漸漸不好；若是公司、辦公室，出現這種風水格局，業務會受到影響，收帳不順利，容易發生是非，糾紛之事。

兩屋大門對大門，必有一家興旺一家衰，所以大門外所面對的環境，對家運有很大的影響，如果你站屋內，面對大門，大門口對外不正對電梯口，比大門口面對電梯口好，大門對外不正對樓梯口，比大門正對樓梯口來得好。若站在大門口看不到樓梯更好。大門口面對明亮度高的環境，比大門口前陰陰暗暗的好。大門口前乾乾淨淨的，要比門口髒亂不堪的好。

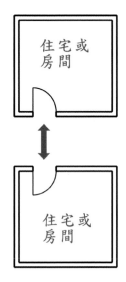

兩間住宅或房間的門相對，
犯鬥門煞。

化煞開運

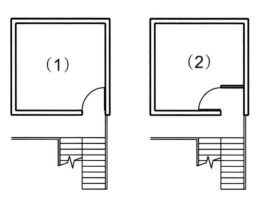

兩家大門相對，互相鬥氣埋怨，該如何用風水化解呢？

基本上可用融化煞氣的方式，化解這類「鬥門煞」，譬如用五帝錢掛在門眉，在門上掛小羅盤，以這兩樣制煞物的包容力，化解吸收煞氣，消彌於無形。如果是自己家中兩房間的門相對，可用布簾遮擋，一來美觀，二來可輕輕化解煞氣。除了五帝錢、小羅盤、布簾這化解煞氣的開運物之外，也可以在自家大門內、開門口邊的牆面上，懸掛八個天然小葫蘆串，可化解煞氣，助旺事業財運。或者在大門內的角落地上，放置一杯黑醋，每個禮拜更新一次，可化解與鄰居口舌糾紛的煩惱瑣事，促進和諧避免相互吵鬧鬥氣。

另外一種化解鬥門煞的風水佈局，我們稱之為「雙贏風水佈局」，這種佈局是讓兩家門口感受到喜氣，以喜氣化解怨氣，譬如在大門門楣或門板貼上「福地洞天」、「福星高照」、「財神報喜」、「五福臨門」的圖案或字樣。藉由喜氣的文字圖樣，讓彼此一出門都能看到令人開心的畫面，「鬥門煞」自然會變成「喜福門」，兩家自然福門高照，日進斗金笑

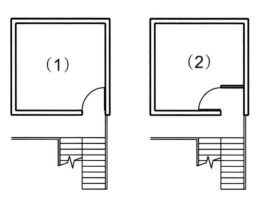

若樓梯直衝大門如圖(1)，可將大門
轉方向形成玄關化解，如圖(2)。

哈哈，說不定還可以一起合作生意，賺大錢。

　　如果鬥門煞是與電梯口或樓梯口相鬥，可在電梯口或樓梯間，貼上「年年如意」或「福氣盈門」的圖案或字樣，來來往往的人都有被祝福的歡喜心，藉由來往人群的祝福，增強彼此的能量，讓大家都平安順利。

　　還有，鬥門煞最怕的是兩家門前暗氣叢生，宛如一條地獄的鬼道，通向死亡之門，為了避免暗氣叢生，可將大門口共用的照明燈，換成亮度較大的燈泡，讓光明輝映兩家門前，照亮彼此共用的門廊，給彼此一片光明的希望，有助於彼此家運興旺。

　　除了「鬥門煞」之外，如果自家大門正對樓梯口、電梯口，產生「鬥口煞」，可做玄關改變大門的方向適當遮擋，防止財氣外洩。

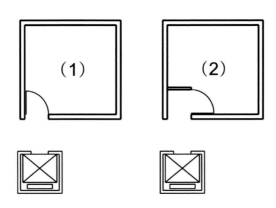

若電梯口對著大門如圖(1)，可將大門轉方向形成玄關化解，如圖(2)。

路橋靠近來干擾
前途暗淡陷危機

案例

　　小威住在靠近路橋的房子，路橋產生的渦流氣漩，干擾了小威的身體健康，也影響了他的事業前途。小威是個職業運動員，在參加球賽進入決賽，準備爭奪冠軍時，小威突然宣布退賽，理由是他剛剛確定患上了一種自體免疫性疾病，這種病使得小威感覺精力不足，並會導致疲憊感和關節疼痛。因此不得不退出這場比賽，同時也將無法參加接下來的其他賽事。

　　曾經是球賽冠軍的小威，由於排名下滑，因此沒有成為種子球員，但是球賽委員會還是給予這位老將充分的優待，而小威也順利的晉級，一直到進入決賽爭奪冠軍。冠軍賽那天，小威原本要在球場上迎戰去年得到亞軍的小斯，不過大會賽前卻突然接到小威的通知，稱他因病退賽，小斯被直接送上冠軍寶座。而身罹怪病的小威也面臨他職業運動生涯的重大阻礙。

風水病因

　　像小威家這樣靠近路橋的房子，路橋就像是房子的外樑，這一類的房子大多生意不好，犯所謂的「路橋煞」。門前見路橋有礙於身體、前途。因路橋會使風產生渦漩，干擾氣場，將使居住者、使用者產生不利影響。居家屋宅大門口面向路橋，而且大門出入口的高度，比路橋的高度還低，

這種路橋煞的風水格局。不但影響健康，財運也不好，賺錢很辛苦，個人運勢容易不順遂。

　　都市中常常見到立體交通高架橋，高架橋和路橋一樣，都會影響兩側的建築風水，會出現腰斬煞、反弓煞、燈光煞、噪音煞、電磁煞等等不良影響。高架橋夜裡燈光對周圍房屋有影響，雖然橋的兩側設有隔音板，但噪音還是不能完全避免。加上汽車是流動的電源，電磁煞特別重。高架橋兩側形成的磁場通常很混亂，氣場非常不穩，對於兩旁的住家或辦公室都有不良的影響。

大樓前面被高架橋橫切阻擋，不論住宅或辦公室都會有不利的影響。

化煞開運

遇到「路橋煞」的房子，可在門外懸掛「獅頭八卦」擋煞，門口擺放一對「琉璃貔貅」鎮煞招財，但還是建議路橋下的房子盡量不要買或租。

其實像高架橋或路橋下也不是不能做生意的，可以做批發外貿業、卡拉OK、夜總會、酒吧之類屬水的行業。

如果遇到水路不穩定的房子，想收住財水的話，有些簡單的方式可以試試看，譬如說在家中玄關放貔貅或三腳蟾蜍、財星高照圖招財。或者在客廳財位放聚寶盆，聚寶盆上方可掛上一張五路財神圖，以招五路財神。

五路財神

Part 2

建築物形狀外觀篇

住家形狀的
危機與轉機

案例

　　陳老闆（化名），一個農村的小工人，住在一棟前寬後窄的小平房中，平常到田裡駕駛收割機賺點工資，沒想到在開收割機收割麥子時，糊裡糊塗地將田中收麥的人軋死，為此賠償被害人家屬一百多萬，多年辛苦錢，在一場意外中消失殆盡。

　　那天，烈日當空，陳老闆正開著收割機在收麥，在陳老闆往後倒車時，後面的人慌忙地去接麥子，由於空氣中瀰漫的塵土較多，後面的人被灰塵擋住，司機陳老闆並沒有注意到這一點，繼續往後倒車，結果收割機將後面的人撞倒，左後輪從人身上壓過去。陳老闆的弟弟當時看到這一情況，趕快喊哥哥停車，驚慌失措的陳老闆趕緊將人送往醫院搶救，但最後仍然不治。經法院主持調解後，就民事賠償部分，雙方當事人達成民事調解協議，陳老闆賠償被害人家屬各項經濟損失一百二十萬元，不包括原先支付的醫療費，法院認為，陳老闆駕駛收割機在田地收麥倒車時，由於疏忽大意將他人軋傷，後經搶救無效死亡，其行為已構成過失致人死亡罪，鑑於被告人陳老闆當庭自願認罪，積極賠償被害人家屬經濟損失並取得被害方諒解，對其可酌定從輕量刑，並適用緩刑。

風水病因

　　陳老闆住的房子，後面窄、前面寬，屬不吉的陽宅，主退敗、不聚財，賺錢守不住，不然就是意外流失。一般住家之形狀以呈現方方正正或前圓後方，或前面窄、後面寬為吉宅，主財富豐厚有聚；所以選購房屋時，要注意宅形，如果以人做比喻，住宅像人的身體，建築外觀像衣服，土地為皮肉，格局搭配得當，人住在其中，就會感覺到神清氣爽，財氣才會通，影響住宅格局最重要的一個因素，是住宅的整體形狀。

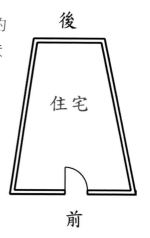

房子前寬後窄不吉，主退財

　　一般來說不論是外牆或是內部廳房形狀，最好的是正方形，四平八穩、堂堂正正氣勢最強。長方形的戶型如果長寬比例得當也屬於吉宅，狹長形的房屋，長超過寬度一倍以上，往往會被視為不吉。如房屋土地長度是十六米，寬度是五米，在風水學上，這樣的形狀，視為不完整或不平衡。不平衡之宅，人生容易傾斜出意外。

化煞開運

　　房子如果只是一個或兩個方位有缺陷或缺角的情形，還可以想辦法化解，兩個方位以上的話，基本上就不建議居住了。萬一四個角落都有缺陷、甚至缺角的屋宅，絕對是座凶宅，萬萬不可居住，以免出事。

　　如果客廳也是長超過寬度一倍以上，最佳化解之道，可用櫃子等家具將客廳一分為二，即把長形的客廳分成兩部分，但要注意的是分隔的位置，盡可能配置在狹長戶型的中間，這樣劃分後的兩部分，才會形成兩個正方形。也可以選用較矮的家具來作間隔，讓劃分出來的兩個空間空氣流

通。不過，要注意的是，避免讓用作間隔的家具正對著房門而造成對沖，這樣會不利居住於此房間的人，尤其小孩子的房間，必須避免家具的對沖現象。如果睡房是狹長形的，容易出現孤清冷落的感覺，導致神經敏感胡思亂想，產生幻覺。若是這種情況，可將睡房一分為二，把睡房分隔為兩部分，一邊用作化妝間或書房，另一邊則作為睡覺之用。如用鏡子作睡房的間隔，鏡子向著化妝間或書房還好，但若是向著睡床，便會犯風水大忌，會令居住者疾病頻生。

　　一般來說，比例恰當的長方形住宅比例是3：2，圓形住宅適合商業辦公室用途。若是住宅形狀像一把菜刀，或是多角形、細窄長方形、三角形均屬不理想陽宅。應該盡量避免在當中居住，以免對人的健康和運程造成不好的影響。

風水危機 50 住家方位的禍福吉凶

案例

　　小林的家，房子形狀前後窄短，而左右細長，每天住在這個家，好像被兩片大吐司夾住一樣，小林住在這間房子，胸口總是感覺很悶，有一天上班送貨的時候，因氣喘病發感到身體不適，便自行前往醫院就醫，經醫生判斷情形嚴重，轉往大醫院醫治，沒想到最後竟因氣喘引發休克於當天下午在醫院病故。小林的親友質疑，小林在死前兩天有許多大宗貨品須運送，這段時間又逢大雨，懷疑小林極有可能因超時工作，過勞致死。

風水病因

　　小林的家，房子形狀前後窄短，而左右細長，常居於此種格局房子，容易引發氣喘病變。一般住家若不論理氣吉凶，以縱深（前後）比橫寬（左右）還長者，主家運祥福悠長。前後超長、左右狹短（成狹長者）則論凶，主犯陰煞，易生鬼怪和陰症、婦病。如果前後窄短，而左右細長，主家人有氣喘之症。

　　除了房屋前後左右長短不一之外，房屋缺角，對住戶也不好。缺角屋不吉，氣場散亂，磁場也不穩定，缺角處的面積一定要超過房子的1/3，才能算是缺角屋。沒有缺角的房子，可平均引四方之氣入室，若缺了一角，氣場就會不完整，而影響到室內氣流互動，人住在其中，健康容易出

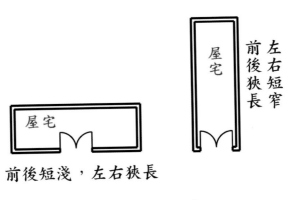

前後短淺，左右狹長

太過狹長的房子不吉。

問題。

　　此外，氣流缺角方位不同，所產生的傷害也不一樣。如下所列：

⊙缺角西北方（乾位）：男主人事業不好，容易引起腦部病變。

⊙缺角東方（震位）：大兒子無主見，依賴父母，工作運勢較差，容易引起腳部疾病。

⊙缺角南方（離位）：二女兒事業難有成就，容易引起心臟、視力方面疾病。

⊙缺角北方（坎位）：二兒子不容易開竅，容易引起泌尿系統、腎臟不好的問題。

⊙缺角西方（兌位）：影響小女兒健康，容易有口、舌、喉嚨與呼吸系統方面的疾病。

⊙缺角東南方（巽位）：大女兒個性保守，容易引起肝與神經系統方面的疾病。

⊙缺角西南方（坤位）：女主人個性頑固，容易引起腹部、腸胃疾病，小孩也不好管教。

⊙缺角東北方（艮位）：小的兒子個性內向，容易引起鼻子、手與背部疾病。

　　以上這些方位如果落在文昌位，都會影響小孩的功課成績。

化煞開運

　　剛開始選購房子的時候最好選擇方正的房子為宜，若所居住的房子屬於畸形缺角的話，建議還是早早搬遷比較好，短時間無法搬遷的話，就要用天然火山琉璃製成的龍柱安置在缺角方鎮煞轉龍脈。缺角屋可當成儲藏室或置物間，不適合當成臥房、客廳使用，若住缺角屋無法搬離，可試著用顏色五行風水，來補強格局氣場能量。

一 ▸ 缺角北方（坎位）： 方位屬水，可用黑色、白色、米黃色，補強氣場能量。

二 ▸ 缺角東方（震位）： 方位屬木，可用青綠色、淡綠色，補強氣場能量。

三 ▸ 缺角南方（離位）： 方位屬火，可用米色、白色，補強氣場能量。

四 ▸ 缺角西方（兌位）： 方位屬金，可用米色，補強氣場能量。

五 ▸ 缺角東南方（巽位）： 方位屬木，可用粉紅色或灰色，補強氣場能量。

六 ▸ 缺角西南方（坤位）： 方位屬土，可用黃或米黃色，補強氣場能量。

七 ▸ 缺角西北方（乾位）： 方位屬金，可用白色、米白色，補強氣場能量

八 ▸ 缺角東北方（艮位）： 方位屬土，可用粉紅色、米色，補強氣場能量。

也可用白水晶，平衡調節室內磁場，或者種些植栽活絡氣場，植栽以闊葉植物為主，如果您喜歡養魚，可擺個有過濾器的魚缸，活絡室內空氣，調節氣場，魚缸水是財的象徵，會動的水更能助長財運，魚缸不只可聚財也可擋煞，將魚缸放在屋內財庫的位置，則財氣聚集而不易流失，如把魚缸放在屋宅煞氣最重的位置，可以化轉煞氣變祥和之氣。

缺角的房子可用琉璃龍柱鎮煞招福。

就風水而言魚缸養魚顏色以紅、黑、金色為主，養一種色調的魚，數量最好六條，財運才會好轉，養兩種色調的魚，可黑、紅色魚搭配，紅四條黑九條，或黑四條紅九條，因為四條魚開智慧，九條魚助事業升遷發展，魚不可死，如死去請盡快補換。另外可用個二十四小時不熄的小燈，加強空間的光明氣息。

風水危機 51

三角房屋或圍牆 火災自殺重病來

案例

　　陳豐（化名）在一個繁華的都市，租了一個三樓不到十坪大的房子住，準備在這個都市好好闖一番事業。陳豐住的房子圍牆呈現三角形，人家都說他住的地方不好，可是他不信邪，執意不換。一個月前，在醫院急診病房中，陳豐正在接受治療。他右手手腕纏著紗布，仍有鮮血滲出。說起火災現場，他語氣雖平緩，但雙手卻顫抖不停。陳豐回憶，大概十點三十分左右，房間突然傳來燒焦味道。緊接著，刺鼻的濃煙衝進了屋內。陳豐第一反應是失火了，他打開窗子大聲喊叫鄰居救火。但火燒得太快了，不到二十分鐘就燒到了三樓。陳豐急忙往身上淋了水，準備開門逃跑時，發現屋門已無法打開。陳豐使勁踹牆，幾腳便踹開個大洞，牆壁是木板結構，裡面都塞了一些塑膠材料。樓梯間煙霧濃重，三樓的部分地方已經著火，溫度很高，像待在烤爐一般。隨後，陳豐跑到了樓頂。那裡已經有一堆人在求救了，還有人往下跳，他看到下去的人落地受傷，眼看火勢也快燒到樓頂了，陳豐這時想不了那麼多，心一橫，縱身朝著樓下一間平房的位置，猛跳了下去，陳豐落在房頂上，雖幸運地大難不死，卻有多處地方骨折。陳豐想起要向女友求婚的金項鍊，跟五萬塊現金都還放在房間的櫃子裡，躺在病床上的陳豐閉上眼睛，聲音哽咽。

風水病因

　　房屋本身或圍牆俯看的形狀，前面尖、後面寬，呈現正三角形者，名「退田筆」，主家運退敗，不聚財。房子本身或圍牆前面寬、後面窄，呈現倒三角形者，名「火星拖尾」，主應火災、官非、自殺、重病之禍。房子前方天劫位或地刑位有三角物體，主有官非之禍，（前方若又有紅色成片時，則應火災之厄）。

　　不管是租屋或買屋，圍牆不宜過高，過高的圍牆擋住了窗戶，影響了住宅採光、通風效果，對居住者的身體健康不利，圍牆過高為貧窮之屋相，不利和諧相處，人住久了，性格會變得器量狹小而孤僻。低矮圍牆也不好。矮牆沒安全感，沒防護作用，不利藏風聚氣，財氣不容易聚集。

　　圍牆一高一低或一大一小也很怪，如果大門兩邊有牆，高低、寬窄、大小最好一樣，因為左邊太大會影響婚姻，右面太大則會多病多災。牆面最好完整平順，不宜坑坑疤疤的，容易讓屋主折壽，家人生離死別不可避免。

圍牆最好別挖個洞當窗口，風水學上所謂「朱雀開口」不利房宅防護，易惹上莫名的是非，造成不良的意外事端。圍牆上不要種一些藤蔓類植物纏繞，長藤主陰，圍牆上、牆上纏藤蔓葉，容易讓宅內充滿陰氣，住宅陰氣過重，會使居者招惹官非口舌和病痛。兩家圍牆相對，圍牆低矮的那一方會運氣不佳，有官非、口舌、病災等災難。

化煞開運

就算房子本身是方正格局，但是如果圍牆是呈三角形的形狀，仍然是屬於凶宅，故應該把呈三角形的地方切成方正之形，無法切除則要在門口安置密宗的圖騰「南久旺丹」、或道教的「獅頭八卦」，皆能鎮煞保平安。

南久旺丹

圍牆在設置上，宜取用圓形或方形，圍牆高度一般以1.5～1.9公尺為宜，而圍牆最少離房屋牆壁有二公尺以上的間隔比較好，牆壁若貼得過近除了會導致通風及採光不良，氣場無法通暢，易給人壓迫感，住的人容易犯憂鬱症，事業不順，財運不通。

房小門大的洩氣人生

案例

　　小林（化名）租了一間坪數很小的房子，住家雖小，門倒是很大，外面看起來很氣派，只不過小林住在這裡之後，就發生讓他很沮喪很洩氣的事。那天他開著一輛聯結貨車，準備將貨品運送到台南的工廠，結果在行經台南永康交流道附近時，因為精神不濟，失控撞上車道旁的水泥護墩，結果車頭受損，側邊貨架也掀起來，一箱箱的貨物散落一地，路邊的水泥護墩也被撞掉一大塊，小林自己則有多處擦傷，這起車禍還一度造成大塞車。小林送醫後雖沒有生命危險，但事後的善後賠償問題，卻讓小林大大的破財了。大難不死的小林，現在想起這件事，還一直很懊惱，為什麼自己會這麼倒楣。

風水病因

　　小林的倒楣，原因出在他住在一個會讓他靈魂散亂的房子，小林住的房子坪數太小，但門卻太大，這種房屋格局，會對人有何影響？屋小門大的房子最好不要用來住人，這種房子屬於洩氣宅，一旦住久了，會讓人精神不濟、元氣不足，容易像小林一樣工作分神出意外，而且也無法聚財。如果身體本來就很虛弱的人，住這種房子，精氣神會慢慢被渙散瓦解，運勢本來就不好的人會更背。

房子門的大小，影響風水氣場，如果門很大屋子很小，雖然氣流大量進入房子，卻不能藏風聚氣，氣會散得很快，意味著財氣來得快去得快，難聚財。人的精神也會因房子氣場不穩定而無法專心思考。想反的，如果門太小，氣流小量進入房子，會使室內外氣場交流不充分，一樣不能累積好氣運。

化煞開運

可將這種房子拿來當作店面做生意或當作辦事處，並且要用天然火山琉璃製成的金字塔放置在延年、生氣方以聚氣聚財。大門前可安裝一盞鹵素燈打亮大門，形成一種舒適的氣氛，讓居者輕鬆進門，燈光聚焦大門，宛如耀眼舞台，象徵居住者成功、且受人矚目，如果您是律師、醫生、會計師等從事理性職業的人，可選擇白色燈光加強宅運，如果您是公關人員、演員或從事創意工作為主的人可選擇黃色的燈光以補先天氣。

火山琉璃金字塔

大門口是氣場流通之處，切忌放雜物影響氣場，尤其是鞋子不要亂丟在門口，大門口最容易亂丟亂放的是鞋，亂七八糟的鞋，一定不利於風水，最好收入鞋櫃，保持乾淨整齊，以免影響氣場。

房大門小難納氣
進財不易運坎坷

案例

　　林老闆房子正面寬度大，但是大門開得很小，這種格局開店做生意，進財不易，前途坎坷，甚至有被騙錢的可能，這天林老闆接到一通電話，對方是某大學採購部門課長。這位課長聲稱，要向林老闆購買二百套產品，並要求林老闆另外幫忙購買八百把高級拖把，每把拖把單價是三百元。這位課長還信誓旦旦地說，林老闆幫他採購拖把，能從每把拖把中提取回扣一百元，這位課長告知林老闆，買拖把可找一個叫小峰的人聯繫。林某記下了小峰的電話號碼後，先幫這位課長匯款二十四萬元的貨款到小峰的帳戶，向小峰購買了八百把高級拖把之後，請小峰把拖把連同另外的二百套產品一併載到學校。

　　林老闆遇此大生意，興奮不已，以為自己賺了不少，可是當他到大學找這位「課長」的時候，大學裡面的行政人員說沒有這個人。而且後來林老闆又發覺，他墊款代為採買的拖把品質很差，實際價值遠低於一百元一把。林老闆再打小峰與課長的電話時，發現均已關機，林老闆遂向警方報案自己被騙了。

風水病因

如果你開的店跟林老闆一樣房子正面寬度很大，但是開小門，會對你的未來有何影響？

房子門面大，但是開小門，納氣不足，此為「小氣煞」。居家會運氣不好，若是公司、商店則進財不易，前途坎坷，大宅開小門，做事謹慎，相對財運也就不佳。

另外，單層的房屋倘若正面寬度不大，最好不要用雙門。雙門在風水上會產生迴風氣場，擾亂宅氣，造成屋主漏財、不易存錢。雙門看起來像「哭」字，哭字門，會造成生離死別，家人會因生病過世而分離，哭字門的迴風氣場，則會造成家中人氣不旺，新婚夫妻不容易生子，甚至可能發生孩子早逝。小門只能一個，千萬不能成雙，否則屋宅之氣，會從兩個小門進出。在風水學上來看小門有兩個的，容易招小人。

化煞開運

如果遇到「小氣煞」風水格局，只要擇日把門改大、加大即可。

或是在門楣上掛八卦圖亦可。也可在門檻內藏貼一張五路財神陣，效果會更好。

風水危機 54 大門左右兩小門 爭權奪利各懷鬼胎

案例

　　王佳嘉老家大門左右兩邊另外開了兩個小門進出。這樣的格局若小門不拆掉，家族很難和諧相處，雖然家境富裕，王佳嘉的妹妹、妹夫卻為了跟她爭家產，經常欺負王佳嘉，而且天天在王佳嘉的爸爸身邊挑撥，不讓家產落到王佳嘉手中。王佳嘉的爸爸給妹妹、妹夫開了三個店，但是他們還是不知足，在爸爸死後，他們把以前的店賣了，又來搶奪王佳嘉應得的那一份遺產。王佳嘉的妹妹視王佳嘉為仇人，讓王佳嘉徹底心寒，她感嘆人為了幾個臭錢，竟然連親情都不要了……

風水病因

　　王佳嘉老家大門左右兩邊，開兩個小門進出，會對她有何影響？門邊有門，指的是在大門的兩邊，再開兩個小門進出，一般多見於獨門獨院的大戶人家。這樣的設計，除了凸顯家中氣派之外，其實也會造成家人之間爭權奪利，子女各懷鬼胎，強者欺負弱者的現象。

　　風水開門是一種藝術，許多獨棟或大廈建築的大門旁，都設有一個住戶進出的小門，這種住宅很普遍，不過，從風水學的角度來看，小門只能有一個，小門如果成雙成對，屋宅氣場不穩定，小人如小門，雙雙對對傷害住家成員。此外，平行相對的兩扇門應該避免。兩扇門相對，會使家人

大門旁兩小門

常常發生爭吵。

門對於財運而言，有以下幾種風水不宜的格局——

・大門正對走廊或通道，如利劍穿心為禍最大，大門正對大路沖擊太強不利財運。

・大門正對樓梯，樓梯向下的，家中的財氣可能向下流出。正對向上的樓梯，財水外流。

・大門正對電梯，正好犯沖，在電梯開關之間，散盡財氣。

・大門正衝煙囪或建築物的牆角，如尖刀刺人，會發生意外傷害。

・大門與後門相對一直線上，財富不能聚。

・開店者要注意，店的大門不能太窄，店面大門宜大不宜小，窄門有壓迫感難吸納財氣。

🕰化煞開運

　　為避免雙小門這種情形發生，一開始建造的時候，就不要有這樣的設計；若已成形，建議將旁邊的兩扇小門拆除。

　　大門的方位可以說是掌握財運的命脈，最簡單的催財方法就是在門旁擺水，水種植物及插花都有催財的作用，除了水之外，門的視覺也很重要。入門見綠，即一開門就見到綠色植物，綠趣盎然，有養眼開目的功效。入門見畫，一開門就見到一幅好畫，一來可涵養內在，二來可緩和進門後的壓迫感。

大門對電梯，財氣外流。

房門破損的口舌是非

案例

失業在家的小羅，心情很不好，做任何事情都提不起勁，家中門已經很破爛了，也提不起精神去修理一下，每天只會嘆氣過日子，感嘆自己的命運坎坷。

房子的大門如果有破損不修理，則多是非口舌之爭，大門就像人的口，口破則口出惡言意氣用事，難免出意外。這種意外就像小羅一樣，有一天心情不好喝悶酒，酒後與老婆發生口角，老婆嫌她一點男人樣也沒有，整天借酒澆愁，很沒用，小羅越聽越氣拿起桌上棍子嗆他的老婆說：「有種妳再說一次，再說一次我就打死妳。」她老婆見狀反而更變本加厲地諷刺丈夫說：「說就說，有種你就打我啊。」小羅心情不好又被老婆挑釁，一怒之下，朝老婆身體猛打，把老婆打得遍體鱗傷。等他醒來的時候，找不到老婆，只看到家中亂成一團。他急忙跑出家門問鄰居，有沒有看到他老婆，這才知道自己酒後把老婆打成重傷，被人送到醫院去了。

風水病因

小羅住的房子大門破損不堪，對小羅有何影響？房子的大門如果有破損，則多是非口舌之爭，而且家人容易生病。如果房屋正面是人的臉，大

門就像人的口，口破則口出惡言意氣用事，口舌之爭必不可免。門在風水學中屬出入氣之位，吉凶二氣都從大門進出室內，門如果破損又在凶位，流年一到必有禍事發生，所以，門設置得好即可趨吉避凶，引入好的氣場。

化煞開運

長期在破損大門進出，會減低鬥志，缺乏上進心，從而影響事業。最好換一扇乾淨順眼的大門，定期粉刷，不要讓門有鐵鏽腐蝕、油漆脫落破損現象，門外走道也必須保持清潔衛生。大門前後位置必須光線充足，如果住家玄關狹窄，採光不足的話，最好能在天花板安裝亮燈增加光亮，保持光線充足，以長期光亮化解煞氣，對提升小羅的運程很有幫助。大門除了避免破損之外，還有以下幾個狀況，需要開運化煞。

- **正對樓梯而下**：開運化煞的方法，可在大門口鋪設紅地墊，地毯下壓一串五帝錢，大門上方可掛上紅布、八仙彩、凸面鏡，大門左右側可種一些闊葉或圓葉的盆栽，盆栽常綠不可枯萎，枯萎須立即更換。

- **正對壁角、柱子**：開運化煞的方法，可在大門上方掛山海鎮。

- **大門通他門**：大門通後門、廚房門、臥室門，不利家宅氣場，開運化煞的方法，可在門與門之間，設置隔間，以屏風、木櫃等隔間物件，阻斷這種一箭穿心的煞氣，隔間材料不宜用玻璃或柵欄來隔間，這樣效果不強。

風水危機
56

大門歪斜的感情是非

案例

　　小周房子的大門歪斜，歪斜的門換句話說就是「邪門」，邪門風水讓小周中邪。小周夫妻倆剛搬進這個店住兩用的新家時，小周故意將門設計得歪歪的，好讓大家覺得他的店不一樣，當時夫妻倆忙著開店，也沒有注意到這個大門風水有問題，小周那時覺得開設觀光按摩店，是一個不錯的商機，於是向朋友借款八十多萬元，開了一家按摩店。據一位附近不願意透露姓名的住戶表示，小周開的店，開業不到幾個月，由於生意不好，再加上人員和房租成本較大，讓小周無法經營下去，小周很想把店轉讓給別人來經營，他多次向老婆要求轉讓按摩店。但是，小周的老婆認為，投入這麼多錢了，一下子轉讓給別人，太虧本了，不同意轉讓。因此，夫妻之間經常為此事爭吵。

　　在鄰居們的眼裡，小周是個好孩子，有上進心，結婚以後愛老婆、疼孩子，沒有吃喝嫖賭的壞毛病，做事有板有眼。小周愛看一些富商發財的故事，然而他的目標理想太過不切實際，滿懷雄心壯志的他，不斷積極開店擴建，但是沒有一家賺錢，開店擴張太快的情形下，不但吞掉了他全部的積蓄，還欠下一堆高利貸。創業不成功，又有龐大負債，讓小周的壓力越來越大，回到家又和老婆吵架，連原本很欣賞他的岳父也與他翻臉，還叫親戚不要再借錢給小周揮霍，甚至逼小周還錢。

風水病因

小周房子的大門歪斜，會對小周有何影響？房子的大門如果歪斜，夫妻感情不睦，也容易生病。

一般住家大門都希望方正不要歪斜！歪斜的門換句話說就是「邪門」，從風水學角度來看，無論是家中的大門或是臥室門出現了歪斜，都可能使居住者的性情發生變化，也容易招來擾人不止的爛桃花。

歪斜的大門會影響人的性情與健康。

所以不要為了別具一格，而設計一道歪斜的門，如果家中大門出現歪斜的情況，千萬不要拖著不管，趕緊修理最好。

化煞開運

除了請工匠師把歪斜的門牆修齊整平，如果大門直對臥房，可設置屏風、木櫃等隔開，阻絕家中隱私外露。或者更改臥室門的方位，臥房門也不要對著廁所門，廁所五行屬水，陰氣重，污穢濁氣影響空氣品質，潮濕、骯髒的空氣流進臥室內，時間長了，人容易引起腰腎疾病，影響居住者身體健康。若大門為兩片門板，則兩扇門板的形狀、大小、高低與塗色都要一致，不能一高一低或一大一小。

風水危機
57

大門兩邊牆大小不同
壽命會很短

案例

　　小林家房子大門兩邊的圍牆，大小不同，看起來很美，相當有設計感。小林是大醫院的急診科醫師，戴著黑框眼鏡，身穿醫師袍的小林，從照片看起來相當帥氣，有一天上午他卻突然昏迷，送醫不治。親友懷疑他可能是過勞死，不過院方駁斥，認為小林本有心臟病史，應該是小林的心臟病導致死亡。

風水病因

　　小林家房子大門兩邊的圍牆，大小不同，會對小林有何影響？

　　房子大門兩邊的圍牆，不可以左右大小不一，否則輕則家中爭吵不斷，甚至主人會有再婚的傾向，重則會損及主人壽命，家破人亡。如果左

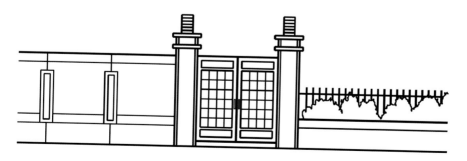

大門左右的圍牆大小不同，不吉。

邊牆面比較大，則代表會換妻；如果是右邊牆面比較大，則損一家之主。小林醫師家大門兩邊的圍牆，右邊牆面大，以風水學角度來看，這對小林會有致命的危險。

🧭 化煞開運

可請工匠師把門牆修齊整平，除了兩邊門牆修正之外，大門也不宜高於牆壁，大門高於牆壁，居住者容易發生不幸的事，住宅四周圍牆一般而言，左右圍牆作青龍白虎扶持，前面的圍牆作案山藏風聚氣，後院圍牆做靠山，增強住宅的整體美感、舒適感和安全感，環繞護衛宅氣，保一家大小平安。圍牆大門避免座西南朝東北，落在五鬼線容易招陰，居住者運勢難開，座東南朝西北則落在破財格局，容易使人丁不旺，婦女難懷孕。

由居家圍牆
化解親情淡薄疏離危機

案例

　　小娟出生在一棟冰冷的房子，房子的圍牆有圓形造型的缺口，缺口看起來陰氣沉沉，形狀像墓碑上方半圓形狀，好像是這棟房子的墓碑標誌，兄弟姐妹一起住在這裡長大，彼此感情卻很淡薄，與其說這是一棟房子，還不如說這是一個活死人墓。小娟一家人搬到新家之後，原本這棟冰冷的「活死人墓」則賣給一個叫孫鳴的男人，孫鳴搬進去不久，有一天被人發現猝死在房間內，警方初步相驗，孫鳴平時有酗酒習慣，孫鳴陳屍現場的床舖旁邊有板凳，擺放菸灰缸以及麵包，沒有打鬥跡象，屍體也沒有任何外傷，由於孫鳴生前有高血壓、心臟病，研判為病發身亡，排除他殺，因為天氣冷屍體腐化緩慢，沒有飄散出屍臭味，再加上死者平時和家人沒有互動，以致於死亡了五天，竟然都沒有人發現，檢警相驗後，已經將屍體交由家屬善後。

風水病因

　　如果你的房子也是這樣，自家屋宅圍牆有圓形造型的缺口，會對你的未來有何影響？圍牆有圓形造型的缺口，因缺口屬陰，又形狀像墓碑上方半圓形狀，死氣沉沉，此為「彎弓煞」。若作為住家會造成親情淡薄、人丁出走、漏財；如果是公司、辦公室則業績漸退，員工向心力差、賺錢辛

苦。

　　圍牆上有圓形或橢圓形的開口，古時候這種圍牆都是被使用在寺廟或佛堂。從風水理論的角度來看，圓形有制約、束縛以及閉塞的意思，象徵主人無法突破、困守當地。自住屋宅圍牆護衛環繞，在設置上除強調整體美感、舒適感和安全感。買屋租屋者還必須注意一些風水原則。

　　圍牆不宜有壓迫感，住宅牆壁跟圍牆距離太近，會導致通風及採光不良，氣場無法有效發揮，而且易給人壓迫感，一般屋牆跟圍牆距離兩公尺以上較佳。住宅大門兩邊的牆應相等，左圍牆為青龍方，對男性居住者有影響。右圍牆白虎方，對女性居住有影響。左圍牆高大則會婚姻不順，右圍牆高大則居者多病災。左右圍牆要完整平齊，不可破損，大小、高低應一致，整座圍牆要一般高，不可一邊高一邊低，左右牆高低不一的話屋主會減壽，家人易生離死別。圍牆上若開一個口、開一個窗、有縫隙，容易讓人窺探家中隱私，失去防護作用，易引起小人偷窺私密、惹事生非，流傳八卦不當言論，造成不良事端，傷及住家人名譽。除了牆上開口會招惹口舌是非之外，圍牆牆壁有長藤纏繞，也容易招惹口舌官非和病痛，圍牆纏滿藤葉會讓宅內充滿陰氣，如果主人的陽氣不夠，陰氣容易入侵，是會

讓人得病的。

　　圍牆的高度，要和諧相稱，不宜過高，一般以1.5～1.9公尺為宜，過高的圍牆容易讓人聯想起監獄的設置。所以，只要超過一般人身高一點點即可，太高的圍牆擋住了窗戶的採光，居住的人容易有壓迫感，有的屋宅圍牆高度高到擋住了屋簷和屋頂，給人一種怪異不自然的感覺，削弱了住宅的整體格局，影響住宅採光、通風效果，破壞住宅整體的美感，過高的圍牆，顯得屋主孤獨自處器量狹小，風水學認定此為貧窮屋相，不僅對居住者財運不利，也有損身體健康。相反的，圍牆低矮沒有安全感，起不了防護作用，不利藏風聚氣，財氣容易散失。

化煞開運

　　屋宅遇到圍牆圓形缺口「彎弓煞」，只要選個吉利的日子及時辰動工把缺口補滿即可。屋宅有圍牆，相對會有庭院空地，屋宅前面的庭院，即風水中的「明堂」，明堂風水的要點就在於乾淨清爽，不要在庭院中堆放太多雜物，也不要放置一些形狀奇特古怪、尖銳多角的裝飾品，那些東西都會形成不好的風水磁場。如果種樹則要注意：

- **樹 枝**：如果枯爛，家人則多會有手腳之傷，樹心變空，將會引起家人內臟上的疾病。
- **樹 身**：如果繞著各種樹藤，會引起家人多有是非、官司、爭吵、自殺等災難。
- **樹 根**：如果從地中露出為大凶，對家人健康不利，尤其是家中老年女性。樹根會把房子裡的陽氣吸收掉，居住此屋者，常會生病，事業很難開展，壓力大。

圍牆逼近大門
脾氣暴躁想不開

風水危機
59

案例

　　28歲的阿城，住在一間圍牆近逼大門的房子，這面圍牆不僅逼近房子，也逼阿城走向絕路。阿城三年前與相戀十多年的女友合買房子，為結婚作準備，豈料他因脾氣暴躁，影響愛情與工作，阿城與女友因瑣事吵架後，砸毀家中全部新添置的家具及電器，包括電視機等。吵完架後，阿城跑到大街上踢毀店面玻璃，被警察逮捕關了幾天。從警察局出來後，回家又跟女朋友大吵一架，一連串事件影響他與女友的感情，女友也提出分手。與女友感情不合，影響阿城的工作情緒，脾氣暴躁的他，又因跟同事不合，憤而離職失業，處於失業狀態的他，經濟陷入困境，兩月前開始沒有錢付貸款。有一天阿城在一間大樓樓梯間向友人訴苦，並借酒澆愁，突然情緒失控攀上欄杆打算跳樓自殺，友人撲向前將他拉住，但他死意已決，把朋友拉住他的手撥開，從十七樓墜落，當場粉身碎骨慘死，父母認屍時哭至肝腸寸斷。買房子及結婚，是人生兩件大事！但這兩件大事，卻成了阿城最心碎的事，讓他最後走向絕路。

風水病因

　　阿城住的房子圍牆近逼大門，會影響大門納旺氣，住久脾氣會暴躁，財運流失甚至引發不幸災難；若是公司、辦公室則賺錢困難，業務發展不利。圍牆太接近大門，會形成採光不佳、通風不良等眾多問題。這樣必然導致氣場不佳，從而使居住者產生壓迫感，精神抑鬱難伸，影響居住者的運勢。

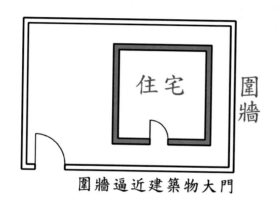

圍牆逼近建築物大門

化煞開運

　　如果買屋遇到圍牆近逼大門的情形，可拆掉圍牆，或是降低圍牆高度到腰膝以下也可以。如果不能拆掉或降低，可以在牆面視覺上作一些變化，通常在牆面改變視覺的方法，有的用掛圖的方式，有的在牆上彩繪，藉由視覺改變居住者心理的壓迫感及憂鬱感，化解煞氣。一般牆面上的圖形，可用一些吉祥圖案招來吉利帶來好運，像繪有九條可愛的魚在嬉戲，象徵長久（九）萬事如意，或者在牆面上留下三隻羊圖，象徵三陽（羊）開泰，以三羊招福庇蔭全家平安，除了取諧音的圖案之外，也可用柔和山水風景畫，讓居家的牆面壓迫感減低。

避免單身沒人愛
桃花開運風水
化解孤寡危機

案例

　　林風吟住的屋子的正後方連接兩間房屋，其形狀由高而低成直線，猶如披麻帶孝，林風吟住在這間房子，終身無法靠另一半，通常這種房子，在風水學上稱孤寡之屋，女人、男人住在此屋，無法與另一半有結果。其實孤寡不一定是老來無伴，有的人年紀輕輕就因病或意外歸天，死前沒有後代，也算孤寡的一種。為何人註定會孤寡呢？有個好老公陪自己過一生很難嗎？但是有些事情卻無法勉強，尤其是姻緣這件事，在生理上來講，女人的卵子，要從億萬個精子中挑選一個結合，女人要找到好對象共度一生，可說是精挑細選，不容易。

　　如果男人沒有事業基礎，女人更看不上，所以台灣的社會中，越來越多的女人，變成孤寡的女人，要不是找不到對象，就是和另一半不和離婚，其主要原因，在於女人越來越出頭，男人卻越來越比不上女人。女人也越來越看不起男人，女人喜歡的男人，最起碼要讓他看得起才有可能結合，從風水學來看，林風吟的房子，就像一個出頭的女人，後面有幾間小房子跟著，永遠獨高於其他人，很難與男人匹配。所以遇到這種獨高於其他建築物的房子，還是儘量少住為妙，避免孤寡一生。

風水病因

屋子的正後方連接兩間房屋，其形狀由高而低成直線如披麻帶孝，此為「麻衣煞」，又名「披麻煞」。這種房子作為居家的話會出孤寡之人，財源也會越來越差。如果這種連接兩間房屋的格局，是出現在屋宅左邊的話，會影響男主人或長房，若是右邊的話，會影響女主人或少房，通常會導致家人事業破敗、人丁損傷，必須要趕快化解制煞，才能避免披麻煞。之所以會產生這種披麻帶孝屋，通常都是屋主為了節省土地，在大屋旁連著蓋幾間小屋，屋連屋直直拖長，形成披麻煞，披麻多哭聲。一家大小不安，多病痛，吃藥不斷是常有的事。這種房子住久了，容易意志消沉，有志難伸，田產破財常常有，血光、傷亡不會少。

　　一般來說人的一生有一半的時間是在家中度過，如果常常居住在「孤寡氣場」特別強的房子，容易孤寡一生。孤寡氣場都非常陰寒陰冷，像是地下室的房間，常年見不到光線，孤寡氣場很強的房子住久了之後，人的心情會不佳，會越來越孤僻，不容易有桃花人緣，自然沒有結婚生子的氣場，容易成為孤家寡人一個。另外一種是，睡覺的床上，堆滿了書本、雜物，從空間的角度來講，因為床上多餘的空間，有桃花氣場，如果床上堆滿雜物，擠壓了桃花空間氣場，自然不能有好桃花進來，不容易招到桃花、容納桃花，當然孤寡一生。

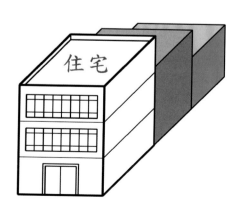

住宅

另外一種孤寡房，是房子的前後左右都無靠，這類房屋都很狹窄，而且四周沒有房屋或者居住的房間離家中其他人太遠，因為住久了人容易排斥或逃離人群，也就不容易有桃花了。

🧭 化煞開運

遇到「披麻煞」的房子可拆除後面一間屋子就可破解，無法拆除則須掛一幅「九龍玉璧」補龍脈之氣。除了避開這類「披麻煞」的孤寡之屋外，可利用房子內部格局改變孤寡命運，開啟自己的桃花好運。

🏠 找出桃花開運位

睡覺的房間，應方正，斜邊或多角形並不恰當，最好有對外窗戶令空氣流通，若房間夠大，可以用屏風將臥房主要區域隔出，但是隔出的空間不要當倉庫用，容易阻礙桃花運。房間床上不要堆放雜物或衣褲襪子，放枕頭及棉被即可。如果希望有好男人追求自己，可運用天星磁場開運法找出自己的「金星桃花開運方」安放琉璃鴛鴦，就能加強自己的桃花運勢，很快的，理想的對象就會出現在你身邊了。

巧妙運用琉璃鴛鴦
能為自己招來桃花運。

風水危機 61 從住家方位，化解財運危機

案例

老吳剛開店投資一百多萬，店面形狀很特別，是兩棟房子合在一起的餐廳，有點像火車，前面房子高，後面房子低。老吳這家「火車」店面，據老吳自己說，從試營運到現在，基本上每天賠錢。老吳承認，創業的艱難遠遠超過自己的想像。老吳本來想把後面房子做為廚房使用，而且以為廚房只要簡單粉刷一下就行，結果後面這棟房子不符合消防規定，只好花錢整修來通過消防安全檢查。沒想到消防搞定了，衛生局卻檢驗不通過，原因是廚房整個操作流程錯誤，這不得不讓老吳重新追加大量預算，再把廚房搞好。最讓老吳頭疼的是辦理各種執照，從開始辦理到完成所有手續，花費了太多時間，讓店面少了很多時間賺錢，老吳以過來人的身分奉勸要創業的人，一定要做好充分的心理準備。因為辦理各種手續非常麻煩，而且工作非常繁雜，如果事業上能有一個可以分擔的合作夥伴，那是最好的。

風水病因

你家房子的形狀看起來如果像老吳的火車店，會對未來有何影響？房子的形狀看起來如果像火車，就是第一間房子高，後面房子低。車頭有運、車身無運，此為火車煞。無論是居家，辦公室、公司、工廠，還是商

店，都是不好的，生意錢財會越來越差。

化煞開運

房子的形狀看起來如果像火車，住車頭的人，運不易退，住火車尾的人，運會敗；這種風水格局，最好請名師指點旺氣、生氣方位，在此方位開門、開窗，並且要用天然琉璃製成的龍柱來移龍轉脈。旺氣、生氣這類吉凶方，是利用太極劃分法，將住宅化分為四吉方和四凶方，四凶方和四吉方的範圍可大可小。大可以囊括宇宙，包含世界；小可以只是一個房間，甚至一張桌子。因此在運用這八個方位的時候，要先確定運用的範圍。例如，安床定四凶方、四吉方只要考慮臥室範圍即可，畫分方位先找中心點為準，把整個範圍分成東、西、南、北、東北、西北、東南、西南八個方位。每個方位各佔45度，合360度。

四吉方	四凶方
1. 伏位（左輔）小吉	1. 五鬼（廉貞）大凶
2. 天醫（巨門）次吉	2. 六煞（文曲）次凶
3. 生氣（貪狼）大吉	3. 禍害（祿存）小凶
4. 延年（武曲）中吉	4. 絕命（破軍）至凶

知道住宅的四凶方、四吉方之後，接下來了解 乾、坤、坎、震、離、巽、兌、艮，八卦與房屋座向的關係。

坎宅（北）：座北朝南。	坤宅（西南）：座西南朝東北。
震宅（東）：座東朝西。	乾宅（西北）：座西北朝東南。
巽宅（東南）：座東南朝西北。	兌宅（西）：座西朝東。
離宅（南）：座南朝北。	艮宅（東北）：座東北朝西南

四吉方在不同的房屋座向，有不同的開運方位。

開運方位	坎宅	離宅	震宅	巽宅	乾宅	坤宅	艮宅	兌宅
大吉／生氣方	東南方	正東方	正南方	正北方	正西方	東北方	西南方	西北方
次吉／延年方	正南方	正北方	東南方	正東方	西南方	西北方	正西方	東北方
中吉／天醫方	正東方	東南方	正北方	正南方	東北方	正西方	西北方	西南方
小吉／伏位方	正北方	正南方	正東方	東南方	西北方	西南方	東北方	正西方

四凶方在不同的房屋座向，有不同的化煞方位。

化煞方位	坎宅	離宅	震宅	巽宅	乾宅	坤宅	艮宅	兌宅
小凶／禍害方	正西方	東北方	西南方	西北方	東南方	正東方	正南方	正北方
中凶／六煞方	西北方	西南方	東北方	正西方	正北方	正南方	正東方	東南方
次凶／五鬼方	東北方	正西方	西北方	西南方	正東方	東南方	正北方	正南方
大凶／絕命方	西南方	西北方	正西方	東北方	正南方	正北方	東南方	正東方

了解自己住宅的開運方位之後，可在此方位開門、開窗，並且要用天然琉璃製成的龍柱來移龍轉脈，化解煞氣，開發自己的財運，長保住家平安。

天然琉璃龍柱

風水危機
61

從住家方位，化解財運危機

211

風水危機 62
屋後增建斜斜蓋，成員難留財務緊

案例

　　趙大姊經營餐廳多年，生意一直不錯，後來覺得目前的空間不敷使用，就想在房子的後面增建房舍。因為土地和房子都是自己的，所以可以按照自己的想法來增建，為了讓餐廳看起來有設計感，她將增建的部分與原來的建築物稍稍錯開，形成斜斜的排列，看起來還蠻特別的。但是增建完成重新開幕之後，生意竟然大不如前，而且一天比一天差。她說：「以前餐廳每個月都有200～300萬元的營業額，沒想到增建之後，竟然連100萬都很勉強，再這樣下去，恐怕連人事成本都不夠了。」趙大姊想不通，餐廳比以前更大更寬敞，服務品質也比之前更好，為什麼生意反而變差了呢？

風水病因

　　趙大姊在原先的店面後面增建，越蓋越歪斜，會對住的人有何影響？房子後面增建，越蓋越歪斜，是犯了斜飛煞；住越久，財運越退，嚴重時人丁留不住，親情淡薄家運中落；若作為工廠，則財運越來越吃緊，員工人數越來越少。鄉下有很多透天住宅，為了增加使用面積，所以普遍都會在屋後增建，且其擴建時通常只加蓋一層。這樣從外面看似一個人揹著包袱一樣，這可是會有嚴重退運和漏財的現象。此風水格局，開店者應多多

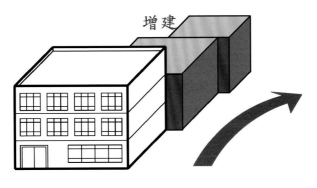

增建歪斜成了斜飛煞。

注意，避免選擇這種房子。

　　另外一種不利財運的房屋增建格局，稱為「背布袋」，這種格局，通常是在房子旁邊加建一間如雞舍、狗屋或儲藏室、工作間、車庫……這類的小屋，好像一個人背著布袋一樣，這種旁邊增建的小屋，距離越近，影響財運越大。這種房子還有一個壞處，就是容易流產，或者讓出生的小孩夭折。很多人都認為店面或住家旁邊有空地，覺得土地空著很可惜，於是亂蓋一堆小房子，或是將房子後面的庭院或防火巷，擴建成廚房，無形中也形成了「背布袋」的風水格局，這種規劃並不理想。在風水空間規劃中，切忌亂用空間，而是要針對居住者的屬性規畫適合的空間。內部空間多不一定好。背布袋的擴建行為，實際上潛伏著災難，空間使用者一定要小心留意。

化煞開運

　　如果你的房子後面有增建，而且越蓋越歪斜，建議將第三間以後的拆除最好，在房子的四個角落及中間各放一隻「琉璃龍龜」鎮煞，在第二間的後面，掛「九龍玉璧」，向著後面屋子以化解煞氣。

屋頂中間突出一間小屋的扛屍煞危機

案例

　　史先生開店，從一個小服飾零售商做起。經營了幾年後手頭有點錢了，就想做點大的。他買下一棟俗稱三樓半的透天房子，開起專賣店，做品牌代理，這棟房子三樓上方的頂樓還多蓋了一間小屋，如果是一般住家有許多人習慣將它當作神明廳，而史先生則是把它當作倉庫使用，小屋的位置位於整個屋頂層的中間部分。史先生重新裝潢店面，管銷租金與加盟金，花費了史先生將近兩百萬元。

　　開店沒多久，史先生就跟店裡的一名幹部意見不和鬧翻了。這名幹部隔天就沒來上班，讓史先當場手忙腳亂。他開店的區域是老舊社區，年輕人其實不多，而且史先生後來發現，他代理的服飾不符合潮流季節，賣不出去的衣服將倉庫幾乎快要塞滿。

　　自從老幹部走後，史先生又招聘了一個長得不錯的女服務員，結果這名服務員工作態度不好，整天對著鏡子照，在店裡當花瓶，而且脾氣還不小，最後做不到三個月也辭職走人了。史先生從前批貨來賣，對自己要賣的衣服很清楚，現在代理品牌服裝，對產品不熟悉，不懂服飾賣點，也不知如何訓練員工。為了節省成本開銷，只能自己老闆兼店員，沒賺到錢還忙得要死要活，現在的他只求不賠錢就好，至於當初的賺錢夢，只能在夢裡出現了。

風水病因

史先生透天房子頂樓的中間部分，突出一間小屋用來做倉庫，此為扛屍煞。居家運途不順、身體差、人丁出走。作為公司、工廠則生意難發展、員工人數越來越少。

在這種房子裡面居住的人，會受到煞氣的影響，人的想法會開始變得憂鬱，生活態度悲觀消極，在人際關係方面，會變得孤僻，沒有朋友，不懂如何跟別人溝通，嚴重的話，會憂鬱症上身，如果當成店面，內部人員容易意見不和，員工流動率大。

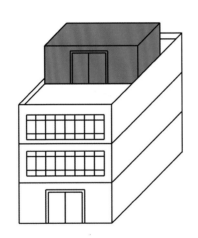

屋頂層突出一間小屋，
位於中間，前後都留有
露台，是為扛屍煞。

化煞開運

遇到扛屍煞，可安置密宗的圖騰「南久旺丹」、或道教的「獅頭八卦」來化解，或是將屋頂層的後半部分蓋滿，只要改變扛屍煞的形態即可化解。

鐵皮屋損財運
龍龜鎮宅解危機

案例

　　老孫用鋼筋鐵骨搭建一間鐵皮倉庫，這間倉庫在工業區裡面堆放工廠原料雜物，鐵皮倉庫有一天下午突然失火，燃燒過程中不斷傳出爆炸聲響，造成兩名騎車路過的民眾受到驚嚇摔車，幸好送醫治療後沒有大礙，在消防隊員全力搶救下，不到一小時就完全撲滅，但整屋子的原料雜物全都付之一炬。

　　消防局接獲民眾報案，指出老孫位在高雄市某工業區，一家沒有門牌號碼、堆放工廠原料雜物的鐵皮倉庫，突然發生火警，消防局出動好幾輛消防車前往灌救，消防分隊長表示，工廠易燃物遇到火之後不斷地傳出爆炸聲響，當時一名男子和一名女子正巧騎車經過，被突如其來的爆炸聲嚇了一大跳，當場人車倒地受傷，現場待命的救護車緊急將兩人送醫，幸好都只有輕傷。消防局表示，火警發生時，鐵皮屋大門深鎖，屋子裡沒有人，初步不排除是天氣太熱，導致鐵皮屋內溫度太高，自燃所引起，火勢雖然很快撲滅，但十五坪大的鐵皮屋整個燒光光，確實的起火原因還有待鑑定。

風水病因

　　老孫用鋼筋鐵骨搭建的鐵皮房子，會對老孫有何影響？用鋼筋鐵骨搭建的鐵皮房子，冬冷夏熱，此為鐵屋煞。若當住家則家人身體不好，漏財、家運退敗。若作為公司、辦公室則賺錢辛苦、業績不順。

　　此外這種鐵皮屋從風水上來看很容易失火，尤其倉庫屋頂為三角形的房子特別容易引起火災，而屋頂若是紅色除有火災威脅外，更主心血管方面的疾病，若是藍色則容易引起泌尿系統方面的疾病。

鐵皮屋要小心火災。

化煞開運

　　如果住在鐵皮屋裡，儘量將內部裝潢好一點，使它不容易退氣，再用天然琉璃製作而成的「龍龜」來鎮宅。龍龜是龍神和靈龜的合體，本是四靈獸之一，有神靈大龜之稱，能為世人擋災煞，減禍害。具長壽吉祥，鎮煞迎福的功效。其力量除了制伏太歲，破種種煞氣外，也可廣納福祿正財。固定收入即所謂正財，例如定期生意訂單、薪資、存款利息、佣金等，非浮動之意外偏財。

琉璃龍龜

　　龍龜忍辱負重，既有龍的威武，又有龜的厚重，是化解居家煞氣中，效果不錯的開運物。如果家中有人遇到職場是非，遭暗箭小人攻擊，或者財運不佳欠債許多，財運反覆等情況，擺龍龜於大廳中，可招財解厄。龍龜是居家風水中，最簡單而有效之吉祥風水物。擺放無禁忌，外形美觀，家戶擺一尊龍龜可以化解口舌之爭，尤其是放在水氣重的地方，水氣重主是非口舌，龍龜在位能化口舌兼加強人緣，發揮化災消厄功能。

　　龍龜象徵長壽，能吸收天地山川靈氣，家裡有老人家，最好在老人家睡房擺放龍龜，補老人健康氣，但是要注意擺放的時候，龍龜頭朝向屋內，有賜福之意；龜尾、龜背向外，以擋沖煞之氣。女人遇男人心不在家，可將龍龜放在床頭，頭部朝內，可以把老公招回來。龍龜擺放在書桌上或者書架中，可化解小人，多招貴人。

　　想要為自己的住宅聚生氣、旺人丁，可在住宅後方擺放龍龜，與整體宅氣一起運轉，起到鎮宅作用。

　　龍龜放在財位可催財，放在三煞位最有效，所謂三煞位會隨每年流年歲次而變化。家居風水有必要瞭解，以免沖犯了太歲和三煞位，各年三煞位如下表所述：

2011 辛卯 西	2012 壬辰 南	2013 癸巳 東	2014 甲午 北
2015 乙未 西	2016 丙申 南	2017 丁酉 東	2018 戊戌 北
2019 己亥 西	2020 庚子 南	2021 辛丑 東	2022 壬寅 北
2023 癸卯 西	2024 甲辰 南	2025 乙巳 東	2026 丙午 北
2027 丁未 西	2028 戊申 南	2029 己酉 東	2030 庚戌 北

另外，也可擇吉時，在辦公室的辦公桌上放一隻龍龜，則會得到貴人相助和上司的賞識，工作上會很順利。特別是在工作中如果不順，受到小人排擠或跟上司相處不愉快，在公司擺放龍龜，可使工作更順暢。有些龍龜背部有活動孔洞，可將茶葉、米粒放在裡面，化煞效應則會更強。

風水危機 65

找出家中的尖形危機

案例

　　李甯（化名）住的房子，外觀略帶南美與西班牙風格情調，房子形狀瘦而高，屋頂是三角形。李甯住的三角形的房屋，室內傢俱很難配置，人居住在裡面，李甯一家人的視覺很難平衡，無形中影響李甯一家人的內分泌，身心失調，情緒不穩，而且尖形角度越小，氣場對外發射越強，對李甯一家人越不利，又會傷到其它建築，是個不折不扣損人、不利己的風水格局。李甯家的建築凹凸不方正，房子西北方缺角，傷及李甯丈夫頭部；丈夫因憂鬱症併發腦瘤疾病，在三年前過世。李甯家屋頂，是傾斜度很大的三角屋頂，屋頂一面山坡，這種變形屋頂，太過於極端，長久居住於這種屋頂之下，一家人很容易罹患憂鬱病。

風水病因

　　李甯房子形狀瘦而高，屋頂是三角形或形如錐狀，是犯了火形煞。當作住家則家人身體差，財運耗弱，脾氣不好。作為公司、商店則生意難做、賺錢困難。

　　三角形而斜度大的屋頂，或者圓錐形尖尖的屋頂，視覺上太過於尖銳，也如同火焰燃燒的形態，這樣的造型不僅自己本身犯了火形煞，連周圍的鄰居也會受到影響，真的是損人又不利己。

又尖又斜的屋頂犯火形煞。

化煞開運

　　火形煞氣，主脾氣暴躁，家人容易口角、是非多，嚴重時會有火災之慮！家中風水格局有尖形錐狀體，應該雇工人把錐狀體去除。

　　除了三角形或呈現火形的建物煞氣之外，另一種尖形煞氣，風水學上稱之為「角煞」，一般來說，窗外有尖形屋角、房簷、天線、假山石，其尖端往住宅沖射，而在形象上，尖形、角形是強硬、鋒利的造型，容易讓人感到情緒不安，長久下來，心胸會變得較為狹小，脾氣差，容易與人發生爭吵或是不和。會對家人的健康不利，引起意外傷災、破財。角煞沖射屋宅方位不同，所傷及部位也不同，以九宮格表示，如下表所示：

西北方角煞	正北方角煞	東北方角煞
傷害部位：頭部、呼吸系統	傷害部位：身體下身	傷害部位：頭、鼻子、脊椎、骨骼
正西方角煞		正東方角煞
傷害部位：口部		傷害部位：小腿、腳、手
西南方角煞	正南方角煞	東南方角煞
傷害的位：腹部	傷害部位：眼睛	傷害部位：大腿、股部

　　角煞化煞開運方法是，在面對角煞的位置，擺放一對銅麒麟，或者在窗口上方掛一凸鏡或者山海鎮或葫蘆。正對著形煞之處化解。

山海鎮

由牆面開窗方法
化解生病開刀危機

案例

　　老劉住的老家牆壁，有一個很有趣的畫面，就是四面牆都開四個窗，光一樓就開了十六個窗，白天不用開燈就很亮，採光極佳，很合適讀書。然而老劉自國中時期就發現有支氣管擴張症，曾多次反覆咳血和肺炎入院，有做過支氣管動脈栓塞。

　　老劉21歲那年，有天早晨從起床開始就不停地咳嗽、吐痰直到傍晚，咳到最後咳出血痰，身體瞬間水腫，氣喘不過來，被送入醫院檢查，醫院心臟超音波顯示，老劉的左心房、右心房、右心室和肺動脈均擴大，三尖瓣、二尖瓣和肺動脈瓣輕度閉鎖不全，有中重度肺高壓。診斷為支氣管擴張症合併肺炎，併發肺高壓和肺心症。

　　老劉在住院治療後情況穩定，在拔管脫離呼吸器後出院，在家接受長期的氧氣治療。但之後一年內，老劉又因大量咳血和嚴重呼吸困難三度入院，都在氣管插管後再緊急做支氣管動脈栓塞術止血，並使用抗生素和支氣管擴張劑，待病情較穩定後出院。這個病一直留在老劉身上長達三十五年之久，生病期間，老劉每天都要服用抗生素控制病情，身體就像個藥罐子，每天往嘴裡塞藥。

風水病因

老劉家一面牆壁開兩個以上的窗，是犯「開刀煞」。家人身體虛弱，會有開刀的情形，錢財不容易聚集。如果作為公司、辦公室，則員工懶散、業務發展困難。

老劉家的牆四面各開四個窗口，不容易聚氣，從陽宅風水觀點來看，窗的氣流進與出，代表氣運的聚與散，窗口太多有「氣散神去」之意，吉凶氣流聚散之間，受開窗氣口流動影響，對人的身體、事業影響大。

化煞開運

一面牆上開太多窗戶，象徵錢財洩露，兩扇窗戶彼此相對則為穿堂煞，須將氣弱的一方窗戶堵住。陽光照射進房間，是增加陽氣的方法，但當陽光透過屋外水面或玻璃，反射進入房屋就變

一面牆開太多窗戶，象徵錢洩漏。

成了「反光煞」。這些反光會令人頭昏眼花，容易發生血光之災或遭遇車禍。此外，城市中常出現各種路燈、汽車燈、霓虹燈、探照燈等不利的光源，通過窗戶照射進屋內，射進來不安定磁場，長期受此侵擾，人的情緒處於躁動和不穩定中，除了用窗簾遮擋，建議在窗戶上貼半透明的磨砂窗紙，並在窗戶的左右角放兩串明咒葫蘆。

窗口面對的煞氣林林種種，各有應對的方法，窗戶正對著醫院、殯儀館，其化煞開運的方法，只需要在這扇窗戶上掛一個真葫蘆，將葫蘆蓋打開以吸收污穢之氣。窗口面對天斬煞時，只需要在這扇窗戶口擺放五帝錢或麒麟來擋煞即可。窗口如果看到三角建築物、屋角等尖形銳利煞氣，需要在窗口擺放銅貔貅讓煞氣擴散。

從住家頂樓加蓋 化解竊盜危機

案例

　　劉先生開的公司，在建築物的頂樓上方又蓋了一間小屋，做為倉庫使用。大屋的上方蓋了一間小屋，好似小孩子騎在大人頭上，有點沒大沒小的感覺。這間看起來沒大沒小的公司，真的被沒大沒小的員工背叛。日前法院有一個侵害智慧財產權案子宣判，判決劉先生之前離職的員工侵害了劉先生公司的智慧財產權，並應賠償劉先生損失共四百多萬元。這位離職員工，原本擔任劉先生公司的技術部經理，並因直接參與公司加工技術實驗，掌握了技術程序及訣竅。

　　結果該員工竟與人合謀，偷走劉先生的公司機密，竊取了作業流程技術手冊等文件後辭職，另與法國一家外商公司合作，按照竊得的資料，為新公司編制了自己的作業流程技術手冊，並指導這家法國外商公司生產，以低價搶走劉先生公司的業務，獲得不法利益。

　　這名離職員工與法國外商公司，終於被法院判刑，法院審理後認為，這名離職員工與法國外商公司共同侵犯劉先生的商業秘密，應當共同承擔停止侵權，並負起賠償責任。

　　劉先生在大屋的上方又蓋了一間小屋，傳統上認為，房子是主體，代表父母，小屋是後來才加蓋的，如同子女，就形象上而言，如同子女壓在父母的頭上，父母則難以管教子女。這樣的房子，如果用來做為神明廳還不會對屋宅使用者有什麼傷害，但通常住家會用來養鴿子或堆放一些雜物。如此則居家會出叛逆子孫、桃花、財運差，此為逆倫煞；若是公司、辦公室有這種風水格局，則會發生員工不服上司，向心力差、業務推展困難的狀況，嚴重者，甚至會遭員工洩漏公司機密，讓公司產生虧損。

頂樓加蓋比例不恰當的小屋，則家人或員工向心力差，易遭背叛。

化煞開運

　　如果您的家有如同劉先生公司的風水格局，應盡速拆除上方的小屋，或擴建成與本屋一般大。如果無法更改，化煞開運的方式，平時將頂樓小屋的門窗打開，讓室內通風，或是將頂樓變成空中花園，種植多一點闊葉

植物，佈置一些流水裝置，化散煞氣。

　　大屋上面蓋小屋的房子，易有悶熱與宅氣膨脹的問題，使宅氣不流通，導致工作運不佳，以房子主體結構來看，大屋上面蓋小屋需先考慮到房子主體結構的問題，房子的地基、建築結構強度是否能承受新建的小屋，小屋與主體結合的地方若處理不當，很容易造成龜裂、漏水的問題，所以在頂樓加蓋小屋前，請務必三思。

風水危機
67

從住家頂樓加蓋，化解竊盜危機

門面如監牢
牢獄之災難避免

案例

　　馬畢（化名）的家從正面看過去有一條一條的直柱，雖然頗有設計感，但從另一種角度來看，也可以說形狀像是監牢，這會讓住在裡面的人很鬱悶，有坐牢的感覺，在家裡坐牢還好，如果莫名其妙坐牢，就真的很倒楣，馬畢就是那個倒楣的人。

　　原來馬畢透過小學同學介紹，認識而近一步交往的女朋友，竟是某富商的小老婆。厭倦地下戀情的小老婆，下定決心要跟馬畢共渡一生，富商得知她要嫁給馬畢，立刻找馬畢談判，並開價三百萬，請馬畢馬上離開他的小老婆，但馬畢拒絕了，兩人結婚後，富商氣急敗壞，向馬畢放話總有一天讓他吃牢飯。馬畢認為，自己安份守己，不為非作歹，怎麼可能坐牢，但是馬畢錯了，他忘了有錢人能將是非混淆，尤其是買通沒良心的人，有錢人更是箇中好手。

　　富商買通了六個人，向警局檢舉並作偽證，誣指馬畢是橫行地方的大流氓，曾經拿著槍威脅他們，因證人指證歷歷，法院因此裁定將馬畢送進監獄管訓一年六個月。

　　蒙受不白之冤的馬畢出獄後，卻已人事全非，父親中風去世，妻子也已離婚求去，馬畢開始為自己的冤獄上訴，歷經多年纏訟，法院終於還給馬畢清白，並決定給他三四〇萬元的冤獄賠償金。

風水病因

馬畢房子門面設計成一條一條的直柱，形狀像是牢獄，此為牢獄煞。居家會使人心情煩悶、事業難發展、是非多；如果是公司、工廠則官司糾紛不斷、業務發展困難。住宅的大門是門面，代表主人的身分和地位。如果門面被門柱擋住，想必很難揚眉吐氣，門柱除了筆直之外，千萬不能彎曲，或擋住開門出去的視線，彎曲的門柱有損主人的尊嚴，也形成屋宅氣場不穩定，讓住居者心情容易緊張難安，隨時出現情緒不穩的狀況。

從馬畢家的門面來看，馬畢家前的迴旋空間太小，一般而言開門出去，放眼所見寬闊明亮，對人的心理有良性幫助，所以不管是買屋或是租屋者，看房子不只是看屋內空間的大小配置，還要看屋外視野，如果住居者往外看的時候，視野被柱子、電線桿等等障礙視線，也會像馬畢一樣，像是被牢柱給圍住一般，光從視覺觀點來看，這種房子就不太適合人久住。

化煞開運

這種情況下只有請設計師重新修改門面才是一勞永逸的最好方法。

風水危機 69　從屋宅形狀找開運物
化解網路謠言攻擊

案例

　　有一家美語諮詢顧問公司，座落在補習街的一角，這家美語諮詢顧問公司的門面很奇特，門面設計猶如牙齒外觀，有一名章姓女子，曾花了十幾萬向這家美語諮詢顧問公司購買了一年美語課程，上完課後卻在網路上對該公司散佈「一個超級爛美語公司，騙人的黑店」等負面評價訊息，該公司發現後一狀告上法院，章姓女子被依誹謗罪嫌起訴。

　　章姓女子抱怨美語公司上課品質不是很穩定、老師的流動率也很高、老師不會教，並在文章中題到，很多人都向消基會申訴，消基會已接到太多關於這家美語公司的申訴。章姓女子稱自己所寫的文字，是親身經歷，並無毀謗情事。但是檢方認為，章姓女子所發佈的訊息，已逾越親身經驗。承辦檢察官認為，章姓女子並未向消基會查證，是否有很多人投訴這家美語公司，此部分網路言論，明顯超出個人親身經歷的感受，最後檢方依誹謗罪嫌起訴她。

　　美語諮詢顧問公司董事長表示，希望此一案例，有助遏止匿名傷害企業的網路歪風，美語諮詢顧問公司未對被告要求民事賠償，要的只是一個道歉及公道。消基會給章姓女子的建議，是希望章姓女子，要仔細的找出具體的證據，如果對購買的產品不滿意，若上網提醒其他消費者，務必陳述事實，不要有情緒性的字眼，以免觸法。

風水病因

　　美語諮詢顧問公司房子的門面形狀，像牙齒狀的外觀設計，會產生什麼影響？房子的門面，有形狀像牙齒狀的外觀設計，此為齒形煞。住在裡面的人會有血光、開刀、口舌官符等事情；如果是公司、工廠則員工容易發生意外。公司門面呈牙齒狀，從風水角度上來判斷，凶煞很多，公司運氣容易反覆多變，人心不穩，加上房子本身動線不良，採光不佳，格局不優或缺角多，居住的人家容易產生血光之災，尤其在外出方面的意外。所以居住者在買屋或租屋時，對於某些奇形怪狀的房屋形狀，要小心，不要住進這類的房子。因為房屋形狀不正常，人的氣運也會跟著不順，形象不吉者人難住，吉凶禍福一望便知。

1. 適宜居住家屋外觀形狀，宜方正、平整、潔淨為佳。
2. 不適宜居住家屋外觀形狀，如尖形、缺角、斜削、太高闊、太矮小、不對稱的房子。

外觀有如一顆顆牙齒，一樓的柱子也像尖尖的獠牙。

化煞開運

如果你家類似美語諮詢顧問公司，這類奇形怪狀的房屋門面，宜請設計師重新設計門面。這種怪建築若想對外出租，恐怕很難，而在裡面辦公的公司，由於裡面的陰氣太重，生意也不會太好。因此買屋租屋者在選擇住宅時，一定要留意房屋門面、房屋整體外觀形狀，一些形狀怪異、樣子奇特的大樓、透天厝，不要貿然選擇。除了樓房本身的形狀之外，位於對面的建築物的形狀也應注意。針對形狀不協調的房子，可以針對房子缺角的方位，擺設不同的開運物。並選吉日擺放，可改善屋形不良的風水格局。

馬形開運物

如果房屋形狀不協調，又缺角在西北方，這種房子對四十六歲以上的男性健康有影響，家人也容易出現高血壓、失眠的毛病，可在西北方缺角方位，擺設馬形的陶瓷、銅、木原料製作的飾品開運。

牛形開運物

如果房屋形狀不協調，又缺角在西南方，可在這個缺角的方位，擺一隻牛形的陶瓷、銅、木原料製作的飾品開運。這種房子對四十六歲以上的女性身體健康有不良影響，家人容易出現腸、胃等腹部毛病。

龍形開運物

如果房屋形狀不協調，又缺角在東方，可在這個缺角的方位，擺一個龍形的陶瓷、銅、木原料製作的飾品。這種房子對三十一～四十五歲的男性身體健康有不良影響。且家人容易出現足部毛病，也較不易生男孩。

雞形開運物

如果房屋形狀不協調，又缺角在東南方，可在這個缺角的方位，擺一隻雞形的陶瓷、銅、木原料製作的飾品。這種房子對三十一～四十五歲的女性身體健康有不良影響。且家人容易出現坐骨神經痛、不孕症等毛病。

豬形開運物

如果房屋形狀不協調，又缺角在北方，可在這個缺角的方位，擺一隻豬形的陶瓷、銅、木原料製作的飾品。對十六～三十歲男性身體健康有不良影響。家人容易出現腎臟、膀胱、泌尿系統等毛病。

鳳凰形開運物

如果房屋形狀不協調，又缺角在南方，可在這個缺角方位，擺放鳳凰形的陶瓷、銅、木原料製作的飾品。這種房子對家中十六～三十歲的女性身體健康有不良影響。且家人易出現眼睛、心臟、血液循環等毛病。

狗形開運物

如果房屋形狀不協調，又缺角在東北方，可在這個缺角的方位，擺一隻狗的陶瓷、銅、木原料製作的飾品。對十五歲以下的男性的身體健康，有不良影響。且家人容易出現關節、燙傷手部等毛病。

羊形開運物

如果房屋形狀不協調，又缺角在西方，可在這個缺角的方位，擺一隻羊形的陶瓷、銅、木原料製作的飾品。對家中少女或十五歲以下的少女的健康有不良影響。且家人容易出現口、舌之毛病、呼吸系統不好。

重新裝修屋外牆面
化解怪病危機

風水危機 70

案例

　　每天忙著工作的老孫，早出晚歸，很少注意到房子前面有磁磚或油漆剝落，年久失修的房子，就像患了皮膚病一樣，屋皮皺皺的、醜醜的，沒想到幾年後老孫自己的皮膚也出問題了。他常常感覺鼠蹊部搔癢，有時癢到受不了，抓到破皮，到醫院檢查為異位性濕疹。經過藥物治療後，在很短時間內痊癒，不過，半年後又再度復發，癢的地方有不斷擴大的跡象，雖經治療後再度痊癒，但從此就這樣每隔一段時間皮膚病就會復發，似乎沒辦法斷根，這讓老孫感到萬分痛苦。

　　後來經人介紹請筆者去做風水鑑定，我只是選了個好日子請他將房子前面有磁磚破損或油漆剝落的地方重新再粉刷整修，加上內部格局一點點簡單的調動，經過三個月之後，身上的皮膚怪病就漸漸痊癒了，而且從此不再發作。

風水病因

　　老孫房子外牆有磁磚或油漆剝落，會對老孫有何影響？老孫房子外牆有磁磚或油漆剝落，形如瘢痕，此為「瘢痕煞」。以風水學觀點來看，房子的外牆就是房子的皮膚，外牆磁磚剝落，形如瘢痕，如同房子得了皮膚病一般，人住在這樣的房子裡，接收到風水磁場的感應干擾，人的皮膚也

外牆磁磚剝落，久而久之會影響居住者的健康。

會相應而出現問題。所以如果當作住家的話，則家人皮膚不好、肝機能變差，家運漸退、嚴重者會犯官刑；如果是公司、工廠、商店則生意變差。

化煞開運

請精通擇日的老師選擇一個好的日子與時辰，將外牆重新整修、粉刷就可以了。

風水危機 71 藤類植物爬屋門 神經錯亂變瘋臉

案例

　　小李的房子很久都沒整理了，房子門前長滿一堆藤類植物。兩年前小李的父親去世給他很大的打擊，以致於出現輕度的精神異常，之後又因為失戀，開始出現失眠、自言自語，鬱鬱寡歡、呆滯等表現。嚴重地影響了小李的生活及工作，後來小李變得容易有幻想，深怕有人會殺了他，變得害怕跟人接觸，最後一直失業在家。有一年夏天，他突然發瘋連連砍傷五名路人，其中兩名傷者因傷重不治。小李在法院承認誤殺及蓄意傷人等罪，法官在參閱小李的兩份精神科報告後，確認他對社會構成危險，判他入精神病中心，接受無限期的精神治療。小李當天殺人的時候，據他事後的口供表示，他突然看到房子門前長滿一堆藤類植物裡，有人從門外伸進很多手要殺他，他為了護衛自己，去廚房拿了尖刀，出門看人就砍，首先用刀砍向兩名女性路人，其中一人中刀不治，另一人則重傷。然後他又跑到附近一家大樓，用刀刺傷值班的保全，然後再到大樓中的其他住家襲擊跟他無怨無仇的人，其中多人傷重送醫。小李原被控謀殺及企圖謀殺罪，但他以精神問題為由，改認誤殺及蓄意傷人，判無限期住院治療。

風水病因

　　小李房子門前長滿藤類植物，會對小李有何影響？房子門前長滿藤類植物，遮住陽氣進來，又形狀有如瘋臉，此為瘋臉煞；居家會使家人體弱多病，腦神經容易出問題；若是公司、商店則會賺錢困難，客源流失、對到的房屋則會使人產生精神方面的疾病。

　　風水中居家植物最忌諱爬藤類和小葉類。這種植物一則陰氣較盛，二則纏繞不清，家裡是非會比較多。爬藤類的植物必須仰賴更多的濕氣才能生存，室內絕對不適合種植。有些樓房外觀也被藤蔓遮住，在風水的角度看來是不吉之兆。藤類植物的特殊說法在建築風水學上，藤類植物為「騰蛇」，屬陰性，是麻煩、困擾、糾紛、精神異常的象徵，所以，不主張多使用藤類植物。但因藤類植物有其獨特的觀賞、避陰的特性，故人們多喜愛之。所以，如果使用，建議在稍遠離建築的地方設置。在陰氣重的陰暗之所也一定要迴避之。

外牆爬滿植物，看似清幽，實則不吉。

屋宅內外除了藤蔓類植物會引起煞氣之外，還有許多容易引起煞氣的東西，會造成危害，如以下所列，須要注意。

树　木： 大樹逼近庭園、宅房，影響陽光、通風、奪地氣，尤其晚上亦排放CO_2，陰氣較重，影響健康、家運，樹形奇怪、長瘤狀者帶病、煞氣較不吉，開門正沖大樹，宛如當頭棒喝，凶氣重。樹枝觸宅牆，出陰氣、病氣，樹枝葉乾枯，會影響宅內人健康氣運。

路　燈： 路燈優點可美化環境、照明、提升或收轉地氣，但是切忌宅門正對。

欄　杆： 開門見鐵欄杆，家運如監牢，發展容易被困住，也容易引起刑事訴訟案件。

石　頭： 石頭屬陰性物質，門前或庭院大石，易擋住財路、車禍、意外多，容易患心臟病，或發生墮胎情事，石頭若在後院或宅邊則無妨，門前有亂石堆對小孩也不好，奇形怪狀的石頭也不宜放在庭院中。

遮　棚： 門前有遮陽棚或遮雨棚，棚子最好能透光，不宜有植物攀附，遮棚不可太低矮、太下垂，或用深色遮棚，這會讓屋前明堂暗沉，氣不流暢、開朗，明堂太陰森神秘，使家運不開，家中人會個性孤僻古怪。

陽台植物： 陽台植物太大、太多、太雜會出煞氣、病氣，植物遮住窗戶，明堂受阻會影響家運發展，人住其中易犯官司是非、刑訟、健康不佳。

煙　囪： 高大煙囪排出穢氣接近房子，如同「當頭棒喝」會產

生負能量，煞氣凶，然而若在東、東南向500M以外，可當「文筆星」主科名、才華、文昌。

排油煙口： 排油煙口穢氣多、五味雜陳、影響健康，若正對前門口，煞氣逼人，要注意。

化煞開運

　　家中門前長滿藤類植物，遮住家中陽氣，犯「瘋臉煞」，可擇日清除掉藤類植物即可。除了門前植物之外，室內植物也不宜有過多的藤類植物流竄，最好以闊葉類為主，因為葉子大可以擋煞，又可以吸收天地的能量，而葉子小或是會纏繞的線型植物，基本上都屬陰，會吸我們的能量，最好不要擺。家居風水的理論認為水瓜藤、牽牛花、爬山虎、炮仗花等藤類植物，屬陰性植物，陰氣比其它植物重些，擅長吸收陽氣，所以不宜放在室內。藤類植物放在戶外反而是最好的選擇之一，因為戶外陽氣比較足，從而起到陰陽調和的作用，另外藤類植物不宜靠近臥室的窗邊，容易讓戀人感情一拍兩散。

　　藤類植物有某些害處，並不代表居家不適合種植植物，有些植物對居住者有開運化煞的功效，利用新鮮植物可以輪轉室內氣流，有效阻擋房中煞氣。

　　利用植栽加強好運能量，首先要挑選有生命力的植物，以辦公室來說，玄關可放置發財樹，讓進門就發財討個好兆頭。辦公室可放開運竹增強文昌運，獨立庭院的透天房子，可保留小花園，種植喜歡的花草，賞心悅目又開運。高樓陽台則要依其視野所及的外部狀況，決定植物種類，如果屋外有壁刀煞、屋角煞，可擺放九重葛、仙人掌化煞開運，也可種植桂花招貴人，種松樹可讓事業、健康運開順遂。臥房和廚房以種植鮮花為主；廁所可放黃金葛加小燈來照射以消除穢氣。

植物種植方式不同，化煞開運效果不同，土耕綠色植物，象徵旺財，財源穩定；水耕，耕盆植物則可加強文昌的磁場。樓梯轉角等尖銳的轉角處，可在附近擺放大型綠色植物美化空間化煞開運。

　　植物顏色以鮮亮豐潤為主，開運顏色包括紅、橘、黃以及紫、藍、粉白色。黃花可招財；清雅白花可淨化磁場能量；討喜的紅花則象徵吉祥，能帶來好運氣。擺放時數量以六或其倍數為宜，花形以球形、喇叭形圓葉植物最討好。

　　擺設植物盆栽的方位，可在廚房及冰箱上方、大門進門兩側四十五度角、梳妝台、床頭櫃擺放劍蘭、馬拉巴栗、觀賞鳳梨、銀柳、金桔、荷包花，有助化解口舌是非，讓財運到來。

　　子女臥室、浴室可擺放百合、康乃馨、繡球花、芙蓉，以促進全家人和諧氣氛祈求闔家平安，加強幫夫運。想求桃花與貴人可在臥室窗邊、書桌、辦公室，擺放玫瑰、百合、蘭花、康乃馨、萬年青，來調整人氣。

盆栽擺對方位財運來。

導致情殺危機的風水格局

　　孫志彬、張雅若與李漢行，三個人從小就是好朋友。長大後即使張雅若嫁給了孫志彬，李漢行依然難忘情於張雅若。張雅若也曾幾次瞞著孫志彬，偷情於李漢行。但張雅若並未完全放棄家庭，沒有想跟孫志彬離婚。

　　雖然李漢行多次糾纏她，希望她能離開孫志彬。不過，張雅若還是選擇回到孫志彬的懷抱。有一天，李漢行與張雅若講電話，李漢行在電話中一直懇求張雅若離開鄉下，到城裡跟他一起工作。不過，張雅若放不開孫志彬，拒絕了李漢行的請求。這深深的拒絕刺痛了李漢行的心。放下電話後，李漢行只拿了幾件簡單的衣服，便從城裡趕回鄉下去。回到鄉下之後，他直接殺到張雅若家，進屋後不由分說，將張雅若帶到屋後的一個岩洞裡「聊天」。張雅若當時在李漢行手中握有凶器的情況下，被脅迫進入岩洞。最後，張雅若被李漢行的水果刀刺中胸腹部，致失血過多死亡。辦案人員第一時間趕到現場，但熟悉地形的李漢行已遁入另一個岩洞，由於當地有些岩洞很窄小，只能容一個人爬著進出，而且洞洞相連，貿然進入不太合適，辦案人員便安排特勤進行蹲守，等待李漢行出洞。辦案人員藉由警犬協助鎖定了目標岩洞後，對洞內喊話，規勸李漢行投案自首。在洞內僵持了三十幾個小時的李漢行爬了出來，在村長的陪同下自首，結束了這場令人唏噓的桃花劫。

風水病因

這場桃花劫在於房子圍牆裡面的花，翻出牆外，因此使得家裡的人犯桃花。房子如果是子午卯酉座向會更靈驗，翻出圍牆的花越來越密，應驗桃花會越多；同時也阻擋氣進來，所以人丁會出走，家人容易生病，財源也會流失。容易犯桃花的風水格局，除了圍牆裡面的花，翻出牆外，在家裡擺空花瓶也容易犯桃花劫，以風水的角度來看，空花瓶帶煞帶邪，容易惹來桃花劫，進而導致被騙財騙色的事情發生，所以想讓感情平順的人，不宜在家中擺放空花瓶。

橫樑壓床頭，容易有壓迫感，同時也會間接地讓愛情產生過多的猜忌，進而引起夫妻之間因感情爭吵犯桃花劫。臥房的下方是車道、騎樓、走廊，夫妻每天睡覺的時候，人在床下方進進出出，睡覺無法安穩，會招來嚴重的桃花劫，而且不是只有一次而已，會連續地一直發生。

花朵翻出牆外易導致犯桃花。

如果大廳光線陰暗，一進門就可見到爐灶和水龍頭，這種格局會導致房子陰陽失衡，在風水上非常不利夫妻感情。

如果家中兩臥室房門相對，形成兩張口對罵，會導致夫妻感情不和。

還有就是，房子中使用過多的石材、玻璃和金屬材質，給人冰冷的感受，易導致夫妻感情淡薄冷戰，最後可能一方受不了，做出失去理智的事，臥室中擺放太多銳角家具，或有牆角、柱角相衝，容易引起夫妻吵架，影響彼此感情。

🧭 化煞開運

如果是房子圍牆裡面的花，翻出牆外，只要把花修剪掉即可，若是能連根拔起更好。不只花可以引起桃花劫，鏡子也會。鏡子反射到臥床，容易引發桃花劫，出現第三者。所以，在主臥室內，擺放鏡子就要格外謹慎。

房子後方全封閉
宅運衰退生意難做

案例

　　這家小炒店，廚房在後方，與別人家後方的廚房相對緊貼，沒有防火巷，沒有後門，只能從前門進出。

　　這條街上原來有十家各式店家，現在只剩這一家小炒店了。從小炒店褪色的牌匾被燻得泛黃的痕跡，可以看出這條商店街的興衰，僅僅還是一年多前，這條街上還不時能看到人潮來來往往，而現在的街上冷冷清清，再沒有往日熙來攘往的吵雜聲。那個唯一留下來的小炒店，老闆只是傻傻地坐在那裡，等著客人上門，來的客人幾乎是外帶個便當就走了，沒人想坐在這裡吃飯聊天。小炒店老闆回憶說，大概是半年前的某一天早上，突然三家店就這麼停止營業了，再過了兩三天，兩家店又消失了，雖然事先大家都知道，在這裡做生意遲早會關門，但是變化太快了，才不到幾天就關了五家店。

　　接著陸陸續續多家房屋仲介店家，沒多久也都消失了，政府打房措施一啟動，所有本來想買房子的客戶突然不買，每個人不想再炒作房地產，房產買賣突然變得冷清。現在小炒店老闆望著空盪的街道，只能苦中作樂，跟自己家的小狗在店裡一起看店了。

風水病因

　　小炒店屋後無防火巷，房子後面廚房緊貼另一家廚房，形成有前門沒有後門，犯了所謂的閉氣煞。當做住家會使宅運漸退；如果當做店面、公司、辦公室則業務發展越做越退縮。小炒店無後門，大門入氣口，後門為排出穢氣的出口，如果穢氣無法排除，日久必有病痛發生，不管是買屋或是租屋，挑選住家，首重氣口，氣口不順，如人的氣血不通，不只影響身體健康，氣運也會隨之衰敗，短期內也許看不出來，住久了必有凶應產生。

　　以小炒店所在的商店街，大門有進氣口，後門卻無出去口，如同氣球不斷灌氣，人在此處經營店家，久了之後，腦筋會不清楚，經營策略會茫然無方向，最後關店收場居多。

　　一般而言，有前門無後門，是宅氣不通，宅氣太鬱悶。另外一種是宅氣流動太快，無法聚集旺氣，宅運散亂，對居住者有害，最常見的是大門氣口正對後門氣口，氣入氣出一線之間，洩氣一瞬間沒有保留，財氣難聚。選房子最忌諱的，當大門氣口吸入好的地氣之時，結果卻被屋內穢氣

房子後方全封閉，宅運衰退生意難做

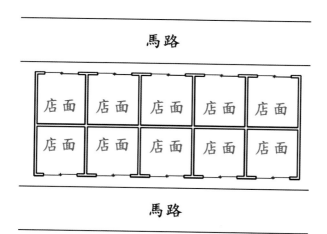

只有前門後方完全封閉，則氣閉不通，財運家運都會漸漸退敗。

混亂，最常見的是房子中心位置，有廁所、廚房，因為當地氣從大門入口進入屋宅之時，首先會在房子中心盤旋環繞整個空間，在環繞之時，中心點有廁所、廚房臭氣油煙干擾，旺氣難聚，濁氣不斷衍生。租屋買屋者請多留意這些屋宅氣口流動問題，必保平安幸福。

化煞開運

遇到小炒店這類閉氣煞的房子，可重新油漆一次，讓房子看起來視覺舒適化解煞氣，如果可以，想辦法屋後開窗，開窗就不會閉氣，假如沒辦法時，就開側門或側窗，吸納自然光線和空氣進入室內，使空氣對流衝散悶氣。

窗外視野好，家運自然好。

窗戶位置所望出去的視野，不宜被建築物擋住，尤其是被水塔、電線桿等這類刺眼的建築物擋住。另外要注意窗戶為宅之眼，眼不能看不淨之物以汙染心靈，所以窗戶位置所望出去的視野，不宜見醫院、殯儀館、墳場、監獄、廟宇、屠宰場、垃圾場、色情行業等不淨的凶煞地方。此外，破損的窗戶要盡快修復，避免造成居住者眼部方面的疾病。

風水危機 74 陽台突出太多，身體長瘤機會大

案例

　　老楊房子的陽台，比一般住家陽台突出很多，形狀好像這棟房子有一顆肉瘤長在肚子上，老楊作夢也沒想到，這棟房子肚子上的肉瘤，會長到自己的肚子裡。身體強壯熱愛運動的老楊，不菸、不酒、不熬夜，沒有不良的生活習慣，但是住進這房子三年之後，有一天突然持續腹痛，老楊本來以為自己吃壞肚子，到廁所拉完肚子後，竟發現馬桶裡有血，到醫院檢查後，發現胃部竟有直徑長達12公分的腫瘤，經檢查確診患上「胃腸道基質腫瘤」。這種腫瘤為可致命的胃腸道腫瘤，像老楊這種高風險患者，手術後逾半會復發。胃腸道基質腫瘤成因不明，跟老楊的遺傳、生活和飲食習慣無關，患了這種病的人，可能會有持續腹痛、吞嚥困難及便血等病徵，但初期病徵不明顯。

　　老楊由於發病時腫瘤直徑已達10公分以上，不可以手術切除，主治醫生讓老楊服用特效藥，令腫瘤縮小至4公分，才由外科醫生切除腫瘤。手術後老楊需持續服用抑制腫瘤藥方一年，以防止腫瘤再次復發。老楊的主治醫師說，即使服用特效藥，仍會有50%的復發機率，換句話說，老楊的命有一半在鬼門關徘徊，隨時有被死神招喚的可能。這種病復發後就幾乎不能根治，只能以藥物續命。但特效藥治療副作用較多，會出現嚴重肚瀉及嘔吐等症狀，由於老楊所用的特效藥，是為列管藥物，只有像老楊這

樣，腫瘤已擴散及不能以手術切除患者可獲資助，如果自行付費者藥費每年高達二十多萬。幸好老楊的病可獲政府補助，也算是不幸中的大幸。

風水病因

老楊房子的陽台突出太多，會對老楊有何影響？

陽台突出太多，形狀有如凸腹，此為凸腹煞。當作住宅則家人容易長瘤、身體變差。陽台是屋宅的重要氣口之一，陽台氣場格局不對，人住其中容易出現許多意外事件，有幾種陽台犯煞格局應儘量避免。

犯煞格局一： 陽台正對廚房，穿心煞格局，會使家中聚少離多。

犯煞格局二： 陽台正對住宅大門，外人一眼從陽台看屋內，不利於家庭的隱私。

犯煞格局三： 陽台變成臥室或書房，對人的健康和學業很不利。

犯煞格局四： 陽台外有電線桿、電線，對居住的人不利。

犯煞格局五： 陽台封閉、通風不良，易使人出現噁心、頭暈、疲勞等症狀。

犯煞格局六： 陽台下方鏤空，對人的心理健康十分不利。

犯煞格局七： 陽台面對兩幢高樓之間有一條狹窄的空隙，有血光之災。

犯煞格局八： 陽台面對街道直衝而來，如猛虎迎面直撲，主家中破財。

犯煞格局九： 陽台面對尖角沖射，導致家門不安、病痛多。

犯煞格局十： 陽台面對鋸齒形建築物，看起來似一排尖銳鋸齒，屬另一種尖角沖射。

犯煞格局十一： 陽台形狀為圓形如腫瘤，沖射屋宅周圍，對居者不吉。

🧭 化煞開運

　　你家陽台如太過突出，屋宅若當元得運則平安無事；若失運之宅須用「琉璃龍柱」鎮壓。除了琉璃龍柱開運之外，可在室內窗戶掛一天然葫蘆，蓋子打開口朝外。陽台化煞開運法，可從光線、角度、擺設、氣味來佈局。

🏠 光明開運法

　　陽台代表貴氣，保持陽台的暢通，讓貴氣與財氣能流通，並且定時打掃之外，再以除穢噴霧劑噴灑較陰暗的角落，徹底除穢，拉抬好運！前陽台貴氣流通，光線明亮，可幫助自己的貴人運，對出外人際運勢有幫助，後陽台貴氣流通，整齊清爽，可拉抬暗中相助的貴人運，所以保持陽台的整齊乾淨，是招來貴人運的首要條件，切忌別讓陽台堆放太多雜物，擋住你的貴人運。另外一種開運方式，我們可藉由薰香來化解陽台煞氣，可淨息轉化心念磁場，有利於強化人際關係，滿足一切祈願！

🏠 綠活開運法

　　在陽台可擺設不同的開運植物化解煞氣，但是切忌不要種太多植物在陽台，避免氣場雜亂，開運以綠化環境，也具有美化視覺的效果，同時也能為你舒緩壓力，讓你各方運勢都加分！陽台植物可分為「化煞植物」與

「開運植物」。

「開運植物」的用途，是當陽台外無任何沖煞產生，這時可擺放開運植物，增旺加運。

開運植物一： **橡膠樹**，樹幹直挺拔，繁殖力強而易種植，富旺宅之生氣。

開運植物二： **發財樹**，幹莖粗壯，樹尖而蒼綠，耐種易長，旺家活力朝氣。

開運植物三： **搖錢樹**：葉長色墨綠，蔭生富貴氣，陽台陽氣，可強旺富貴氣。

開運植物四： **萬年青**，樹葉厚肥具生命力，葉大如手掌伸出，向外納氣接福。

開運植物五： **金錢樹**，葉圓豐滿，易於生長，吸收外界金氣，利家中運財。

開運植物六： **鐵樹**，葉狹長，中央有黃斑，可補住宅之氣血，生旺宅氣。

開運植物七： **棕竹**，樹葉窄長如竹，可保住宅平安。

「化煞植物」的用途，是當陽台外有尖角沖射，街道直衝，街道反弓，又或者面對寺廟，醫院及墳場等等惡劣煞氣，這時不適合擺生旺宅氣的開運植物，而是適合擺仙人掌、玫瑰、杜鵑等等化煞植物。

化煞植物一： **仙人掌**，仙人掌莖粗厚多肉，滿佈針刺，擺放在陽台，可以化解外煞。

化煞植物二： **龍骨**，外形獨特形似直立龍脊骨，幹莖挺拔充滿力量，擋煞效果強。

化煞植物三： **玉麒麟**，生長姿態橫向開展，形似石山，鎮宅有力，化煞力道穩重。

化煞植物四： **玫瑰**，艷麗多有刺，色美卻不可侵犯，兼具化煞與美觀雙重功能。

化煞植物五： **杜鵑**，葉茂盛而尖，易於種植，不錯的化煞植物。

住大樓一樓住戶，有些住家有花園沒陽台，但是可將植物放於窗邊，一樣具有化煞開運功能。

陽台擺對開運化煞植物，有助家運提升。

75

大型障礙物蓋頂
引起不明頭痛危機

案例

　　小靈租的大樓套房，大樓屋頂有很大的廣告看板，專門為某些公司作商業廣告，從小靈的房子外觀看起來，好像是一個人的頭頂頂著千斤重擔，光看這棟建築就令人感到頭疼，這種頭痛的感覺，不久就傳到小靈身上。

　　由於小靈工作壓力大，老是頭痛、頭暈，下班後也覺得很累，吃營養品、止痛藥還是全身無力，就醫檢查發現血壓飆高到250，服用五種降血壓藥才控制住；後來檢查為腎臟腫瘤作怪。她的主治醫師說，她左腎上方有一顆2公分腫瘤，疑原發性醛固酮增多症，所造成繼發性高血壓，小靈本來有服用降血壓藥，但是效果不佳，後來服用包含鈣離子阻斷劑、血管擴張劑、利尿劑等五種不同作用機轉的降血壓藥，才把血壓控制住，小靈的腫瘤經手術切除後，血壓已經趨於穩定，復原狀況良好。小靈的主治醫師表示，小靈犯的繼發性高血壓，是由某種病症引起的高血壓，必須找出病因才能有效控制。但是小靈的主治醫師，還是沒找出引發她頭痛病因。沒想到，就在小靈搬離原來的房子之後，頭痛就不藥而癒了。

風水病因

　　小靈房子屋頂有很大的障礙物，會對小靈有何影響？房子屋頂有很大的障礙物，含大型廣告看板或堆很多雜物，犯了蓋頂煞。居家容易有頭痛的疾病，難出頭天；若是公司、商店壓力大、賺錢辛苦。

　　屋頂風水，有平頂和坡頂之分，坡頂又分為單坡，雙坡，四坡等。三角形的屋頂斜度大，這種屋頂使屋內外氣流變得異常，不利於身體健康和財氣聚集。最好把屋頂改造成較柔和的形狀，美觀又符合風水要求。

　　一面坡的屋頂，容易讓強烈陽光直射房間，導致宅氣失衡，使居住者身體韻律不正常。這種變形屋頂使居住者容易變得神經質，歇斯底里，抑鬱成疾。圓形的屋頂不適合用於住宅，適合陵墓、墳墓、道觀、廟宇、祠堂等，故作為住宅屋頂較不吉利。平坦的屋頂熱傳導較為迅速，使屋內變得忽冷忽熱，對人體健康不利。屋頂中間過高，兩邊較低外觀呈孤獨之

相。中間過高兩邊較低屋頂呈「山」字形五行屬火，雨水衝下的速度也就加快，建築材料受水的侵襲也就增多，容易腐爛，而屋頂的連接處易受到不良影響，這類屋形如同斜度大的三角形屋頂一樣，不利健康和財運。

化煞開運

如果你家屋頂像小靈房子屋頂有很大的障礙物，只要拆掉或清除掉障礙物即可，若暫時無法拆除，則須置放「琉璃六神金字塔」。所謂的六神就是，青龍、白虎、螣蛇、勾陳、朱雀、玄武這六隻神獸。

琉璃六神金字塔簡介

六神在風水學代表屋宅東、南、西、北、中（左、右、前、後、中）六種守護神，這六種守護神分別是東青龍、西白虎、南朱雀、北玄武、勾陳螣蛇在中間。如果屋宅座北朝南，那從屋內望出去，則方位分別是左青龍—東方、右白虎—西方、前朱雀—南方、後玄武—北方、勾陳螣蛇—中央。

琉璃六神金字塔

左青龍—東：當你坐在家中客廳或是從玄關面對家中大門，左邊也就是所謂的青龍邊了，太陽東起，陽升之位，以祥龍代替，東邊「青龍」屬春木，主人住所應設於此，稱為「東家」。龍邊是陽方，因此大門出入口望出去，左手邊為青龍方，走道也要設在青龍方，如此陽氣便能照入，陽氣暢行無阻。青龍方宜長、高，不宜低。龍方長高時，屋主人健康、事業、貴人等較易得體、氣勢強。青龍方低時，屋主人位不正、文昌差、權威氣勢弱、體弱。青龍在風水上代表河、水、樹等，青龍臨水是聚財之宅，請盡量選擇左右兩邊較無沖煞的屋子居住，才不會使人做事不易伸展，常遇阻礙。

右白虎—西：白虎方宜低，不宜高。白虎方高時，表小人當道、行事受

干擾、奴欺主、小孩不聽話、口舌不和。居住者個性脾氣差、人事不和、多是非、女人掌權易病。白虎在風水上也代表路、孤山，流水向南，白虎方不當，宅中之人病傷纏身、災難、血光、爭奪戰等。宅中之人子孫不聽話，逆反心強或身體多不吉。

前朱雀—南：主發展、公關、人緣、人脈、心胸、氣度開拓性、人際發展、業務。朱雀方宜開闊、避開沖煞，可讓婚姻順利發展。朱雀方遇到尖形火行煞，住宅內居住之人易遇到火災，有官非口舌。朱雀方若有高塔、樹、電線桿或是突出物等，容易使居住此屋的人事業無前景，運途暗淡無光，所以請盡量選擇正前方無阻礙物的房子來居住。

後玄武—北：玄武是一種由龜和蛇組合成的一種靈物。代表穩定性、支持力。玄武的本意就是玄冥，武，是黑的意思；冥，就是陰的意思。玄冥起初是對龜卜的形容：龜背是黑色的，龜卜就是請龜到冥間去詣問祖先，將答案帶回來，以卜兆的形式顯給世人。玄武在風水上代表水坑、近水、沼。宜穩固，不宜低陷，屋宅後方低陷無靠犯小人破財，做事不牢靠，易出差錯。玄武方處理不好，宅中定出風流好色之人，說話華而不實，做事沒信用，多曖昧、隱私之事。宅中之人會遇到欺騙、蒙蔽之事，賭博必輸的事。可能從事的是賭博、貪污、受賄、小偷、娛樂場所、走私、販毒、逃漏稅等非法的工作。宅中之人有不正當性行為，家居不潔淨必定很髒。所以請盡量選擇房子背有靠的環境來居住，這樣不僅人住得較安心，也才能把好不容易賺來的錢留在身邊。

勾陳螣蛇—中央：在風水上代表中央，主田土、文章、契約之事。勾陳、螣蛇在風水學中。代表屋宅中央的陰陽二獸，螣蛇是有翅膀的飛蛇，能騰雲駕霧，也是一種神獸。中方主土、四季（或夏末），屬黃，代表地球本身，具有孕生萬物的能量；可加強根基的穩定；對個人，可怡情養神、延年益壽。中央方位如果規劃不當，則住宅不安，宅中女人多災，屋宅中央被視為陽宅的心臟，所以不應將廁所、廚房等污穢之地設置於此，以免中央系統

被污染；晚上或大年夜時，可將中央處的燈打開，傳說可保一年的光明。

「琉璃六神金字塔」聚集青龍、白虎、騰蛇、勾陳、朱雀、玄武六隻神獸的力量，風水上有任何的缺陷、損傷，或遭煞氣干擾，只要有六獸鎮守在此，即可彌補一切風水之缺損，同時六靈獸會在屋宅的上下前後左右形成結界，構成保護網，化解煞氣，轉為吉祥平安。

金字塔本身的特殊幾何造型，可以將天地間的能量聚集起來，再向四周發射出去。而火山琉璃的材質，本身就蘊涵著純淨強大的能量磁場，能夠將金字塔這種「能量集中→再發射」的特性充分發揮。

在運用上，可以將我們人身的「信息物」（例如毛髮、指甲）置入金字塔內部，選擇吉日良辰，將塔安置於特殊的「文昌位」上，則金字塔所匯聚的宇宙能量，將灌注於「信息物」上，再發射擴散出去，與我們人身產生感應交流，而發揮其鎮宅化煞、催旺文昌的效果。

廣告看板遮面
家運敗退，病纏身

案例

　　小敏是個小富婆，在商場上頗富盛名，小富婆很會精打細算，連自己家的房子二樓以上的外牆，也租出去當廣告看板，讓廣告看板遮住了他們家，不過這一遮，可把她老公的命也遮掉了。

　　小敏的老公有一天凌晨，從這棟廣告看板遮住的房子，縱身一跳墜樓身亡。根據小敏的友人透露，小敏的老公久病纏身，又在死前跟小敏有口角衝突，可能因不堪身心折磨而選擇輕生。那天小敏開完會回家休息，凌晨醒來卻突然發現老公不在身邊，於是到客廳找人，卻發現陽台有些凌亂，誰知，她往樓下一看，竟看到他墜樓身亡。

　　小敏的老公是個才華洋溢又能幹的人，最為人津津樂道的是他曾經獨自撐起一家公司，並創造年營收一億元的佳績。但是近幾年因罹患痼疾，已經不太管事了。而小敏也已逐漸淡出商圈，專心照顧患病的老公。小敏的老公以脾氣火爆聞名，這幾年也收斂了火爆的性格，跟小敏移居上海，過著半退休的生活。小敏到現在還想不通，老公是怎麼跳樓的，跳樓的時候，還撞到廣告看板，小敏望著血跡斑斑的廣告看板，淚不斷地流，心痛不已。

風水病因

　　小敏房子二樓以上被廣告看板遮住，會對小敏有何影響？房子二樓以上不可被廣告看板遮住，否則陽氣、旺氣進不去，此為遮面煞。家運自然退散、身體虛弱、百病纏身、錢財難聚，同時也會犯陰邪之事。

廣告看板遮住外牆，也擋住了旺氣。

化煞開運

　　當你租屋或買屋，如果遇到招牌、廣告看板擋住大樓，能拆除就拆除；一定要開窗讓光線進到屋子裡面來，這樣陽氣才會跟著進來。

風水危機 77 半圓屋頂如棺蓋 是非糾紛凶事來

案例

　　小D是一家電子貿易公司的總經理，他家的房子很特別，屋頂跟車庫都是半圓形建築物，有一天他在自己的家門前被三名蒙面歹徒拿棍棒狂毆，小D還奔跑到馬路上求救，最後傷重倒地。小D年紀輕輕才29歲，剛接掌家族事業，身價上億，不但經營貿易公司還有多家網咖分店，他懷疑是生意上的糾紛，才會被人毆打。小D表示，當時真的是太恐怖了。出事的地點，就在自己家門前，歹徒似乎熟知小D的作息，才會在他剛到家就下手。

　　看看小D的住家，是高級的透天住宅，樓下租給人做建材行。一年前，小D和另一家廠商曾經合夥做生意，但是廠商懷疑小D私吞生意所得，將他告上法庭，小D被判賠償，但是始終沒有進行賠償，這可能就是歹徒行凶的動機。

風水病因

　　小D家房子的屋頂、車庫都是半圓形建築物，因形狀很像棺材蓋，犯了「蓋棺煞」。棺材是冷的，居家會導致家人冷淡、親情淡薄、錢財不利；若是生意場所會有是非糾紛，凶事發生；被蓋棺煞對沖到的房子會發凶，而自己的房子也會發凶，若作為工廠則沒關係。

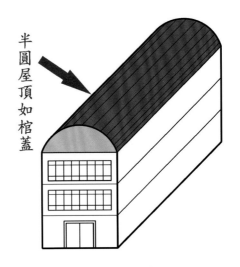

半圓屋頂如棺蓋

化煞開運

　　遇到「蓋棺煞」的房子可懸掛「九龍玉璧」化煞；但最好還是改變屋頂的設計。至於室內屋頂、天花板的裝修要注意，避免橫樑壓頂，也盡量避開頭上的燈、吊扇，燈和吊扇正在頭上，會讓人產生不安全感；屋頂天花板不要吊假花，假花不具備生命，不利屋宅生氣。屋頂天花板忌放有太極八卦等避邪物，有的人以為太極可以避邪，就自作主張，在屋頂懸

九龍玉璧

掛，其實亂掛東西，有時掛錯會生反效果。屋頂掛鏡子也很怪，有的朋友出於新奇、光線的考量，在天花板設置鏡子，這是擾亂住宅光磁場，不利宅運。天花板顏色盡量不要用黑色，黑色有烏雲壓頂的感覺，不利居住者

氣運。

　　如果你買了房子，想裝潢屋頂天花板，最好避免使用圓形、長方形、斜坡形、尖角形的形狀設計，這些形狀會讓人在視覺感官上產生不平衡的狀態，最好不要選擇這樣的設計，一般來說，有幾種不符合風水的屋頂形態設計，最好不要選用。如下列所示：

1. 避免選用星形角射狀屋頂，這種屋頂會傷害的居住者的氣運、財運。

2. 避免選用國旗型屋頂，這種屋頂會傷主人氣運，破財損丁。

3. 避免選用三層長尖型屋頂，這種屋頂會讓居住者破財、有病、帶來車禍血光之災。

4. 避免選用屋頂形狀長方內角帶直型，這種屋頂會讓居住者有車禍血光之災。

5. 避免選用雙層長方型屋頂，這種屋頂會讓居住者運勢下滑。

6. 避免選用正方凹入型屋頂，這種屋頂會讓居住者容易得病，對居住者氣運不好。

7. 避免選用正方帶立體圓型屋頂，這種屋頂會讓居住者破財。

8. 避免選用長方帶梅花型屋頂，這種屋頂會讓居住者身體氣色不好影響財運。

9. 避免選用長方菱形屋頂，這種屋頂屋角沖射，家人居住容易失和。

10. 避免選用棺材形屋頂，這種屋頂屋角沖射，家人居住容易發生疾病。

風水危機 78

地基比馬路低
財來財去留不住

案例

　　P小姐錢財流失，賺錢困難，陷入財務困境的泥沼中。她的財運就像她住的房子一樣，房子因地基太低，整個房子好像陷入一個萬丈深淵一樣，財氣沒法從大門進來，整個人為了錢陷入了地獄。P小姐三十一歲，就職於一家知名廣告公司，工作八年多，收入可觀。她的先生是竹科工程師，屬於那種忙碌勤奮，隨時會過勞死的乖乖宅男。P小姐的老公，每個月都會將自己的薪水交給她，家庭財產主要是由P小姐打理。

　　照理說夫妻倆的收入條件優渥，幾乎沒有什麼生活壓力，應該不會有財務危機，可是奇怪的是，家裡每個月連一塊錢都存不到，還欠一堆債。P小姐稱，家庭的日常開銷並不算大，但自己有好幾張信用卡，由於刷卡消費時根本沒有概念，每個月都亂買一通，夫妻倆吃好穿好的，每個月食衣住行方面，開銷非常驚人，每月賺的錢，都忙著跑到銀行繳卡債。還有，夫妻倆之前結婚時，所收到的禮金，聽朋友介紹買了一些不會賺錢的基金，到現在基金淨值還在虧損中，兩個人都不擅長理財，乾脆什麼財都不理了。面對亂作一團的家庭財務狀況，P小姐十分渴望能夠反敗為勝，及時讓財務步入正軌。目前兩人還沒有孩子，但已經計畫要生孩子。P小姐有一間三房兩廳的房子，家庭每月日常花費開銷主要包括水電瓦斯、父母的養老費、上班的通勤費、大樓管

理費、停車費等等，而目前家庭每月最大的開銷集中在信用卡還款。P小姐有五張信用卡，當中有些是自己申請的，有些是為了人情而辦理的。為了免去年費，往往東買西買，買一些根本都不需要的東西，完全沒有概念，這樣花費積少成多，每月等到還款金額出來，五張帳單總數總是讓P小姐大吃一驚，每到月底反而成了十足的「卡奴」。如此一來，家庭結餘所剩無幾，一旦未來孩子出生，將帶來更大的生活開支，更何況還得為孩子的教育費用著想，到時候很有可能產生入不敷出的情況。

後來P小姐做一個決定，她們夫妻倆把房子、車子賣掉，把卡債還完之後剪卡，然後租房子住，把以前亂買的東西，全部上網賣掉。這一個決定，讓她們夫妻倆開始每個月都存下很多錢，P小姐很吃驚，她搬到新家之後，不再亂買東西，反而很想存錢，後來她的風水師朋友告訴她，她新住的這間房子地基抬高，財氣留得住，錢當然比較存得起來。

風水病因

P小姐的房子地基比馬路低，會對P小姐有何影響？

房子地基比馬路低，旺氣沒法從大門進來，犯了「陷地煞」。居家會造成錢財流失，賺錢困難等情形；如果是公司、工廠則生意不好做，收帳困難。做生意的話，只要陷地不要太低，就沒關係。

提起屋宅風水，很多人都認為：只有房子本身外觀的吉凶最重要，只要方位及隔間規劃好就行了，但是事情並沒有那麼單純，例如在蓋房子以前，有些建築地基就有犯風水煞氣的問題，譬如說蓋房子的地基，以前是墳場或刑場，在這種有問題的土地上蓋房子，不管蓋出規劃多麼好的房子，仍然逃不掉土地所帶來的風水煞氣和影響。

那些有風水煞氣的土地非常難以處理，若只是利用一些簡單的方法，絕對改變不了土地的吉凶。人們都喜歡說：「地靈在作祟」。表面上看住宅風水沒有什麼問題，但是移入新住宅之後，壞事接連發生的話，那就得懷疑該土地是否有問題。一旦獲知土地有問題，最好搬遷到地基良好的地方。如果仍然居住於「地靈作祟」的房子，那麼，為了家人的健康著想，必須舉行「祭拜地靈」的儀式。

無論是購買哪一片土地，都應熟悉當地的歷史以及種種原由。時至今日，這種情報反而難以得手。這種情形，最好拜訪當地的文史研究專家，或者察看資料，徹底地調查土地的特殊條件。如果連這一點都辦不到的話，不妨作如下的自我判斷。凡是「地靈作祟」的土地，只要看到那一片土地，頭部就會感到眩暈，讓人產生一種不舒服的感覺。或者你要到那裡之前會發生某事，使你無法順利到達那裡。這是你自己的靈感預知到的這件事而通知你，凡是碰到這種現象，就不要勉強自己住在哪裡。

化煞開運

如果你住到「陷地煞」的房子，可請水泥工把地基墊高。陽宅風水地基太低則氣促、氣入得快、出得快，家中成員胸無大志。造房子之後，地盤就會受到壓力而下陷。如果地盤鬆軟，下陷的程度就會更加嚴重。因此，必須把地基建造得十分牢固，否則容易使整棟房子發生偏差，出現了凶相。所以買屋租房子住之前，可以先看地基狀態來決定入住。住宅風水學的理論，就是評定房屋的磁場與居住者的磁性感覺是否適合。如果適合的話，居住者的血液循環就會正常，感到身心調和，精神愉快，工作效率很高；如果房屋裡磁場與居住者的磁性感應不相一致，剛搬過去時也許並不覺得怎樣，但是時間一長，就漸漸地感到心煩、以及各種不適的反應。選擇地基，是買屋租屋關鍵的一步，地基選得不好，入住後就容易受負磁

場影響。

地基高度30公分以內

　　一般來說，地基可以稍微抬高，但也不宜過高，否則會令房子散氣，所以地基保持比馬路高30公分以內即可。站在陽宅的立場，地基有足夠的高度比較好。因為若地基太低，會使得地板下的空氣不易流通，濁氣濕氣聚集於中，家人便會不斷有疾病的情形發生，這是很常見的。尤其是房子建在山區、海邊或陰濕的地區，受到地基的影響會比較大。地基有凶相時，受到影響最深的首先要算整天在家的主婦和老人家。

砂壤土化煞開運地基

　　地基喜砂壤土或實土，土質以砂壤土為宜，砂壤土緊密堅固能承載重量，住宅不至於房子蓋好後日久地基下陷，產生危險。砂壤土比較乾燥滲水性強，有利於土壤的自我淨化作用。如果是黏土，其結構過於緊密，滲水性比較差，地面容易引起潮濕，積水，排水不良，導致孳生蚊蠅霉菌。土質過於疏鬆也不適宜，難以承受房屋的重量而地層下陷或傾斜，以及生活中所用的排水很容易污染到地下水源。

地基前低後高為吉

　　建地以前低後高為吉，相反的地形前高後低為凶。中國傳統以座北朝南為理想的住宅，以北面高，南面低為建築陽宅的吉地。因高處向陽，空氣流通：而前面地勢低，又代表出路順暢，因此前低後高的建地，心情開朗，會給人帶來好運。前高後低的建地則剛好相反，屬凶相，後面既無屏障，前面的出路又受阻礙，如此建築無論多麼美觀，都難以改變地勢上的凶相。

🏠 地基高地形方正為吉

　　蓋寺廟、佛堂之地一定要取方、正的地形，建地本身就具吉相，因此除了佛堂、寺廟之外，一般貴人的住宅，也多選擇正方形的建地。方正的地形，四方無缺，主富貴吉祥。正方形五行屬土，中國人常說：「買屋要四四方方，才好住」，這是有道理的，天氣行圓轉、地氣行四方，房屋要起四邊，方能藏得住「氣」。風水講究氣場，正方形四邊相等，氣場平均，能藏風聚氣，給人一種自然舒服的感覺。由於四邊在不阻擋的情況下自然光線充分，白天就不需要開燈，空氣亦能充分流通，在這種地基上建起的房子，居住者待人處事合乎法度，賢良方正，受人尊敬，讓人感覺四平八穩。

　　常有一些未經完善規畫的畸零地，建地破碎，形狀不正，或成三角形，或成狹長形或有一個角落缺損，所蓋出來的房屋，格局勢必不正。右長左短的建地，對兒子極不利。左長右短的建地，對老婆兒女亦大不吉。建地有缺角的情形，屬凶，無論缺哪個方位，對健康均有損害。前面窄後面寬，大吉，這種地形的建地，住在其上之人具有意想不到的發展機運。後面寬代表幅地大，發展潛力大，可闢花園，以利休閒活動的空間。前面寬後面窄，不吉，建地前寬後窄，呈畚箕狀，代表錢財不易積聚，出多入少，家中人口不旺，家運日漸凋蔽之意，與前窄後寬的情形正好相反。

🏠 地基低地形三角為不吉

　　三角形的建地，自古以來就被認為是不吉之相，無論是正三角、逆三角的建地，在蓋房屋時最好能多犧牲一些空地，讓建地呈正方形，使三角形的地形不要太明顯。前尖後寬的三角形建地，對於人的健康大為不利，也容易招惹是非。而前面寬，後面尖的三角形建地，亦為大凶之地，不但容易發生火災，意外的凶災，亦有可能身罹絕症。兩條道路的交叉處，會

形成三角形的建地，在建築設計和運用起來實在很不經濟，會浪費許多沒有利用到的土地，在隔間方面也難以設計得很理想。建築費用要比同面積的正方形或長方形高出很多，很不划算。三角形、鑽石型、菱形（火型）不論是前尖後寬、倒三角或直角三角，對居住者來說都不是好地形。三角形必然有尖角，

三角形建地自古以來被認為不吉。

長時間在火型地基的房屋居住，會令人情緒不穩定，而倒三角地基前寬後尖，風水上稱為火星拖尾，更會令人散財。人長時間在這種尖角下居住，心理空間也似乎被擠得狹小，人會心胸狹窄，小心眼，加上三角形壓迫感強，肝火旺盛，火氣大，愛發脾氣，很容易導致夫妻吵架。

地基之下原為大水溝或水塘不吉

如果建地原來是大水溝或水塘，用土填平建房屋，這種情形十分不衛生，若地下的污水化成濁氣上升，很容易滋生疾病，尤其是易患泌尿系統的疾病。同時由於地下潮濕的緣故，很容易腐蝕建材，日久房舍的地基受侵蝕，整棟建築物都將受到波及。假如挖掘排水溝，或者是有水溝、小河川流過住宅的地基下，為大凶。隨時可能招來災害，使家中破財。有住在水邊的人，將房子蓋在溪水上面，這是很愚昧的觀念，流水緊臨於宅基下，常會有濕氣與水患的憂慮。河流通過的地區，必然是地勢比較低窪，一旦有豪雨或颱風來臨，河水暴漲則氾濫成災，非常危險。

🏠 地基長方形聚財力低

　　長方形地基五行屬木，地基四四方方是最理想，次一級的就是長方形，長方形分為兩種：一為長度是寬度的二倍或以上，這種地基就是狹長，例如長度十公尺，而寬度只有四公尺，這樣的狹長房子會造成心理上的負擔，而且在室內設計方面也很難處理。長方形顯得單薄，彷彿人的心量淺，胸懷不夠大似的。長度是少過寬度二倍，這種地基比正方形略長，但由於四邊距離相差不會太遠，亦屬於吉的地型，居住的人心境稍為開朗，但唯一美中不足是聚財力低。

🏠 圓形地基權力欲強

　　圓形地基，五行屬金，形狀圓圓的，圓主動，表示動力，只宜在陽台出現，其他位置就少見為佳。五行中的金型是半圓形，金型威嚴，給人一種衝刺感、權力欲強，但由於房屋以安穩為佳，因此只適合屋的前半部位陽台上是圓形。

🏠 不規則地基有壓迫感

　　不規則地基包括：T形、L形、工字形、雙十形、口字形、亡字形、凹凸等等，從風水學來看，這些缺角（缺角是指缺少部分超過全屋長寬線的1/3）地基難以藏風聚氣，陽光不是難以進來，就是風向不定，長時間居住的話，會給人壓迫感。

風水危機 79　地基高過馬路　旺氣難進財難聚

案例

　　老田開了一個加盟店，店面地基比馬路高一尺以上，財氣流不進來，生意不好。還被加盟總部拖累倒帳。老田和妻子原本是做蔬菜批發生意，日子過得還不錯。去年春節前後，老田在網路上看到賣嬰兒用品加盟店的消息後，他和妻子商量覺得前景不錯，認為賣嬰兒用品有利可圖。於是，老田決定來開加盟店。老田去年三月，花了不少錢裝潢了一家店面，交了數萬元加盟金後，掛上了加盟招牌，開門迎客。生意剛開始不好，但是慢慢的有了起色，原本期望能轉虧為盈。不料，眾多加盟店中，其中有一家加盟店，因賣藥導致小孩患上惡疾，消息被媒體曝光，隨後五十多家加盟店全部被查封，老田的店也在其中。老田不但賠了加盟費，還退還了七十多名辦會員卡的家長會員費，總共損失將近八十多萬元。看著自己這家比路面高的店面，只能感傷店的位置很高，但是開店生財卻沒有步步高。

風水病因

　　如果你的房子，跟老田一樣，地基比馬路高一尺以上，會對家中氣運有何影響？房子地基高馬路一尺以上就會犯「散氣煞」，地基越高越嚴重；房子會吸不到地上的旺氣，則屋必枯，居者無生氣滋養，自然頹敗，

會使居住者或公司、商店的經營者賺錢困難，導致錢財一直流失。

房子的平面形狀最好能四平八穩，如果是長方形的店面，能把進門之氣凝聚，此為「聚財屋」，做生意可以細水長流，較能保留熟客，但太長太窄的店面，難增加熟客。店面的門面要開闊，深度也要夠，才能吸納凝聚財氣。闊而淺的店舖，因為氣一入宅便即四散，適宜做急速的生意，飲料店或小吃店亦較難有熟客。又店面大門不宜對後門，因為財氣不易留住，加上地氣不升，總是不能聚財。店面天花板過低，使得空間變得狹窄，客人產生壓迫感覺，空氣流通不暢，不易引入外氣，會使財源枯竭。

化煞開運

如果你不幸遇到「散氣煞」的房子，可置放「琉璃龍龜」在屋的四個角落以補地龍之氣，最好聘請名師指點為宜，若無法化解則應盡速搬遷。選擇房子開店，首先要看周邊形勢能不能聚氣，能聚氣則人潮自然會聚集，其次要看財水的方向，房子必須要能夠收逆水才會賺錢，如果是順水而出則錢財難聚。這個部分前文已有說明，請參考風水危機26。

龍龜

改造你的庭院風水 化解家人口角災難

案例

　　陳薩（化名）於凌晨與家人發生糾紛，盛怒之下忽然拿起家中的菜刀，在自家前的尖狀三角形庭院，以菜刀砍傷自己的爸爸，傷者背部流血不止，警局出動十多名警員封鎖現場，並呼叫救護車到場將傷者送往醫院。其後，警方在現場搜出砍傷人的武器，並將屋內的一家四口帶回警局調查。陳薩逃亡了二十四小時之後，警方在山區將陳薩緝拿歸案。檢察官表示，陳老先背後傷口很深，但幸好沒有危急到性命。

　　陳薩一家三代同堂，老父親與陳薩夫妻及孫子孫女同住，據附近鄰居表示，陳薩脾氣暴躁，家人之間經常爭吵。平時陳薩夫妻於離家不遠的地方開設一間小吃店。有目擊者表示，事發當晚先是聽到激烈的爭吵，隨後就看見突然約有十多名警員及救護人員前來，接著陳薩一家人就被帶往警局協助調查。

風水病因

　　陳薩前庭院形成尖狀三角形或梯形，住在這種房子，對居住者有何影響？前庭院形成尖狀三角形或梯形，犯「尖嘴煞」。居家會發生血光、開刀、人口不平安的事，同時住戶脾氣不好會影響親情；若是公司、工廠則會發生是非、糾紛，影響員工向心力，不利業務拓展。所以家居庭院的風

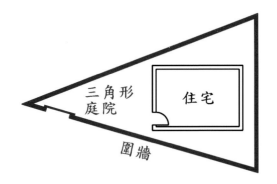

水規劃，要盡量避免將庭院設計成三角形等帶有尖角的平面型態。

庭院不整，家運不興，意味人生幸福，從庭院開始，如果庭院位於住宅前方，切忌庭院門不要正對家中大門，避免財富難積蓄。庭院牆壁也不宜過高，最好屋裡要比屋外高，將庭院圍牆改低一些，而且庭院要方正，庭院牆壁不可以模仿寺廟，尤其是院牆和門不能鋪琉璃瓦，庭院牆壁爬滿藤類植物會增添陰氣，陰氣久積不散，如果主人的陽氣不夠，陰氣容易入侵，會使人得病。

化煞開運

如果家中風水遇到「尖嘴煞」風水格局，可將圍牆拆除或改為低牆，尖處置水，並擺放一對「琉璃貔貅」鎮煞招財，最好禮聘名師指點，改善風水造景較好。

庭院的開運有幾個原則要遵守，如下列點說明之：

一 整齊清潔不雜亂： 庭院時時保持清潔，少放破銅爛鐵及破碎傢俱、廢木料等廢棄雜穢物，子女智慧才可聰明，庭院內不要養雞鴨類，除了環境衛生不好之外，而且家中人員也會不平安。

二　花草植物剛剛好： 適量花木可使住家庭院空氣對流溫暖和諧，但不可種太多太雜，造成陰濕氣重，庭院內不可種植大樹或有刺的花或仙人掌，否則將會生皮膚怪病。

三　來去水流方位對： 庭院如有排水溝，排水溝的來水和去水方位一定要合乎法則，最好請名師現場勘查規劃來去水方位。水流的方位如果設置錯誤，會造成破財。

四　石器與設施方位對： 庭院中央不要有大石頭，庭院少放木頭屑物，勿放石磨或石臼之類的物品，右方（白虎方）不可有巨石，右方不可有假山造景。左方（青龍方）如果要做水池就必須合旺運，否則不做為佳，後方庭院不要放著石器、石臼、石磨、亂石、磚塊。屋宅後庭院正中央不要打井、設化糞池、做水塔、蓄水池、安裝馬達、燒熱水爐也不對。如果要安裝馬達，最好應安裝在青龍方。要打井也是打在青龍方。後庭院花架石板、水泥板應橫放，不可對沖屋內。

五　庭院大門防沖射： 庭院大門外面不可對沖電線桿、屋角、牆角、反弓路、反弓水溝、河流及圍牆、屋柱、樓梯口、抽水馬達、震動機器、巷道、防火巷，也不可沖大古樹，不可正對

廁所、亂石及化糞池，後院青龍方不可放
化糞池，化糞池最好是安置在住宅的白虎
方。

琉璃貔貅

室內格局篇

兩個神主牌
女主人勞累奔波

案例

　　76歲徐阿嬤，家中供奉了兩個神主牌，除了夫家的神主牌，另一個是娘家的神主牌，徐阿嬤會把娘家的神主牌請到夫家，主因是她是獨生女，除了她沒人可以供奉這個神主牌，就這樣徐阿嬤和丈夫一起供奉兩個神主牌在自己家中。徐阿嬤一生勞碌命，年輕時辛苦把兒子養大，兒子長大後娶了老婆，結婚不到五年，夫妻倆在一場車禍身亡，留下一對兒女。

　　當時的徐阿嬤悲觀地想，自己不識字，又要當母親又要當阿嬤，真不知該如何帶這兩個孫子！兩老務農一輩子，臨老還要扶養嗷嗷待哺的孫兒，經濟體力都是挑戰。不過徐阿嬤還是撐過這個黑暗期，徐阿嬤和丈夫為了讓孫兒擁有健全家庭的愛，每天都接送他們上下學，她還因此學會騎機車，竭盡所能想把小玲、小剛兩個孫子帶大、帶好。

　　現在兩個孫子都長大了，也都能體會阿嬤、阿公的辛勞，讓兩老欣慰不少。徐阿嬤說，最擔心兩名孫兒學壞，結交壞朋友、到處遊蕩，但孫兒都很懂事貼心，不會亂跑也不會亂花錢，孫女為省幾千元校車費，還改搭火車通勤上課，孫子雖然有點皮，但是很孝順兩老，兩老也很支持孫子的興趣，讓他去學他想要學的東西，徐阿嬤只希望孫子孫女走上正途，將來有成就，記得去幫助其他人。

風水病因

徐阿嬤供奉雙姓祖先，也就是有兩個神主牌位以上的情形，會對徐阿嬤有何影響？家中如果供奉雙姓祖先，也就是有兩個神主牌位以上的情形，此為孤陰煞；家中的母親奔波勞碌，身體不好；也會影響家庭和諧，而且錢財容易散去。

神主牌或神位，這些屬於靈性很強的東西，必須小心安置在住宅吉方，全家才能得到庇蔭，神主牌或神位供奉位置不宜與屋向相背，如果供奉位置正對廁所，會污穢神靈，家人容易多病痛。供奉位置如果正對廚房，則火氣過旺，家人容易火氣大而爭吵不斷。

供奉位置如果壓樑，家人多頭痛、生活艱苦。供奉位置如果向樓梯，家人有開刀血光之災，命運會比較坎坷。

供奉位置如果安於樓梯下方，家人各方面發展不順利。而如果神位後方緊鄰樓梯間，則家人易中風。

供奉位置如果地板凹凸不平，家人事事不順，供奉位置如果上下左右開窗，主破財。供奉位置下方忌放如電視、音響、魚缸等，會振動發出聲音的東西，供奉位置如見到不好的形煞，建議不要安置，以免造成更大的災禍。

神主牌或神位不是請回家就沒事，神位或神主牌安厝要適當，要擇好吉時，以免遭祖靈所剋，影響運勢與安寧，神位的吉凶影響速度極快，神位或神主牌安置不當，接連禍事不斷，影響範圍會感應給住在屋宅裡的人。一般人以為家中供奉神位或神主牌，都會保佑家人平安，這不一定，

供奉雙姓祖先牌位要很小心。

因為若家中住宅有重大缺失，神明或祖靈會為了提醒供奉者趕快改善，故意讓居者不順。

化煞開運

家中如果供奉雙姓祖先，最好請懂得安神的老師重新擇吉日安神。一般來說，供奉雙姓祖先主姓居龍邊（左方），副姓居虎邊（右方），中間用七吋紅線隔開。神明與神主牌同時安置時，祖先牌位請安置在虎邊，神明安置在龍邊，神主牌不可高過神像，神主牌過高，男主人事業不順，身體多病痛、女人會掌權。祖先牌位分內外板，外板寫堂號、姓氏，內板寫祖先名字，內牌一行字必須是十二字，每五個字一組，內牌寫法有幾世祖及顯祖二種，常用「名」、「諱名」、「閨名」、「之」、「神位」，以補足十二個字。只供奉祖先牌位，而沒有供奉神明，陰氣會稍嫌太重，因祖先的靈屬陰，而神明屬陽，陰陽配合較適宜。祖先爐發爐，表示祖先要告訴兒孫一個訊息，好事或壞事都有可能，應立即擲筊問清楚。

風水危機 82

供奉神像龜裂 財散病一堆

案例

　　這名四十五歲的女人經歷異常坎坷，丈夫失業後又中風、九歲的女兒患了急性白血病夭折，現在家裡債台高築，唯一的經濟來源就靠這個四十五歲的苦難女人打零工過活。夫妻倆又生了個白胖寶寶，結果是唇顎裂，這個苦命女人要照顧丈夫，又要照顧唇顎裂寶寶，生活相當辛苦。

　　這名婦女的丈夫原本在一家企業上班，女人沒有工作，就在住家附近擺個小攤，生活過得還算小康。沒想到丈夫因工廠關閉而失業，之後一直找不到穩定的工作，只能四處打打零工，工作不穩定。就在此時，他們發現九歲的女兒患了血癌，夫妻倆怎麼都不相信活潑可愛的女兒竟然得了這種病，他們帶著女兒又去了另一家醫院檢查，但結果仍是一樣。為了給女兒治病，家裡的存款花光了，親戚、朋友、鄰居全都借遍了，但女兒的病還是越來越嚴重，最後還是救不了，離開了人世。

　　苦命女人沒想到女兒走得這麼快，對他們夫妻倆的打擊太大了，苦命女人邊擦淚邊說。女兒雖然去世了，但生活還要繼續，大筆醫療借款還是要還，女人和丈夫把家裡值錢的東西全都變賣了，並四處找工作，希望能盡快將債務還清。沒想到惡運依然不放過她。

　　女人的丈夫有一天外出工作，剛走到門口，忽然大喊自己什

麼也看不到了，女人以為他在開玩笑，走近了才發現，丈夫的表情異常驚恐。緊急送醫，丈夫被診斷為腦血栓，後來雖保住性命，卻從此說話口齒不清，走路不穩，記性也很差，有時連自己的妻子也認不了，吃飯時碗都端不穩，更別提工作了。

一連串的打擊並沒有使這名婦女對生活失去信心。女人家中一直供奉一尊觀音，她相信觀音會保佑她，有一天她發現觀音有點灰塵，想拿下來清理，赫然發現神像底下有一道明顯裂紋，也不知什麼時候裂的。有人告訴她，這樣的神像需要請法師重新開光安奉才好，她請了個好心法師幫她退神，並將神像修補好，再重新開光安神。漸漸的，她的生活才慢慢有了起色，苦命女人擦著眼淚很感恩地說，有些慈善團體了解到她家中情況後，送來了慰問金，鄰居們只要有做什麼好吃的，都會送一份給他們，身上穿的衣服也都是鄰居給的，她感激地說，小兒子唇顎裂的手術也有了著落，市立醫院答應補助全部的手術費用。而她努力地身兼好幾份工作，收入也慢慢地好起來，苦命女人不再苦命了。

風水病因

家中所供奉的神像如果龜裂，會對家人有何影響？家中所供奉的神像如果龜裂，家人容易被鬼壓，家中也不平安，對家人的身體也不好，不是經常吃藥，就是錢財容易流失，此為陰邪煞，代表神像裡的正神散去，遭邪氣侵入，也就是所謂的「入邪魔」。將入陰、入邪魔神像，隨意丟棄反會弄得主家雞犬不寧，請神的家庭如果已無心供奉了，那最好的處理方式，是請真正高明的法師退神比較好，或是尋找可暫時寄放的大廟暫住。

家中安置神像，有些事情要注意，安神的數目以單數為主，不超過三

尊。香爐最好用圓形無腳瓷爐，其次是銅爐、大理石爐，爐內香灰平常不要滿過爐面，每月初一、十五可將香腳拔除，使爐面清潔。爐面高度應在神像肚臍處，香火最好高於人的眼睛。神格最高者坐正中央主位，次者坐龍邊，再次者坐虎邊。神格高低次序分別為，佛、菩薩、帝、君、公、爺。

平時神像臉部不可擦拭，以免退神。焚香祭拜神明時，以單數為宜，每尊神明插一支即可，如有所求時，最多也用三支即可，不可多點，以免邪靈入室。拜佛菩薩，供品水果以單數為主，供祖先以雙數為主。供奉神明的茶水可飲用，但供祖先的茶水不能飲用。

化煞開運

神像龜裂，可先退神、再重新安神，退神要有功力，不然會傷到；如果不能化解時，可用天然火山琉璃製成的「六神金字塔」放在神像的左邊以助神威。

六神金字塔能配合五行風水和道法產生化煞開運的效果，其作用與生基改運方法類似，生基是指活人的墳墓，其實也是利用龍穴風水的效能，對自己產生一定的作用，而金字塔的作用也是如此，有些金字塔裡發現國王、王后的棺木，卻沒發現遺骸。這種擺放棺木的方式，是古埃及法老造生基的方式，以現今許多的考古資料顯示，大金字塔很可能不是做為裝法老的屍體之用，而是以金字塔生基陣原理來集中強大的能量。現代人可沒古法老王的大手筆，所以用六神金字塔來加強對人體的影響，其實效果還是一樣的，六神金字塔的好處是可放在房間裡，防範被人破壞。六神金字塔能夠配合居住者命格中的五行，利用帶有磁場的礦石來影響家主宅運。

風水危機 83

供奉神像後牆窄 財洩事業敗

案例

　　陳老闆開了一家科技公司。公司裡面供奉了一尊財神，神像的後面靠牆壁，但是那面牆壁寬度很窄，大概還不到一‧五公尺。牆後方是一間會議室。雖然供奉了財神，但是財神並沒有保佑陳老闆，公司因經營不善，出現財務危機，無奈之下陳老闆，四處向朋友借款填補漏洞。但拆東牆補西牆的做法，並未能彌補公司經營惡化的狀況，公司瀕臨倒閉危機。債主們將陳老闆起訴，經法院判決，陳老闆需償還欠款近五百萬元。

　　陳老闆向朋友訴苦說，開了公司之後，不但生意不好，公司一直留不住新人。公司以往錄取了幾批大學生畢業生，幾乎都沒有留住，最近的一次，公司聘用了七、八名大學生，不到兩個月，就剩下一個人了。公司人員流動太快，好不容易培養出一位優秀的員工，其結果不外乎突然離職，要不就跳槽到別家，算一算，陳老闆開公司期間。三年內，員工基本上就換了二十多名。

風水病因

　　陳老闆公司神像的後面，牆壁寬度太窄，或是後面靠窗戶、或透空，會對陳老闆有何影響？神像後靠的牆壁寬度不夠，或是後面靠窗戶、透空，象徵錢財洩漏，貴人無法顯現，會影響公司的業務拓展、收帳困難、

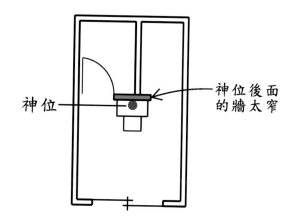

神位

神位後面
的牆太窄

好的員工留不住，影響工作品質。

　　神位屬於靈性很強的東西，在安奉神明時有許多要注意的事。神位供奉位置不宜與屋向相背，如果供奉位置正對廁所，會污穢神靈，家人容易多病痛。供奉位置如果正對廚房，則火氣過旺，家人容易火氣大而爭吵不斷。供奉位置如果壓樑，家人多頭痛、生活艱苦。供奉位置如果向樓梯，家人有開刀血光之災。供奉位置如果安於樓梯下方，家人各方面發展不順利。而如果神位後方緊鄰樓梯間，則家人易中風。供奉位置如果地板凹凸不平，家人事事不順，供奉位置如果上下左右開窗，主破財。供奉位置下方忌放如電視、音響、魚缸等，會振動發出聲音的東西，供奉位置如見到不好的形煞，建議不要安置，以免造成更大的災禍。

化煞開運

　　公司神像的後面，牆壁寬度不夠寬闊，或是後面靠窗戶、透空，可改變一下放置神像的方位。而且神佛後面不能透空一定要靠牆壁，看起來穩重夠寬就可以了。

風水危機
84

神明廳好風水
化解家庭危機

案例

　　一對年輕夫妻，將供奉神明的神位設置在電視機下方，看起來很炫，卻是災難的開始，這對年輕夫妻很常吵架。一天情緒失控的父親一怒之下將才一歲大的女兒從十樓拋下，剛來到人世間的孩子無辜喪命。才一歲的小生命，成了父母爭執下的犧牲者。

風水病因

　　神位如果在電視機下或吵雜的地方，會對居住者有何影響？

　　神位要設置在安靜的場所，若安排在電視機下或吵雜的地方，會犯所謂的吵鬧煞。家庭會不安寧、不平安，同時錢財容易流失，親情關係也會受影響。為了讓家庭平安，神位風水該注意如下幾件事：

1. 神明廳宜設置在光線充足，空氣流通之處，可淨化心靈，使精神有所寄託。
2. 神明廳神像旁設長明燈，不可一日熄滅。
3. 神明廳不可在樑下面，或放在加蓋的違章建築內。
4. 神明廳對外視線不可被阻隔。
5. 神明廳的後面不要有主臥室、樓梯、廁所、爐具干擾。

化煞開運

　　神明廳如果在電視機下或吵雜的地方，擇日將神明廳換到樓上或清靜場所去即可。

　　另外神位擺放位置有幾點要注意：

1. 神位不能正對到樓梯轉角，避免開刀之災。
2. 神位不宜對到外面欄杆，避免引起牙齒疾病。
3. 神位前不宜放水族箱，避免犯桃花或引起疾病猛吃藥。
4. 神位不宜安在通道上，否則將引起家人動盪不安。
5. 安神位後三天內香火不能斷。
6. 拜神的水，要用熱水，象徵財源滾滾，風生水起。

風水危機 85

神位後方是臥室
行為失常運途差

案例

小陳家神位後方是臥室，這種風水格局，讓小陳變成行為離經叛道的怪人。小陳曾經是一家電子公司的老總，長相英俊，年輕有為，是不少人心中的白馬王子。因為公司拓展業務的需要，小陳經常帶朋友和客戶到酒店或酒吧應酬，在他三十二歲那年，他第一次在夜店裡「品嚐」了別人遞來的白粉。從那時起，他就日漸迷戀上了白粉。在小陳的家人還沒有察覺到異樣的時候，小陳身上已經出現了「微妙」的變化：原來擅長交際、樂於應酬的他開始變得「安靜」了，除了去夜店之外，他開始把其它的應酬都一一推了。與此同時，小陳開始每天吸食毒品，原本富裕的他，積蓄逐漸被白粉侵蝕一空，當家人發現他出現異常狀況時，已經來不及了，小陳中毒已深，人變得很病態：因為沒錢買白粉，他每天都在家中刮牆壁上的白灰下來，當成白粉吸食。家人將小陳送進醫院接受治療。此時的小陳，除了時常出現幻覺之外，更多的時候，他都是一個人，呆呆的，誰也猜不透他在思考著什麼。一個有大好事業前途的年輕人就這麼毀在毒品手上。

286

風水病因

　　小陳家的神位後方是臥室，會對他們有何影響呢？這種風水格局，會讓家裡人運途差、財運弱，身體多病，流年一到必應其凶。而且會出怪人，年輕人個性、行為怪僻；家庭親情關係不佳，重者會有血光、意外。

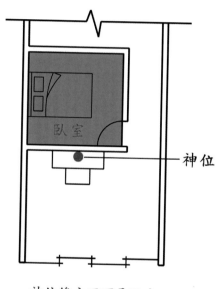

臥室

神位

神位後方不可是臥室。

化煞開運

　　神位後方的房間不要當作臥室，可以作為客房、書房、儲藏室或老人房，房間裡面再擺一對「琉璃貔貅」即可化煞開運。至於神位的方位選擇及安置，有比較多該注意的要點與禁忌，可以參考前面所介紹過的內容，但最好還是請名師指點為宜。

神明廳上做房間
家宅意外不平安

案例

　　小丁（化名）的家，神明廳上方是她的房間，小丁每天在神明廳上方作息，她作夢也沒想到，自己這麼年輕就被神召喚去，往生於一場意外，她的好朋友米思，到現在還在懊悔是自己害死小丁，米思（化名）在自己的部落格上寫著：「是我害了小丁。如果我沒有邀請她一起同遊，小丁就不會死……」小丁、米思和他們的好朋友葛庭（化名），到南非出差期間，相約到遊樂城遊玩，不料遇到車禍釀成一死兩傷。重傷骨折的米思，須留在當地醫院治療。她在部落格寫下悲痛留言，並透露出事時，小丁因沒扣安全帶，被拋出車外身亡。她更在部落格上貼出事前三人的一張合照，誰知三名俏美女，一夕間竟陰陽相隔。米思非常難以接受，她在部落格寫道：「手臂骨折，容顏失色令我身體感到非常疼，但這些痛苦，不會比我失去摯友還疼。」朋友雖好言安慰表示意外與她無關，但米思仍自責自己害死了小丁，米思說：「我有繫安全帶，她沒有……無論如何，一條生命已逝……」事發前三人的合照貼在部落格上，誰知從此踏上死亡之旅，此情此景只能空留餘恨。

風水病因

　　小丁家神明廳的上方的房間是她的臥室，會對小丁有何影響？

　　神明廳的上方不可以做房間，房間是用來睡覺、換衣服，這樣對神佛是很不敬的，居此房恐怕會不平安。

　　對於買屋或租屋的人，很少注意房間與屋內其他空間，會有什麼沖煞，以案例中的小丁來說，當初家裡在買房子及規劃室內空間時，都沒有看一個房間的上下左右空間，有沒有重疊到不好的風水煞氣，一般來說，神明廳神位的上下前後左右，都不應該有臥室重疊，如此是對神明不敬，必會導致家中發生不平安之事。

化煞開運

　　擇日將神佛移到頂樓安奉，若無法安置在頂樓，就要在佛龕上擺一對「琉璃貔貅」以化煞開運。

琉璃貔貅

風水危機 87

從公寓樓梯方向 看出破財危機

　　小晶居住的公寓，大門正面有一安全梯，一走出自家門口就順梯而下。小晶在一家知名速食店工作，本來按月計酬，後來改為按時薪計酬。小晶原本月薪2萬元，換算成時薪即20000元÷30天÷8小時＝83元，改為時薪制後公司把小晶的時薪提高為90元，表面上看起來好像加薪了，但是速食店又約定公司可根據每位員工的工作表現，採用公司製定的評定標準，來確定該員工的加薪幅度。結果，小晶所領到的薪水算一算，還是只有每小時83元，相當於每小時被扣了7元。工作了五年下來，小晶算一算等於減少收入10萬餘元，不禁感嘆，她的財運好像她家門前的樓梯一樣，節節敗退，薪水年年減少。

風水病因

　　房子正面有樓梯，一走出門口旺氣就順梯而下，產生散財效果，犯了所謂的「散財煞」。居住者的財運、健康運會在不知不覺中受到不良影響。

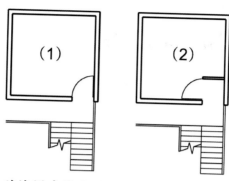

若樓梯直衝大門如圖(1)，可將大門
轉方向形成玄關化解，如圖(2)。

化煞開運

　　遇到「散財煞」的房子，出門下樓梯前，必須做一個屏風把樓梯擋起來，不要直接就看到樓梯，這樣就可化解了。此外在玄關內再擺一對「琉璃貔貅」就能鎮煞招財。

屏風可擋煞氣。

室內樓梯沖大門
洩氣漏財損健康

案例

　　在某些鄉下社區裡存在著標會文化，但事實上標會卻暗藏著惡性倒會、會頭捲款潛逃的危機。

　　林六碌（化名）說他自己多年來跟著朋友標會，去年會頭卻無故失蹤，其下約有三百會員，估計捲款六百萬元。林六碌自稱與朋友參加標會，會頭仗著名聲穩定，該會下設了許多小標會組，而林六碌參加的會組約有七十五人，林六碌表示，自己尚有妻兒，每月除了負擔家中生活費、房租等開銷外，還要繳會錢，過去多年下來總計繳交的會錢達十二萬元，卻沒想到最大的會頭在去年無故失蹤，會員苦尋不見其下落，估計會頭捲款金額應逾六百萬元。由於事隔半年，至今仍未聞會頭音訊，才出面向亞聯會求助。林六碌因為過去繳付月費的方式都是以現金交易，連一紙收據也沒有，對大會頭也毫不清楚、不知道他的背景與身分，也無法提供可具體找到會頭下落的訊息，因此在將案件轉介至檢察官辦公室時，恐將面臨困難。林六碌的標會屬毫無保障的私人活動，他不將存款存放在銀行內，而用沒有保障、沒有合法紀錄的方式投資，錢拿回來的機率很低。從林六碌的居家風水來看，他們家裡的樓梯對著客廳大門，家中財氣由高處流向低處，所以會造成漏財、身體虛弱、收帳困難、錢財難聚。

風水病因

　　家裡的樓梯對著客廳大門，旺氣由高處流向低處，一洩千里，犯了洩氣煞；馬路太斜或車速流量太快也是一種洩氣煞。這種房子作為居家會造成漏財、身體虛弱；若是公司、辦公室，則將不賺錢，收帳困難。

　　此外，客廳內不宜設計有螺旋梯，會使得氣流混亂，也猶如戶外的爬藤般，有犯桃花之虞，以及會使得家人易得腦神經衰弱之症。

　　客廳裝飾品、書畫、植物格局佈置上，盡量方正開朗，流暢動線勿太狹窄擁擠，避開各種壁刀、屋角、穿堂等煞氣，內部應明亮、通風採光佳，佈局色調盡量素雅營造溫馨氣氛，避免各種尖形、怪異之設計，天花板也不要太低，地板宜平、少做階梯式。有些住宅由於先天的地形及地勢，或將地板設計成高低層次，這類地板高高低低將造成家運也會坎坎坷坷，對住宅只有危害，而沒有加分的作用。

　　客廳空間規劃上，應比其他屋宅臥室、廚房等空間大。客廳不宜經常關閉，或空著不用，易有穢氣滯留，而使宅運不佳，亦會影響家人的凝聚力與向心力的不足；對家人的身體健康也會影響。

　　客廳的牆壁上，不要擺置過於幽暗或邪裡邪氣的圖案或飾物。如夕陽、枯木、破碎岩壁、幽暗沼澤等圖象；或蛇、老虎、豹、鷹、熊等猛獸圖象；或劍、刀等飾物，這些對於宅氣皆有不利的影響。

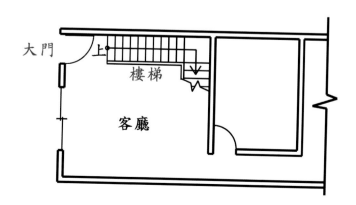

客廳也不宜擺放許多假花假草，表面上看起來雖然賞心悅目，但實際上卻易造成家人的人際關係不好；易帶給婚姻上阻礙，容易遇人不淑。

客廳擺設物品不宜過多，傢俱、櫥櫃、吊櫃容易佔據太多空間，使屋內氣不通暢，客廳上方不宜有樑柱橫過，會有受壓迫的感覺，應裝潢平齊為佳。客廳的牆壁及天花板也不宜裝潢過於華麗，或是色澤過於鮮豔，如此家人易犯桃花。

化煞開運

如果家中樓梯對著客廳大門，犯洩氣煞的話，可在門的左邊與右邊安置一對「琉璃龍柱」，門口宜用水缸化煞開運。魚缸在風水上雖有開運的功效，但千萬不宜太多，否則容易讓客廳的濕氣太重而造成反效果。

客廳的酒櫃或櫥櫃務必緊貼牆壁，另外沙發也須面對大門或電視，千萬不可背門，因為沙發背門會讓自己的人際關係不融洽，且易犯小人或與他人生口舌是非。客廳門口旁的鞋櫃，不宜堆放過多鞋子，以防穢氣影響運勢。客廳若有放置流水盆或山水畫的人，水的流向不可以流向門外，最好往室內流。客廳放植物，最好在盆器上綁上紅色絲帶或紅色貼紙，將陰轉陽，才可置於客廳內。另外，室內應少放有刺的花樹，而各類植物若有枯葉，也須立即除去，才能生旺財氣。

客廳或臥房之內，建議不要放置來路不明的古董家具，盡量讓古董家具擺在專門的收藏空間裡，以免有陰煞之氣衝犯。

風水危機 89

從屋門座向角度
找出賺錢店

案例

　　小貝開的店，房子的後門開在側邊。房子的後門，如同人的臀部，後門開在房子側邊，濁氣很難排除，漏財是常常有的事。在電視台工作的小貝，是典型的小資上班族，在工作所在地買了間套房。由於自己經常加班，所以比較喜歡吃蛋糕甜點等小零食，每月消費都在1000元左右。看到蛋糕甜點店很賺錢，她開始考慮在自己住的社區，開一個蛋糕甜點專賣店，由於她住的社區年輕人居多，消費量應該很大，每年應該也能賺個幾百萬。

　　小貝想都沒想清楚，就馬上決定開店。經過一番籌備，蛋糕甜點專賣店隆重開業，小貝還請了電視台的同事，做了個小廣告在電視上宣傳。小貝決定，最初一個月顧客購買甜點全部七折優惠。

　　開店前兩天，社區裡來詢問的人還挺多，可是買的人很少。每天烘烤的麵包和甜點，都是只能當天食用，小貝不得已只好忍痛看著大部分烘烤的甜點被扔掉。就這樣整整扔了一個月，小貝創業的時候總是因為細節的問題，沒有把好的創意變成生意，自己沒有經營開店的經驗，只會趕潮流。這門流行的生意，短時間內在別人手中做得有聲有色，但是自己卻做得亂七八糟。小貝開始反思自己的創業是否正確？為什麼沒有預期的銷售額呢？

風水病因

　　房子的後門，如果是在房子的兩側其中一邊開門，會對我們有何影響？房子的後門，如同人的臀部，要從正後方的牆開後門，濁氣才會排除。如果從旁邊兩側之一開門，則位置就錯了，反而不利濁氣的排出，會犯所謂的旁門煞；久而久之會產生漏財，錢財不聚的情況。

　　開店面，大門代表動線的路口，若規劃不好會虧本連連，嚴重時甚至會倒閉、負債，或吃上官司，首先要看門開的方位，要開在旺財方位，旺財方位隨地運不同，會跟著轉變。若地運現在走到下元八運，這段時間門開在東北方、西北方、南方、西方是較為有利的旺方，店門也不宜多開，要開的話，必須配合房屋座向開門，才容易發揮聚財作用。旺財方位不宜堆放雜物，走道與大門的動線都必須流暢，讓客人自由移動，瀏覽商品時才不會受到妨礙。還要注意，店面後門請勿正對前門，才不會犯了「穿堂煞」的破財格局，客人待不久，沒有辦法聚集財氣，如果店面無法搬遷，可利用櫃子、置物架、屏風、隔間版，將前後門隔出成兩半，以守住財氣。

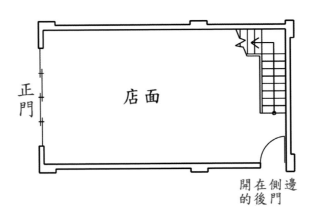

正門

店面

開在側邊
的後門

化煞開運

後門的位置須隨元運開門，元運是計算地運旺衰的一種方法，地球轉動到宇宙的某個位置，地運對某些方位而言是比較旺的，在這些旺方開門，就能收到旺氣。以目前是下元八運來說，東北方、西北方、西方、南方是適合開門的旺方。但是實際操作上必須配合房子的空間規劃做整體的考量，其中有許多要注意的事項，最好請教名師來指點正確的方位為宜。

八運零神正神分佈圖

風水危機

90

調整後門位置
化解小人背叛危機

案例

　　一家知名的電子公司，公司房子後方牆面正中央為後門，這種風水格局容易被員工出賣機密資料，這家公司有一名韓國籍僱員，因出賣商業機密被捕，他涉嫌向外國公司洩漏商業機密。這名四十二歲的男子為該電子公司的首席研究員，由於其合約即將到期，最近接受了一家韓國電子產品公司的聘用。而他涉嫌偷偷拍下機密文件的照片，存到自己的電腦。相關機密包括減低家電產品噪音的關鍵技術、正在研發產品的細節、公司未來十年的銷售計畫。公司方面表示，他們認為有機密資料已經被交到其他公司手中，目前仍由檢警調查中。如果他洩漏機密的罪名成立，最高刑責是入獄十年。

風水病因

　　住家或公司房子後方牆面正中央開門，會對未來運勢有何影響？

　　房子後方牆面正中央開門，會犯「暗箭煞」；如果這種風水格局，作為住家使用，會被親戚朋友拖累、暗中傷害；若是當成公司、工廠則容易被員工出賣機密資料，財物也可能被自己人監守自盜。很多風水格局都像這樣，容易招惹到一些奸詐小人背叛。通常易招來小人的風水格局，有一種是房子內部原來兩間，打通成一大間之後，樓上的中間隔牆，剛好往下

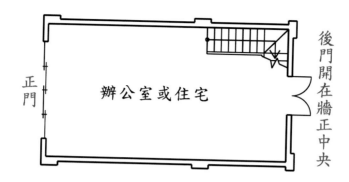

正門

辦公室或住宅

後門開在牆正中央

切到打通隔層房子的中間，這一切，像是有人拿著一把刀子，往頭上砍一刀，這樣個格局便是容易招引小人的格局，重則官司纏身或遭人陷害。

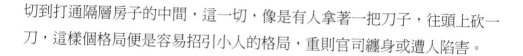

化煞開運

後門的位置須隨元運開門，以目前是下元八運來說，東北方、西北方、西方、南方是適合開門的旺方。但是實際操作上必須配合房子的空間規劃做整體的考量，其中有許多要注意的事項，最好請教名師來指點正確的方位為宜。

由辦公室門窗口方向
化解公司團隊心結

案例

　　有一家電子公司從大門進去，便可直接見到最後方牆壁上的一扇大窗，這種風水格局容易使公司裡面的人產生內鬥，員工不團結，有些人會因內鬥被解雇。這家電子公司的總經理，因爭奪權位在法院較量了一番，從這個鬥爭過程中，看出這家公司勾心鬥角不團結的弊病。

　　電子公司聘請阿蒙擔任總經理黃登澤的副手，原本是準備讓阿蒙日後接替黃登澤的。但是，二○一○年電子公司突然將阿蒙解雇了，原因是有人向電子公司投訴，五十歲的阿蒙經常騷擾女同事。他被控訴在某次公司舉行的聚會上強吻了一位女同事小森，甚至要求小森小姐站在椅子上，讓他觀看她的裙底風光。儘管電子公司無法證實這個控訴，但是有充足的證據表明，阿蒙在公司隨後的性騷擾調查中撒了謊，這就是為什麼他被開除的原因。而且，電子公司還將他告上了法庭，要求他退還1000萬台幣調職補償金中的300萬台幣。已婚的阿蒙完全否認告密者對他的投訴。他反控訴電子公司因為這件事讓他的名譽受到嚴重受損，而且還非法解雇了他。在提交給法院的訴訟狀中，阿蒙指稱，電子公司的銷售年會上，故意安排一場充斥著借助酒性胡作非為的聚會，讓他掉入陷阱，阿蒙聲稱，是總經理黃登澤故意安排了這一切，最主要的原因，是為了阻止阿蒙接替他的位置。

在事件爆發後，黃登澤立即提出了對阿蒙進行停職察看的懲罰，並開始物色替代阿蒙的人物，隨後公司就做出開除阿蒙的決定。電子公司則聲稱，這一事件已進入司法程序，故公司將不再對這件事做任何評論。但熟悉公司內情的人士都知道，阿蒙是被人陷害的。阿蒙被指控的性騷擾案，大部分受害婦女都沒有指控阿蒙，多半都是黃登澤提出的指控。阿蒙是性騷擾案的受害者，而這一切都是由黃登澤導演的。

風水病因

公司或住家房屋從大門可直接見到門、窗，會對我們有何影響？

從大門可直接見到對面牆壁的門、窗，旺氣沒有停留，無法藏風聚氣；主臥房門一進去正對著窗、門，房間窗對窗；或者前門直接正對著後門、後窗等情形，都屬風水煞氣格局。這種風水格局無論居家、公司、商店、工廠均以漏財論斷；嚴重會發生破財，員工、家人不團結、親情淡薄等情事。

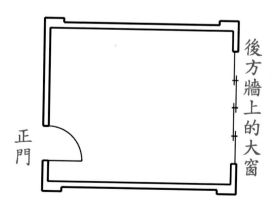

進門即見後方牆上的大窗，不吉。

門、窗為屋宅吞吐氣口，氣口與氣口相對，容易使居住者產生「鬥氣」狀況，在公司則勾心鬥角暗自鬥氣，在家中親人生暗氣，難免會有些口角。宅氣從口入，氣口大小設計應適當，太大或太小都不理想，屋大門口小，會閉宅氣對人健康不好，屋小門大有洩氣退財的危機。

化煞開運

如果房子大門直接對到門窗，或主臥房門一進去正對著窗或門，或房間窗口對窗口，可用布簾、百葉窗遮起來不見光，就可解除這種煞氣；布簾、百葉窗的長度，要超過門高度的一半以上即可。像這種「門對門、門對窗、窗對窗」的風水格局，會讓氣場從一邊的門窗進來，然後直接從另一邊出去，易造成漏財、性格急躁易與人生口角，甚至影響身體健康。在風水學上，好的住宅要能藏風聚氣，如果屋宅喪失聚氣效果，室內氣場不穩定，容易造成居住人性格急躁、易與人發生口角，或產生漏財情形。

買屋或租屋的人，在選擇房子的時候，必須先觀察屋宅陽氣流動的情形，最好能讓外部空氣進入住宅後，有轉彎迴旋的效果，盡量不要選擇「門對門、門對窗、窗對窗」這種氣場直來直去的房子。且大門直通後門窗的房子，會讓屋外的人，看透全家起居情形，隱私外露，租這種房子當辦公室，必然機密外洩，公司損失慘重。

一般遇到「門對門、門對窗、窗對窗」，如果是客廳大門直對宅後門，可規劃玄關，讓氣流轉向。或是利用屏風或布簾遮擋門窗讓氣場轉彎產生迴旋效果，有養魚習慣的人，則可將魚缸擺放在入門處，同樣有阻擋的作用。

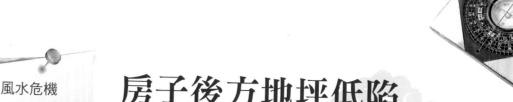

案例

　　小梅開的店面房子大門門面與馬路平高，但後面廚房偏低，這種風水格局會讓他的生意漸漸敗退，小梅開的店原在觀光人潮很多的黃金地帶，生意還不錯，沒想到後來她的店竟發生了投資糾紛。小梅指控，有黑道黑衣人上門恐嚇，地主不理睬，還說沒告知就把委託經營權轉手，接手的開發公司還惡意調漲租金，企圖把他們趕走，甚至用木板把出入口釘死，不讓小梅做生意，手法實在惡劣。有一天早上小梅準備去開店，卻發現出入口全被釘起來，貼著請客人到別的地方消費的告示，這半個月來，還不時有黑衣人來嗆聲。

　　三年前，小梅小吃店的地主，委託張姓男子經營這塊地，小梅承租下來做生意，但後來張姓男子和一間開發公司簽約變成合作關係，開發公司企圖把地討回來做其他用途。小梅說她每個月都有付房租，她付的十八個月的房租，地主沒有還她，還讓其他公司介入經營，實在令人生氣。小梅覺得這根本不合理，換了一個二房東，自己完全不知情，而且租金從原本一個月十萬，被漲到一個月十五萬，還要再收每個月營業額的5%。這種條件，賣小吃的業者大嘆吃不消，不過接手經營權的開發公司聲明，和地主簽的約，已經生效，討回這塊地是為了維護自己的權益。

風水病因

　　房子大門門面與馬路平高，但後面廚房偏低，會對我們有何影響？房子大門門面與馬路平高，但後面廚房偏低，形狀像是倒退仰瓦，此為「倒退煞」。若是住久了，家運漸退，人丁出走、漏財；生意場所則先盛後衰，財運漸漸退敗。

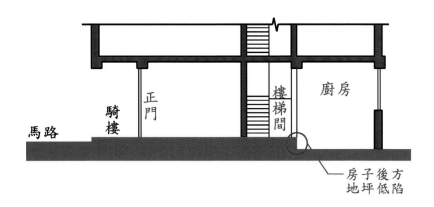

化煞開運

　　遇到「倒退煞」的房子，盡量將後面廚房部分填高，不然就用「琉璃龍龜」鎮壓在廚房的兩旁！

瓦斯爐方位不佳
客源流失賺錢辛苦

案例

　　莊娃（化名）的玩具出租連鎖店是去年開張的，她的店是住店兩用型的房子，可以當住家也可以當店面，莊娃家的風水最大的致命傷是廚房的瓦斯爐開關，與客廳大門相對，這種風水格局容易讓莊娃賠錢。

　　莊娃表示，她選住家當店面，是看中住家社區附近，有幾家幼兒園和學校，因為玩具店的主要顧客群是小孩，特別是在上幼兒園的小孩。莊娃說：「很多孩子上小學之後，家長都不會讓他們玩了，更何況是給他們租玩具玩，所以我的顧客主要是幼兒園的孩子。」店裡的玩具種類有二三百種，適合各個年齡層的孩子，而且連鎖商答應到一定的時候可以更換新的玩具品種，所以莊娃認為這家店的玩具基本上可以吸引顧客。但實際經營情況並不如預期那般一帆風順。莊娃說，當初創業的時候，由於沒有考慮顧客群大小的問題，所以在經營上遇到了不少難處。玩具租賃的消費群體太小了，社區人雖然多，但孩子畢竟是少數，更何況是在上幼兒園的孩子。莊娃說，本來玩具店的顧客就少，再加上流感的影響，一些家長怕租來的玩具不衛生，就很少有人來光顧；現在天氣又熱得嚇人，家長就更懶得帶孩子出門。接二連三的打擊讓莊娃的顧客急遽下滑，生意自然一落千丈。

風水病因

廚房的瓦斯爐打火開關與客廳大門相對，會對我們有何影響？瓦斯爐的方位很重要，放錯位置或背門會影響家人的感情、生病、錢財容易流失，若是餐廳生意場所則會影響客源，賺錢將更加辛苦。

化煞開運

遇上這種情形，移灶即可化解，最好請教名師指點正確方位。廚房開窗如果面對鄰房的牆角，可吊掛白色水晶球化解，瓦斯爐如果放在樑下，無法改變爐位，可在樑上用紅繩懸掛兩支竹簫，來化解煞氣。

廚房內不應懸掛蒜頭、洋蔥、辣椒，因為這些東西會吸收陰氣，廚房冰箱不可空空如也，米缸也要隨時補滿，象徵家中衣食無虞。米缸中放入紅包袋三個，紅包袋放錢，有招財效果。其它安置瓦斯爐應注意的事項：

1. 居家開門見爐灶，大凶，主耗材、財不聚。嚴重有破耗、散財之虞，家人容易患癌氣，住久了會成絕症。

2. 灶口勿對沖房門、廁所門、大門。

3. 爐灶不可斜放，會產生煞氣、破財、心不安寧、影響健康。

4. 爐灶後面不可為窗戶，爐灶後面透空無靠，會漏財無貴人。

5. 爐灶常清理移動，家中小孩會較不平安、多感冒、發燒等。

6. 灶上方設天窗會產生病氣、煞氣，容易產生疾病。

7. 灶台不可沖牆角，會讓家人腰痠背痛，背後有門來沖也會產生這種毛病。

8. 灶後有壁刀會傷心臟。

9. 爐灶後面有他人屋宅屋角沖射，居住者會流鼻血不止、心臟病、腰痛。

10. 爐灶勿設在化糞池上，避免引起病氣，多見藥病不離身。

11. 爐灶下勿放醃漬物，久之長異物

12. 爐灶勿正對冰箱，避免冷熱不和，導致懷孕流產、傷氣管。

13. 爐灶勿與神位對沖，避免是非多、意外多。

14. 爐火、水龍頭勿相對，避免水火不調產生病氣，引起腸胃疾病或產生爛桃花。

爐灶避免與冰箱相對。

爐灶後面避免是窗戶或門。

廚房沖臥房的
火氣危機

案例

　　六十歲的老楊，年紀一大把了，脾氣還是很衝，他家中的風水格局更衝，廚房門正對臥房，標準的火氣大格局。

　　老楊在賭城附近有一個固定的住處，有一天，他在當地的賭場盡興賭完之後，乘坐接駁巴士欲前往住的公寓。當時駕駛是一位年輕司機，一邊開車一邊帶著耳機聽音樂。老楊快到站時，連喊三次停車，該司機都未聽見，直至第四次才停車。對於司機的服務水準老楊心生不滿，因此與司機爭執起來。正當兩人爭執不休，警方接到報案後到場處理。

　　一名女警走上巴士，示意老楊下車離開，而隨後趕到的兩名男警則直接將老楊押到警車後座，兩名男警開車約十分鐘，將老楊送至一個當時已空無一人的海灘，令老楊在該處下車。不服警方做法的老楊，直接與警方理論起來。這時，男警中的一人飛起一腳，踹向老楊的大腿部，老楊當場就疼得無法站立，倒在地上。兩名男警此時更為老楊戴上手銬和腳鐐，直接押回警局。隨後，老楊才被送往當地的醫院治療，經X光檢查確診其為大腿骨折。老楊在當地一直住院治療整整一個月，並接受手術。

　　如今，老楊仍無法獨立行走，更需定期進行物理治療。老楊表示，雖然他當時火氣大了一些，但只是語言上的爭執，不明白警方為何要使用如此粗暴的動作。不甘被警方無故毆打的老楊委

託律師，向當地警察局提出索賠訴訟。而根據當地警局的紀錄，辦案警員將老楊控以「擾亂社會治安」罪名，並指出老楊在警員辦案過程中，曾用腳踹警車車門。

風水病因

老楊廚房門正對臥房，會對老楊有何影響？廚房代表火，火氣大。對著臥房，臥房之人脾氣不好，沒耐性，事業運途均受影響。嚴重時影響到心臟血壓、泌尿腎臟方面的疾病。

廚房裡因為有爐台的火和冰箱，洗碗槽的水，水火相激可能形成煞氣。假如臥室的門對著廚房的門，這股煞氣由廚房射進臥室，廚房水火之爭加上油煙火氣進入臥室，會影響居住者的健康和運勢

化煞開運

如果遇到廚房門正對臥房的風水煞氣，可用長一點的布簾遮住門口，超過門的一半高度即可，或用「琉璃龍龜」來減緩煞氣。

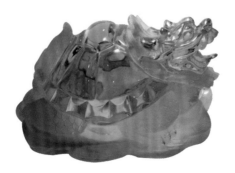

龍龜

風水危機

95

睡在廚房上方的生育危機

案例

　　Sofia（化名）的臥室下方與廚房重疊，這種風水格局，讓Sofia容易生女孩，不容易生男孩，這也導致他的夫家嫌棄她。Sofia很年輕的時候就嫁入豪門，夫家在當地擁有一間很大的紡織工廠，家裡很有錢，而且先生又是家中獨子，所以公婆希望Sofia能生個孫子好傳宗接代。但不知怎麼回事，Sofia夫妻倆卻連續生了三個女兒。夫家希望她再接再厲一定要生個兒子，但Sofia覺得很累，不想再生了，為此，Sofia與夫家鬧得很不愉快，也影響到夫妻間的感情。

　　後來Sofia發現先生似乎在外面有小三，這讓她很痛苦，她質問先生，先生卻說那只是生意上的應酬，逢場作戲而已，Sofia起先半信半疑，但是有一天她偷偷聽見婆婆竟然對Sofia的先生說：「……如果她能生個兒子，就抱回來吧，我們家也一定不會虧待她的……」Sofia這才發覺事情嚴重了，她的懷疑都成真了。

　　透過朋友介紹Sofia找上筆者，在實地勘查過她的住家風水之後，筆者建議她們將夫妻臥房換到另一個房間，並且選了一個非常吉利的日子時辰幫她做重新安床和催動金星感情能量磁場的動作。過了一年多，有一天Sofia喜孜孜地來向筆者道謝，原來經過筆者的調整之後，她的先生不但回心轉意切斷與小三的所有接觸，而且如今她也懷孕七個月了，更令她高興的是，醫生告訴她這胎是個男孩。

風水病因

Sofia廚房上方是她的臥室，對她的健康、氣運都不好，廚房上方是房間，容易生女孩；廚房代表火，火氣往上升，對樓上的居住者會不好，脾氣暴躁，而且如果是女孩住，恐會停經，不利於腹部；如果是男孩住則影響運途。廚房在風水學上屬陰，左右家中女主人的健康與財運，尤以子宮、泌尿系統影響最大，平時要保持乾淨明亮，不可任意堆積廚餘垃圾。

廚房盡量不要設在屋宅的前半部，最好設在屋宅後半部。入門見廚房，則家人一個比一個火氣大，賺錢較也較留不住。廚房設在宅中央尤其爐灶在宅中央謂「火燒心」，居住者容易火氣大，財來財去守不住。

廚房也不宜是開放式的，最好有獨立隔間，避免讓油煙及味道，影響呼吸道，引起疾病。廚房與廁所最好分開，兩門勿相對，避免濁氣相通，影響健康引起胃腸疾病。

化煞開運

廚房上方如果是房間，則床位應避開爐灶，房間裡再擺一隻「琉璃龍龜」壓煞，也可請教名師指點方位。

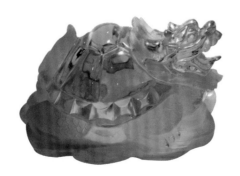

龍龜

風水危機 96

橫樑頭上壓 所帶來的身心危機

案例

　　三十歲的小韋是一所明星中學的老師，最近，她病倒了。小韋說，一到過年前，事情好像特別多，除了教學之外，還有行政工作壓力，小韋生活上，除了考慮家裡的經濟問題，老的小的也一堆事情等她處理。因為總覺得事情忙不完，小韋感覺十分疲憊，晚上睡不著，脾氣也變得暴躁，十分難受。像小韋這樣到醫院就診的現代上班族還真不少，其中大部分是患呼吸道感染等疾病，多數人有失眠的問題，從精神狀態上，表現為焦慮、煩躁、易怒。

　　小韋所不知道的是，她的書桌上方有橫樑壓頂，這會常常讓她產生一股無形的壓力。遇到這種情況的人，除了要過調整心態和規律作息、改善飲食來擺脫這種困擾。另一方面要改變住家的氣場，紓解壓抑的情緒，有些人不懂如何調整身體與環境風水的氣場，情緒壓抑難以紓解，造成身心嚴重疾病。

　　擔心未準備好的工作，會令人感受到很大的壓力，紓解壓力的方式，可先把書桌移到文昌位，讓思緒變清晰之後，將自己的工作清單列好，第二天再次走進辦公室時，工作就會比較有效率。

從流年找文昌位	從屋宅座向找文昌位		從出生尾數 找文昌位（如44年次尾數為4）
	屋宅	文昌位	
	座北朝南	東北方	尾數0：羅盤322.5-337.52度
	座東南朝西北	中宮	尾數1：羅盤352.5-7.5度
	座西南朝東	西方	尾數2：羅盤52.5-67.5度
2012年-正東方	座西北朝東南	東方	尾數3羅盤82.5-97.5度
2013年-東南方	座東北朝西南	北方	尾數4：羅盤142.5-157.5度
2014年-中宮	座東朝西	西北方	尾數5：羅盤172.5-187.5度
2015年-西北方	座西朝東	西南方	尾數6：羅盤232.5-247.5度
			尾數7：羅盤262.5-277.5度
	座南朝北	南方	尾數8：羅盤232.5-247.5度
			尾數9：羅盤262.5-277.5度

　　進入農曆十二月，想著年終獎金還沒有發，盼著過年的人，通常都無心上班，有的人家住在鄉下，過年前半個月前，就開始為怎麼回家而焦慮。一些已成家的上班族，還會為過年錢夠不夠花而操心，一些單身上班族則為自己的終身大事沒解決而煩躁，並擔心回家過年，會被父母親戚催婚。過年前，每個人都蠢蠢欲動，加上年底消費比較高，這種心理狀態下會使平時的工作開始煩躁，工作狀態不佳，也會讓精神狀態顯得焦慮不安。

風水病因

　　你家的床、書桌或者是神桌的上方有橫樑，會對家運有何影響？床、書桌、神桌的上方有橫樑壓著，將產生無形壓力。居家會睡不好，脾氣

床或書桌上方不可見到橫樑。

大、讀書不專心、常得罪人。若是公司、工廠則主管容易判斷錯誤，會計常算錯帳造成損失。以上所指是橫樑，床和樑垂直又稱為擔樑，若床和樑平行，床正好在樑下如此狀況就叫騎樑，這種傷害更大，迅速搬離為上策。

橫樑切動氣旋

橫樑從風水的視覺理論來看，是一種擠壓性的煞氣，容易在心理上產擠壓作用，常會讓人產生一種莫名其妙的悲觀壓力，這也是小韋這類的上班族為什麼會突然變得很焦慮的原因。從氣場的觀點來看，氣場通過突出的橫樑，把原本在天花板平靜的氣流，擾動成氣旋，使氣場呈現不穩定狀態，如果橫樑底下有人活動，氣場會更加不穩，在氣場衝撞下，對人體健康會造成影響。

磁圈效應，引起鐵質細胞滾動

橫樑煞磁線圈效應，一種是屬於看得見的突出樑體，會在心理烙印壓

迫感，造成心理作用，由心理產生人體磁場干擾效應，磁場藉由身體細胞，影響腦細胞，會產生頭痛、神經衰弱、注意力不集中的毛病，長久下去容易憂鬱、躁鬱症併發。由於樑柱須承受樓板的重量，其中包含了大量的鋼筋，而人體血液中帶有鐵，當我們由心臟壓縮透過血管，讓血氣運行全身，在運行的同時，鋼筋的磁性與血液中的鐵質，產生互動壓力磁場，常久在橫樑下工作的人，長時間在鋼鐵壓力磁場停留，互動磁場不斷在全身的微血管運行，進而從微血管產生，胸悶、心臟疾病、胃腸、泌尿疾病，手腳會疼痛、骨折。比較嚴重的是產生注意力不集中的毛病，從風水案例來看，某些重大工安意外，大都是樑壓頂引起的工作意外。

在風水學上，玄關是人的頸部喉嚨，大門是人的嘴巴口腔，玄關入口頂端有一條橫樑，好像是有一根魚刺卡在喉嚨讓人說不出話，橫樑在玄關直劈而下，很像斷頭台，高高懸掛在天空，每次家中進出，每個人都被石刀斬下，橫樑阻擋氣流，必然屋內氣不暢順，容易讓屋內人多病痛，陽宅重視陽氣，只有氣場流暢的房子，健康運、財運才能兩旺。

門口是居家風水最重要的部位，門口把外界的財氣吸了進來，如果在吸進財氣的同時，玄關上的橫樑煞氣壓下來，財運必然受阻。當一個人遇到流年犯太歲、喪家、手術、家人坐牢、離婚、失業、邪靈入侵，這些運勢低潮時，大門上的橫樑會兇上加兇，輕則是非小人多，重則官司纏身。

從生肖來看，如果橫樑壓著自己的生肖位，就會運氣差，開店容易資金周轉不靈，出去的錢，收不回來。不利的橫樑會在流年災星飛臨某個方位發作，輕者破財，重者生命難保，橫樑災星方位每一年發作的方位不同，對某些生肖的人也不利，請參考下頁表格。

生肖──橫樑衝犯的方位	
方位	生肖
北	鼠
東北偏北	牛
東北偏東	虎
東	兔
東南偏東	龍
東南偏南	蛇
南	馬
西南偏南	羊
西南偏西	猴
西	雞
西北偏西	狗
西北偏北	豬

流年──橫樑災星方位	
方位	西洋年
東南	2012
西北	2014
西	2015
東北	2016
南	2017
北	2018
西南	2019
東	2020
東南	2021
西北	2023
西	2024
東北	2025
南	2026
北	2027
西南	2028
東	2029
東南	2030

 化煞開運

如果家中無法避免樑壓頂，可加裝天花板來化解，或用一對龍龜擺設在樑下，但最好請教名師化解為宜。

也可用水晶化煞開運，水晶是能量磁場較強的天然礦石，水晶放射的螺旋波，可調節人體氣場，調和煞氣，建議用圓形造型能量較溫和的水晶擺放在橫樑下即可。也可用清朝順治、康熙、雍正、乾隆、嘉慶五位皇帝時代所使用的古錢幣（五帝錢），用紅絲線以中國結的方式串成一線，懸掛在橫樑兩端的牆壁上，即可化煞開運。

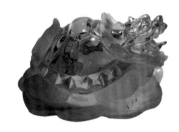

龍龜

五帝錢懸於橫樑可開運化煞。

居家找個讀書好地方
化解孩子笨笨危機

案例

　　小華就讀國小四年級，導師發現小華在班級中人際關係疏離，個性沈默、安靜，語文書寫如聯絡簿、日記表達能力佳，但與老師晤談時幾乎無法自我表達意見，眼神呆滯，嘴唇微微顫動，但卻沒有出聲，學習成績日益退步。班導師與家長晤談後，瞭解家長對小華的關心程度與管教方式，都沒有太大的問題，小華一度被懷疑有自閉症，但是經兒童心智科醫生初步判定，小華非自閉症學童。但從個別的智商測驗中發現，小華的語文智商與作業智商有明顯差異，換句話說，小華的專注力很弱。小華並沒有學習障礙。只是他的專注力、反應力很弱，對於不限時間的口語回答，都要延遲一段時間才能做出反應，對於不知道或不確定的答案都沈默以對，需要老師一再追問才勉強回答不知道。

　　由於小華以前並不是這個樣子，而是搬了新家之後才漸漸出問題，所以小華的父母來請筆者去看看他們的新家。當我一眼見到小華的書桌後方就是樓梯的時候，便已心中了然，這就是問題之所在了。

　　後來經由筆者針對小華的命盤，找出適合小華的文昌位，將書桌調整在文昌位上，避開樓梯的沖煞，並在書桌上安置一座文昌金字塔，讓小華在這個位置，看他喜歡看的書，經過一段時間之後，小華專注力漸漸變好，表達能力也越來越好，現在小華的功課在班上不再是倒數五名，而是班上前五名了。

風水病因

　　辦公室或學生書桌背後如果是樓梯，會對我們有何影響？辦公室或學生書桌背後如果是樓梯沖，則會坐不住、靜不下來，嚴重影響思考，故對讀書、業務計畫有不利的影響。

　　以風水空間心理來看，書桌或辦公桌如果背對門口坐，感覺好像會有人從後面敲腦袋，容易使人心神不寧。也不要擺在加蓋出去的陽台上，否則亦會心浮氣躁、胡思亂想。更不要被樑壓，被門沖，如果家中有小孩在這種環境讀書，會定不下心讀書，還會老愛往外跑。

　　把書桌貼靠在廚房或浴廁的那面牆，也不對，這樣會讓廚房或浴廁的渾濁之氣，影響腦神經，使人記憶力變差。由於廁所是排泄的場所，代表著穢氣，如果書桌貼在廁所門邊，受到空氣不好的能量影響，會影響到學業與事業，甚至會招來衰事。屋宅內書桌靠實牆較好，書桌如果不靠牆，坐久了會影響健康，將變成傻傻讀書的軟腳蝦。

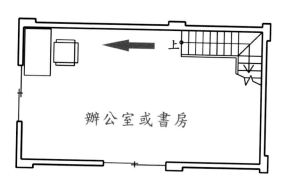

書桌被樓梯沖煞，會嚴重影響思考。

化煞開運

遇到辦公室或學生書桌背後有樓梯的房子，可改變桌子的方向，只要不背著樓梯、走道就好，也可以再做一個櫃子隔開。

家中如果要增加孩子讀書效率及考運，最好的方法是運用風水方位中的文昌位，來增強家中人考運、工作運。這種方法要先找出個人文昌位與流年文昌位，來搭配運用。「個人文昌位」用於穩定平時學業事業的方位，流年文昌位是用於當年考試或升遷評比用。

流年文昌位		個人文昌位	
流年	方位	民國出生年	方位
2012年	正東方	尾數為0	正北方
2013年	東南方	尾數為1	東北方
2014年	中宮方	尾數為2	正東方
2015年	西北方	尾數為3	東南方
2016年	正西方	尾數為4	正南方
2017年	東北方	尾數為5	西南方
2018年	正南方	尾數為6	正西方
2019年	東北方	尾數為7	西南方
2020年	南方	尾數為8	正西方
		尾數為9	西北方

找到文昌位之後，書桌擺放的位置以及人坐下來時面向的方向，都在文昌位為最佳，如果你的文昌位在南方，則書桌擺在南方，人面向南方最好。如果受空間環境限制，無法讓書桌位置與面向都在南方，你只好退而求其次，以面向南方為主，如果人無法面向文昌位，那只能將書桌放置在

文昌位即可。

　　找到文昌位之後，書桌、辦公桌座位安排方式要注意以下幾個原則：

1、座位勿背對房門，避免工作讀書心不安，犯小人。

2、書桌勿正沖房門，容易發怒動氣，心不安寧，繁瑣雜事多令人心煩。

3、書桌及坐椅勿在樑下。

4、書桌不宜太靠近門，避免坐不住，常想往外跑。

5、書桌宜保持整潔乾淨，心較安定不亂。

6、書房周圍勿擺放玩具、玩偶、遊樂器、掛各種明星海報、照片，避免分心。

7、書桌最好後有靠較安穩。

8、坐位及書桌宜避開壁刀、牆角、桌櫥尖角、走道各種沖射。

9、避開電磁波，避免干擾腦波影響健康

10、書桌四周勿太逼窄、擁擠。

善用文昌位
化解成績敗退危機

案例

　　Michel小學六年級女兒小佩活潑好動。新學期開學後，小佩的學習還算很主動，每天上學不用爸媽提醒催促，晚上回家吃完晚飯，小佩會主動到自己的房間裡寫作業，小佩不像別的孩子那樣坐不住，除了上廁所之外，很少看她走出房間。

　　看著認真學習的女兒，Michel心裡很高興，有時晚上已經很晚了，還看到女兒不休息，Michel很心疼，催促她早點上床睡覺。但是詭異的事情出現了，Michel女兒期中考試成績出來了，Michel看到女兒的考試成績時，嚇了一大跳，他不相信自己的眼睛，女兒這麼努力用功，竟然所有學科不及格！

　　老師反應，小佩在課堂上很乖、很安靜，上課時沒見她和同學說話、或不守規矩的現象，除了學習被動一點，不主動回答問題之外，有時還會無法按時完成作業，可是問題不大，好像也沒發現有其他的問題。

　　Michel心想為什麼會這樣呢？女兒整天關在房間做功課，成績為什麼還會這麼差呢？Michel百思不得其解，打電話向筆者討教良策。我先仔細詢問了孩子的房間佈置狀況，一問之下發現，孩子的書桌前面是窗戶，而且背向房門。即使沒有測量方位，我也大概知道問題所在了。我說小佩可能因為家裡學習環境不對，產生分心的狀況。我告訴Michel，女兒不像他看到的那樣專心做功課，一定有些事情讓孩子分心了。我讓Michel先做三件事：一

是不要在睡覺的臥室做功課，把書桌的位置移到別的空間，最好是移到文昌位，讓小佩把功課做好，再回房間睡覺，二是晚上到房間關心一下女兒，細心查看女兒在房間裡到底都在做什麼；三是盡快找女兒班上的老師、同學溝通看看，了解孩子在學校的表現如何。

果然，從Michel的口中證實了我的猜想，Michel在女兒的房間裡發現了好幾本小漫畫書，很小、很便於隱藏的那種口袋書，還有一些小玩具，還有一本冊子，冊子裡畫了許多漫畫人物的圖像。原來，小佩有一次在房間做作業的時候，從窗口看到別的小朋友，拿著可愛的漫畫玩具在玩，後來小佩就迷上這類漫畫書，小佩每天只想把自己喜歡的漫畫人物畫出來，腦袋裡全部都是漫畫中人物的各種表情、動作，根本就沒把心思放在功課學習上。

Michel找班上老師幫忙了解，看看小佩在學校裡是不是也迷漫畫書。很快，小佩周圍的同學就證實了，小佩在課堂上也迷漫畫書，只要老師看不見，小佩就偷看漫畫、畫漫畫。當然，孩子有愛好興趣，不能說不對，但是太過入迷，會讓孩子的心性變得更自閉，於是Michel找孩子談一談，他跟小佩約定，只要小佩肯專心學習，把功課做好，準時交作業，Michel不但讓小佩看漫畫書，還可以買漫畫書給小佩當作獎勵，但是只能在家裡看，不能帶到學校。

Michel這樣監督小孩子功課，然後經由我實地勘查，根據小佩的命格找出最適合她的文昌位，將書桌安置在文昌位上，並在書桌上擺放一座文昌金字塔。讓小佩每天在文昌位專心做完功課，再回房睡覺，經過三個月，小佩的心思慢慢收回來，上課很積極學習，也能主動回答老師問題，由於小佩的學習效率提高，成績自然進步很快，現在功課常常是全班前三名。

風水病因

　　小佩書桌向著窗，背面是房門，會對小佩有何影響呢？書桌向著窗，背面是房門，會分神受到迷惑、驚嚇；桌子面窗，久而久之，不能專心讀書，影響功課，若是辦公桌，則影響業務推展，判斷會分神出錯，造成損失。書桌最好能安置於居家的文昌位，還有讀書空間最好與臥房空間分開，如果書桌面窗要注意窗外是否有會讓讀書分心的人事物。

　　唸書的房間及辦公的房間，一般會建議盡量讓空間採光、通風、動線良好，桌子應位在文昌位。要盡量讓文昌位保持明亮、有生氣；因為文昌位怕黑、怕暗、怕髒、怕壓、怕空、怕晦氣。

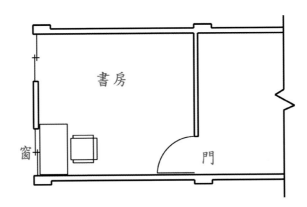

書桌面對窗戶，又背對房門，會使人不能專心。

化煞開運

　　書桌向著窗，背面是房門，遇到這種狀況，可改變桌子的方位即可。找出個人最適合的文昌位，將桌子擺在文昌位上，還可以在桌上安置一座文昌金字塔，來加強催動文昌位的能量。

琉璃文昌金字塔

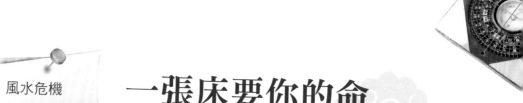

一張床要你的命
化解你的床邊危機

案例

　　小娟住的房間，床頭靠近門，感情隨門開關之間，煙消雲散，轉眼化成一個驚險的場面！小娟因感情糾紛，喝了酒企圖尋短，她先打電話到政府單位的心理諮詢服務專線，表達自己想結束生命，心理諮詢單位火速通知警局人員搶救，員警抵達時，小娟已爬到五樓外的小平台，情況危急，警員只好也爬到小平台，在好言相勸之時，並趁機捉住小娟，及時送醫，這才避免悲劇發生。

風水病因

　　居家像小娟一樣床頭靠近門，對居住者有何影響呢？如果床背著房門，床頭與門同向，離門太近，又要轉頭才看得見門，有恐懼不好的感覺。住久了會有腦神經衰弱，運途漸差的情況，並且影響婚姻感情。

　　原則上，床的擺設，有以下禁忌要注意：

1. 門沖床會患感冒、腦神經衰弱、偏頭痛。
2. 床被樑壓，壓到中間犯「扛屍煞」有致命危機。
3. 床需擺正，勿斜放，傾斜則病氣生。
4. 一般床舖形狀長方形較穩定，其它怪異的形狀如三角形、圓形、半圓形等均不適合。

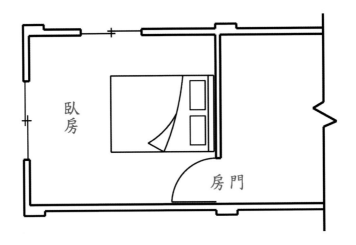

床頭太靠近房門，影響婚姻感情。

5. 床頭勿做尖削或奇怪造型

6. 床勿照到鏡子，臥室要擺鏡子不要照到床，至少躺下不要在鏡子裡看到自己。

7. 床頭後不宜為廁所、廚灶、樓梯，才能避免睡不安穩。

8. 床頭勿直沖冷氣。

9. 音響、電視、電話、插座、鬧鐘勿太靠近床頭，以免影響睡眠，導致腦神經衰弱。

10. 床頭勿掛流水圖，會出煞氣、睡不好，掛牡丹花圖出病氣，掛冰天雪地會洩氣。

11. 床頭最好有床頭櫃，可穩固權勢，但不可被切到，要不然易脖子硬、肩膀痛。

12. 床頭櫃勿常翻動置物取物，床頭櫃後上方少堆置物品，避免犯小人

13. 床頭兩側避開桌角、柱角、壁刀等等，以避免開刀危機。

14. 床下請保持整潔乾淨，勿堆玻璃、紙箱等雜物，避免病氣叢生長腫瘤。

15. 床忌正對電視機，以避免輻射干擾腦波，導致睡不安穩、高血壓。

16. 床腳勿正對門，避免情人愛往外跑。

17. 請勿直接睡地板上，避免筋骨風濕痛。

18. 盡量睡硬板床，可減少脊椎變形、腰酸背痛。

19. 避免兩張床併用，尤其夫妻睡不同床，感情會受影響。

20. 床頭勿正對廁所門，臭氣與沖水聲，會影響人神經緊張。

化煞開運

　　家中床頭靠近門，只要改變床位的方向即可，但還是請教名師調整比較好。此外，對於臥房的擺設裝飾要了解，才能把東西擺對位置，化煞開運。

1. 臥房勿擺古董、凶猛禽獸類掛像、刀劍、佛像，容易出陰煞。

2. 臥房內擺飾太多，增加視覺負擔、腦神經衰弱、睡眠緊張、煩心、多疑。

3. 勿擺魚缸，影響健康、桃花。

4. 鏡子勿照房門及床，或鏡子由廁所內照出（濁氣出）。

5. 冷氣機勿直吹門、直吹頭部、直沖窗外，這些都會出煞氣。

6. 睡覺時開燈，潛意識及身心較無法放鬆、睡眠效果不好，醒來火氣會稍大些。

　　了解臥房裝飾擺設之後，可再從整體來看，以下六種格局圖提供讀者參考，請避免這六種類似格局出現在家中，即可化煞開運。

臥室格局圖一：

被廁所沖到腹部會產生腹部疾病，且容易漏財氣，花錢不知節制。

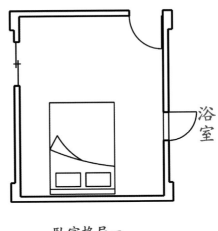

臥室格局一

臥室格局圖二：

樓梯會擾動氣場，使氣場不穩，會犯小人，無貴人相助，會漏財氣，健康上會有偏頭痛的毛病。

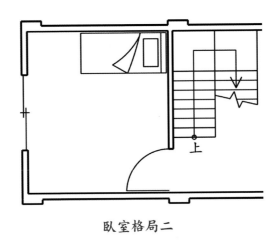

臥室格局二

臥室格局圖三：

此格局晚上不好睡，易作夢、易受驚嚇。鏡子對到床易有爛桃花、體虛。電視的輻射及反光，會影響腦神經，臥室後為廚房爐灶，睡床者火氣大、睡不好，夫妻同睡易爭吵。

風水危機
99
一張床要你的命，化解你的床邊危機

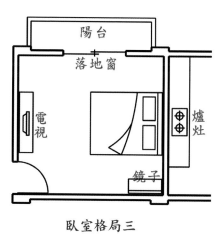

臥室格局三

臥室格局圖四：

此格局容易讓睡床者個性脾氣、身體都不好，床的右邊有衣櫃，更助長家中女性之霸氣，家中女性生產易開刀或流產、夫妻不和。家人易亂花錢漏財，家人心不在家愛往外跑。廁所在床頭易有腦部方面的疾病。

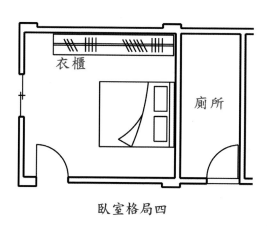

臥室格局四

🏠 臥室格局圖五：

此格局床頭有落地窗，空而無靠山易犯小人，無貴人相助容易漏財、洩氣運，頭部多疾病，睡此床男性者，個性較嘮叨，臥房門為拱門影響夫妻感情。

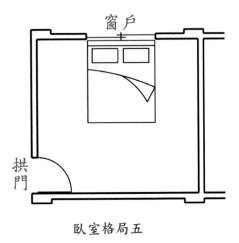

臥室格局五

🏠 臥室格局圖六：

床正對房門，將有是非、官訟、意外。若沖床頭，會有腦部方面的毛病。

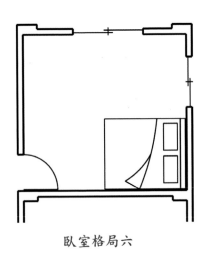

臥室格局六

風水危機 100 改善居家氣流 化衰氣為旺氣

案例

　　Thomas家中床的上方是廁所，廁所的臭氣壓住了他的運氣，也導致Thomas事業不順，做生意屢次失敗，欠了一屁股債。Thomas原本從事馬鈴薯種子銷售生意。但他利欲薰心，只要聽到有賺錢的機會，他就想辦法從銀行貸款，參與其中。但由於Thomas經營不善，數年來，他所做的生意不但沒有賺到錢，竟然還欠下了八百多萬元的債務。

　　債務纏身的Thomas突然得到一條消息，某馬鈴薯產業集團為了讓馬鈴薯種植戶認知品牌，要在當地招集銷售馬鈴薯的代理商。Thomas認為自己有銷售馬鈴薯的經驗，一定會成功，所以千方百計地想抓住這次賺錢的機會。於是，Thomas找到該馬鈴薯產業集團的負責人，經了解得知，該產業集團是要在有代理商擔保的情況下，簽訂合約，該集團公司通過代理商，將馬鈴薯讓代理商統籌分銷給馬鈴薯種植戶，等種植戶將馬鈴薯賣完後，再由代理商將貨款收齊，支付給集團公司，集團公司再按比例給代理商抽成。

　　了解清楚該公司的銷售過程後，Thomas便假扮代理商虛構了七十戶馬鈴薯種植戶的資料，自己作為擔保人與產業集團公司簽訂了七十份馬鈴薯種植生產合約，Thomas從該集團代理了一九○噸馬鈴薯種子後，又以每公斤五十元左右的價格賣給農民。交易

期間，Thomas先後收到馬鈴薯貨款一千多萬，沒有上繳集團公司。而是拿去還掉八百多萬的欠債之後，再將剩下的二百多萬元拿去做生意，不過全都賠光了，最後Thomas把剩下的三十多萬元拿去做服裝生意。沒有想到他不但沒做成服裝生意，還將僅存的三十多萬元全部賠光。Thomas的老婆一氣之下便離家出走了。詐騙之後又賠光所有錢的Thomas也不敢再回家，從此潛逃到外地。

風水病因

居家睡床的上方是廁所，會對我們有何影響？廁所屬陰，臭氣所聚，睡床上方是廁所，不但影響身體健康，也壓住運氣，久居事業將不順，財運退敗。廁所是我們每天要排泄廢物的地方，也是廢氣堆積的地方，廢氣在家居風水中，屬味煞，處理不好家人會出現頭痛、頭暈、眼花、流涕、乏力、失眠、胃部不適、食慾不振及關節疼痛等症狀。

廁所產生的廢氣，其通風排氣規畫不好，會聚集惡氣，擾亂家中氣場穩定，所以必須考慮廁所的通風問題，讓對流順暢。廁所的位置不可與大門入口對沖，會引起不必要的口舌之災。廁所浴室也不宜設在屋子的正中央，如果房屋中心被廁所衛浴設備佔住，宛如人的心臟有廢氣不通，人住其中久之，將影響吉氣產生。廁所門與廚房門正沖，是廢氣與「食氣」交互對流，家中常使用廚房者，會引入不潔之食氣，導致身體、情緒不安的現象。

廁所門如果正沖床位，必是床氣附著廢氣，會經常腰背酸痛，廁所門如果正對書桌或辦公桌，書卷氣夾雜廢氣，思慮難清明，人久坐難安，將無心閱讀或辦公。

🧭 化煞開運

　　如果居家睡床的上方是廁所，可將此房間改為客廳、客房、儲藏室都可以，廁所內再擺一隻「琉璃三腳蟾蜍」以吸收穢氣。

三腳蟾蜍簡介

　　三腳蟾蜍相傳原是一隻妖怪，法力高強，天性喜愛金銀財寶，對錢財有敏銳洞悉力，很會挖掘財源，可惜因貪愛錢財危害人間老百姓。最後被修道士「劉海」（人稱劉海禪師）收服，成為他的坐騎，幫助劉海濟世助人。劉海平生喜歡佈施濟貧，得到三腳蟾蜍之助，更是濟助貧窮無數。因此三腳蟾蜍被民間認定為招財寶物。

琉璃咬錢蟾蜍

　　如果要用三腳蟾蜍招財，首先要準備一隻三腳咬錢蟾蜍，材質可用銅的、水晶或天然琉璃。先將蟾蜍用粗鹽水沖洗，並浸泡三十分鐘，然後在午時出大太陽時曝曬兩個小時，再於月圓無雨之夜在月光下照射一夜。然後將蟾蜍放在金色或銀色玻璃盤中央，並在蟾蜍前放一透明水杯或水碗，碗內放八顆小白圓石，再將水注入八分滿，並選良辰吉日，放在財位上。住家財位可選擇流年財位、本命財位或屋宅財位。

　　蟾蜍盤放置於吉位或財位，蟾蜍頭要向屋內，可引財入屋。若置於辦公桌或書桌上則蟾蜍要面向主人，意為對我生財。

後記——
了解風水經驗統計學
化解人生危機

有人說風水是迷信,也有人說是環境科學、哲學、電磁學、物理學……等等,不管你信不信風水,大部分人都認同,風水是一種經驗所累積的統計學。譬如說,橫樑壓頂這種基本的風水觀念,在幾千年看風水的經驗中,都證明橫樑壓頂,會給人造成壓迫感,引發內心憂鬱,導致工作、事業、感情都會做出錯誤判斷。這不只出現在現代,從古代的風水驗證中,早已發現這個現象。

但是有些人認為風水是無稽之談,這些人認為多努力才會成功,風水是迷信的行為。在前面的一百個案例中,很多當事人都認為風水是迷信,而沒有注意到風水的弊病,導致讀書的人在不對的位置吸收知識,開店的人在迎不到財水的地方開店,吃飯的人在廁所邊吃飯,睡覺的睡在神明廳上方,廚房瓦斯爐朝著風口放,這一切不對的風水規畫,起因在於人們的偏見。偏見讓人們失去了判斷能力,有些人認為風水是迷信,鐵齒地不顧風水危機,買錯房子租錯屋。有些人的偏見卻把風水神化,引一些光怪陸離牽強附會的理由,來解釋風水,騙財騙色。

在不信與迷信這兩種偏見下,風水被搞成四不像,永遠都是一個不入流的學問,但是懂得用風水化解人生危機的人,既不會不信風水,也不會迷信風水,這些人以實際行動證明風水能讓一個努力的人,得到很大的助力,並化解自己當前的危機,享有更幸福的生活。

有人說努力就能成功，不必相信風水，但是也有很多努力的人，選錯工作風水，導致努力老半天，還是不能成功。舉一個最簡單的真實案例，有一個年輕人，在公司很努力工作，但是做了五年，還是在原地打轉，原來他的辦公桌在大門口旁，這原本是很小的一件事，但是到最後卻變成了他的工作致命傷，因為他坐在氣口（門口）附近，資深老同事只要心情不好地從門口走進來，看到這個菜鳥什麼都不會做，就更生氣，常常他努力的成果都沒能受到肯定。

後來公司把他的辦公桌分配到大門的斜對角，讓他在角落裡窩著，免得出來惹人討厭，這位置一換，情勢馬上逆轉，因為大門斜對角的地方是財位，這個年輕人在被分配到這個位置之後，大家不再那麼討厭他，因為從大門進來不會再看到他討厭的臉，反而是大家在大門斜對角休息喝茶的時候，看到他努力工作，反而更喜歡他，後來長官也越來越賞識他，一次偶然的機會，他被分派到海外公司歷練，表現不錯，幾年後就被提拔成當地的總經理。

很傳奇吧！沒錯，風水位置不對，不管你用再大的力氣努力，都是白費的，所以你說風水重不重要，如果你現在人生正面臨重大危機，請靜下心來，看看自己周遭的環境，記得用風水千百年的經驗統計學，調整自己每天所活動的空間，才有可能化危機為轉機，找出自己的幸福人生。

一般人的風水病因，除了偏見之外，最常見的，就是犯了「斷章取義」的毛病，容易見樹不見林，見風水內局，不見風水外局，見風水動線，不見宅主命盤，看空間不看時間。這些以小見大的風水觀念，有時會害了當事人，不但無法化煞開運，還可能沖煞而得衰運，真正風水分析，看的不只是地形地物，更要看出居住者的命盤，跟住宅的內外環境是否相合，唯有相合的命盤，才有相合的風水佈局，才能完全讓風水的效能發揮到極致。風水必須有天時、地利、人和三者結合，才能進入人的生命，幫助人得到真正的幸福。

當你在為自己的風水把脈時，不是看到路沖、壁刀就說不好，而是先看你自己的個性適合在哪一種環境生存，選擇適合自己的環境，做最有利於自己的發展。本書之所以提供100個錯誤風水的案例，讓讀者參考的原因，是想讓讀者從這100個危機中，找出自己避開NG風水的方法，用反面的思考角度，來化煞開運，而不是用報喜不報憂的方式，告訴你怎麼樣開運求明牌發大財。

古人說：「生於憂患，死於安樂」，換成現在的話來講，得到快樂人生之前，要先經歷過危機並了解危機，做好安全的準備，人生才會走得平安順利。這本書並不是要你迷信開運的方法，也不是要你害怕風水煞氣，而是要告訴你，不要對你自己眼睛所看到的東西，產生偏見，產生錯誤的評斷。就像很多結婚的人說沒結婚的人，一定是有毛病，不結婚的人說結婚的人，都在騙自己愛一個人愛幾十年，很多夫妻都已經沒有愛情的感覺，常為了面子不敢離婚，在單身者的眼裡，這些人都沒有真愛了，你覺得是單身的人說得對呢？還是結婚的人說得對？就像風水一樣，十個風水師，十種講法，你認為哪一種才是對的呢？應該說最適合你的那一種最對。

不管是結婚或者是單身，他們都選擇了最適合自己的生活方式，同樣的本書有100種風水說法，但是所有的說法，只是想告訴你，找一個適合你的風水佈局化解你的人生危機，為自己打造美好的人生。

坊間有很多書，都在賣一些開運物，告訴你開運物有多神奇，但是開運物並不一定能開運。怎麼說呢？打個比方來說，一個棒球選手，他挑選了最好的球棒，卻不一定能打出全壘打，要打出全壘打，必須打到球心才會有安打以上的成績，同樣的不會用開運物的人，即使用九九九純金打一個金元寶，放在家裡，也不一定能開運。主要原因是用錯地方。居家風水要能化煞開運，重點不是在於開運，而是要先化煞。

什麼是「化煞」呢？簡單來說，如果你走進門，老是撞到門楣，這個

就是煞氣，把門楣加高，就是化煞，那甚麼是「開運」呢？就是在門楣上，掛上或貼上開運物，令你心情愉快做事更順利。

「化煞開運」的正常風水改造程序，是先化煞後開運。換句話說，是先看出居住環境危機在哪裡，化解危機之後，再以開運物，增強個人氣勢。但是有一些人自作聰明，把程序顛倒，還沒看出風水危機在哪裡，就先亂擺一些開運物，結果運沒開成，倒是先被開運物沖煞。例如一隻開運蟾蜍使用方法，要用對才不會傷到自己，但是這些開運物最好少用。原因是開運物所牽涉的因素太多，包括天時的日月星辰位置、個人的斗數命盤、子平八字，還有姓名學的配合，如果這些因素沒有配合開運物一起運轉，開運物可能會變成衰運物，不但不能開運，反而引來衰運一堆。

人生最大的悲哀，不是在於事業、感情、財運、健康不順遂，而是在於自己不知道危機在哪裡，就像一個爬山的人，爬山之前不知道山的凶險危機在哪裡，穿著一雙拖鞋，就去爬一座三千公尺的高山，結果在山林之中，跌落山谷重傷將死，在快死之前，他感嘆自己運氣不好，但是他卻沒有省悟，自己會死，不是因為倒楣，而是沒有危機意識，如果他在爬山之前，做好萬全準備，有好的登山裝備，又有好的嚮導，想必不會以悲劇收場。同樣的，風水危機時常出現在我們的生活環境中，但是你知道危機在哪裡嗎？如果你還不知道危機在哪裡，先從這本書的100個危機，找出你運勢衰退的原因，針對這些原因，本書提供你化煞開運的方法，保證你住得舒服，人旺、財旺，一切平安。

兹心閣開運法寶簡介

◎南久旺丹

南久旺丹代表密教的時輪金剛與其壇城合而為一之意，具有不可思議的大能量，能化解一切煞氣，調整風水磁場，提升家運。

◎辟邪劍獅（獅頭八卦）

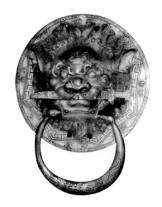

辟邪劍獅是藉由神獸獅子及寶劍法器的威靈之力來化解煞氣，能辟邪鎮宅，引來吉祥。

◎九龍玉璧

　　九龍玉璧石含有多種有益人體健康的微量元素，對於雜亂波動能量吸收，具有相當的功效，是擋煞化煞的吉祥妙寶。

◎琉璃貔貅

　　貔貅是一種積極性、行動力特強的開運寶貝。具辟邪、擋煞、求財三大功用。安置於家中適當位置，象徵吉祥、平安、財富之意，擁有許多的好處。

◎琉璃六神金字塔

藉六神獸之力構成保護網，彌補一切風水上之缺損，化解煞氣干擾，更經由金字塔聚集天地能量，與人產生感應，以催旺文昌，開運增福。

◎琉璃龍龜

運用奇門遁甲、七政四餘玄空擇日法選定最佳的吉日良辰，將淨化加持過的龍龜安置於屋中受煞氣干擾的方位上，即可發揮鎮宅化煞、招財增福的效果。

◎和合鴛鴦

　　鴛鴦是最有效的桃花感情開運法寶，配合天地人感應密碼來運作，用於處理所有與感情有關的問題，效果非常良好。

◎琉璃咬錢蟾蜍

　　咬錢三腳蟾蜍最常用於招財，能使財源廣進，生意興隆。此外也有鎮宅化煞，使居家平安的功效。

◎聚寶盆

　　選擇一個最吉利的時辰，將聚寶盆安置於家中最能招來財氣的財位上，則短時間之內就能感受到財運漸漸打開，財源滾滾而來的奇妙轉變。

◎琉璃龍柱

　　以天然火山琉璃的純淨能量和龍神的強旺之氣，淨化空間磁場，填補風水上一切缺損，給予房宅強固的支撐和保護，能轉衰為旺，提升家運。

林志縈大師指出，一旦東邊的房子拆掉，王老闆的餐廳，將從月入數百萬變成入不敷出，虧損連連。一針見血且完全準確的論斷，令王老闆佩服不已。在林大師的指點規劃下，王老闆的餐廳在重選新地點重開張，一開幕就生意紅火，天天座無虛席，客人預約訂席已排到一個月後。運用風水開運大法，你的事業、財運也能起死回生、轉危為安。現在就來茲心閣親自體會！

茲心閣林志縈大師的陰陽宅風水開運大法可以讓你了解到

- 你想買的房子，內外格局是否適合你居住？
- 你的屋宅形勢，包括：房屋的整體外型是否有缺陷、凶煞、不平衡……等。
- 房屋周圍環境，包括：道路、橋樑、鄰近建築物、空地、河流、溝渠……等，所構成的格局是否能聚氣，讓屋宅更興旺。
- 屋外是否有避刀、隔角、路衝、反弓……等干擾，並詳細告知您，這些煞氣將感應何種凶事、將應驗於家中何人身上。
- 室內格局安排是否恰當？能否納得吉氣入宅？
- 你所遭遇的意外傷害、官符是非、婚姻不順、事業不振、怪病纏身、家庭不和等不如意，是否與你的陰陽宅風水有關？
- 家族祖墳的來龍形勢、護砂、朝山案山、來去水所構成的整體格局是否吉利？
- 祖墳本身的狀況，包括：坐向方位、四周有無形煞衝射、墓碑有無光澤……等，進而確認墓中先人的遺骨情況，以及對後代子孫的影響。
- 如何運用陰陽宅風水開運大法調整陰陽宅風水磁場，改善你的運勢？

根源於古老易經以及二十八星宿原理的風水開運大法，在林志縈大師出神入化的運用下，能幫助你開運轉運，獲得成功與幸福。想要了解更多，請上

茲心閣開運網： **http://www.luck-creator.com/** 或
Email： josshouse@luck-creator.com。 電話：（07）2821777

吳小姐來找茲心閣林志縈大師的時候，正遭遇婚姻失敗離婚、工作運勢差、財運不佳負債數百萬的窘境，林大師指出她的姓名中造成她厄運連連的不利因素，並為她改了開運好名，一年之後，吳小姐已成為房仲業界的超級業務員，之後更轉戰高檔精油市場，每年收入超過千萬。阿基米德說，給我一根桿子，放對了位置，我可以移動整個地球；林志縈大師說，給你一個好名字，巧妙的運用，你可以改變你的運勢！現在，改變的機會輪到你了！

茲心閣姓名分析及開運姓名學可以讓你清楚知道

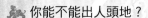你能不能出人頭地？

你的工作運好不好？升遷順不順利？

想要轉換跑道，能順利找到好工作嗎？

想自己創業當老闆，能成功嗎？

你是天生帶財庫？還是財庫有破洞？

你是投資理財高手？還是財務無法獨立的人？

你的人緣優不優？桃花運旺不旺？

如何才能替自己覓得良緣呢？

如何增強你的魅力和異性緣？

你知道你的情人的真面目為何嗎？

姓名，蘊含著人的精、氣、神，傳承著人的情、意、志，傳達著天地間的玄機。姓名兩三字，影響一輩子，只要一點點改變和調整，天地間的好能量都將藉由名字傳送給你。現在就來「茲心閣」尋找屬於你的開運好名字吧！想要了解更多，請上──

🌀 茲心閣開運網：**http://www.luck-creator.com/** 或
Email： josshouse@luck-creator.com。
或來電：**（07）2821777 聯絡我們**

持本書正本並捐贈發票至茲心閣，

可享免費姓名分析乙次

遭逢人生低潮的李小姐，感情波折不順，事業財運也跌落谷底，在前途茫茫、無所適從之際來到茲心閣求助，林志縈大師根據她的命盤所透露的玄機加以分析、指點，當李小姐清楚了解自己的性格特質、發展潛能、以及大運流年的趨勢變化，她看到了峰迴路轉的契機，也看到了柳暗花明的希望。今天的李小姐已是成功的企業家，她所建立起來的美妝王國，及代理的知名品牌服裝，在南部地區已是無人不知無人不曉，身家早已上億。現在，當你看到這項訊息的同時，時來運轉的機會已經來到你的門口，快打開大門吧！

茲心閣林志縈大師的全方位人生運程分析可以讓你清楚知道

- 你有什麼樣的性格特質？優缺點為何？
- 目前的大運、流年吉凶狀況，應注意哪些事情？
- 適合朝哪種領域發展才能發揮你的潛能？
- 在職場上能否得到上司賞識？有無貴人相助？
- 現時官運如何？何時陞官？
- 適合自己創業嗎？
- 你的財運何時會來？什麼時候自己才能財運亨通呢？
- 錢賺得不算少，不過戶頭裡的積蓄總是少少少，到底為什麼？
- 你何時適合替自己購置不動產呢？
- 你的錢總是不期然的被親友借走而一去不回嗎？怎麼辦？
- 你的桃花正緣何時會來？和哪個年次的人最有緣？
- 如何面對婚姻危機？在婚姻中你將面臨哪些考驗？是否會離婚？再婚？
- 你有哪些先天上的健康問題？

　　林志縈大師綜合運用易經原理、紫微、八字、占星學、以及奇門遁甲方位磁場學等，對你的人生運程進行分析、預測、規劃，幫助你實現更加完美的人生。想要了解更多，請上——

🌀 茲心閣開運網：**http://www.luck-creator.com/** 或 Email：**josshouse@luck-creator.com**。或來電：（07）2821777 聯絡我們

> 持本書正本並捐贈發票至茲心閣做命理諮詢，
> 可獲得茲心閣精選開運飾品乙份

茲心閣專業風水師培訓課程招生

　　茲心閣林志縈大師繼掀起六法旋風之『玄空六法秘訣圖解』，以及風水秘訣大作「三元地理些子法揭秘」後，再度以深入淺出的文字推出《不可不知的風水危機100禁》。應眾多讀者邀請，林志縈大師將其累積二十餘年建立之完整風水知識體系，公開傳授。讓您為自己轉運開運，造福社會人群。

完整課程綱要簡介

【一、玄空六法】

❶. **元運**：三元九運與兩元八運的區別與計算、玄空六法山運水運的奧秘

❷. **雌雄、陰陽、動靜**：有形的雌雄、無形的陰陽、雌雄如何交媾

❸. **大金龍與零神正神**：如何推算大金龍的位置、零神正神與山水動靜的奧秘、坐向與零正的關係

❹. **挨星訣**：八卦之抽爻換象、三般卦、二十四山配九星、元空法鑑卦配星之原理大揭密、挨星訣之應用

❺. **城門訣**：城門是什麼，哪裡有城門、山龍地形之立向法則、水龍地形之立向法則

❻. **太歲法**：詳見【剋應速發之高級擇日秘法】

【二、三元地理些子法】

❶. 六十四卦原理與運用　　　　　❷. 二十八宿宿度五行

❸. 連山歸藏五行　　　　　　　　❹. 系統整合應用

【三、龍向山水綜合運用】

完整風水知識體系的建立：

❶. **形**──巒頭形勢：對自然環境之深刻觀察，辨形局之「勢」，認局勢之「竅」

❷. **理**──理氣理論：察氣之聚散動靜，發揮風水能量磁場之最大作用

❸. **法**──造葬作法、行道斷法、行道作法：由「術」入於「道」之行動實踐

❹. **擇**──擇吉催發：在對的時刻做對的事之天人感應

【四、剋應速發之高級擇日秘法】

❶. 弧角天星&天星地平方位擇日法　❷. 六十四卦先天奇門遁甲擇日法

想學真正完整、專業、精闢又實用有效的風水知識與技術者請洽：

🌀 **茲心閣開運網**

地址：高雄市前金區中華四路309號

電話：07-2821777

從早到晚動身體，無時無刻的養生練習

定價 250元

《上班族的隨身隨手隨時動動本》

健康管理師 **陳柏儒** 編著

隨手拿起動動本，隨時隨地動一動，
向乾眼症、鮪魚肚等早衰症狀說掰掰！
一本寫給各類疲憊族群的健康手札！

定價 260元

定價 280元

定價 260元

《還你不吃藥的生活：
免疫力，讓你不「藥」而癒！》
楊新玲 編著

《甩掉大L！
S纖體全效完瘦計畫》
陳柏儒 編著

《5分鐘凍齡！
DIY美肌消脂簡易速效按摩》
賴鎮源 編著

采舍國際 www.silkbook.com 活泉書坊

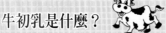

瘦身女皇都驚豔的
蔬果汁甩脂養顏法！

3步驟，教你用蔬果汁打造完美曲線、美肌柔膚！

- **step 1** 算體質、看膚質，**養瘦美顏先知己！**
- **step 2** 對症手作蔬果汁，雕塑身形、**打造嫩肌超 Easy！**
- **step 3** 抓準時間飲用，**搭配身體循環機制**，排毒、消脂又活膚！

《 喝出瘦S！萬人按讚的手作
蔬果汁激瘦養顏法。 》

中國醫藥大學營養學系教授 **楊新玲** 著

定價
250元

別說你瘦不了！
部落客狂推、萬人按讚的蔬果汁激瘦養顏法
用喝的，瘦身好小一號、凍齡的美麗看得到！
找出體質、喝對timing、按對蔬果汁，打造最樂活提瘦S、高綠美肌美人！

加值附贈
行走坐臥隨時按消脂穴卡!!

國家圖書館出版品預行編目資料

不可不知的風水危機100禁／林志縈、蔣立智 著.
初版—新北市中和區：活泉書坊　2013.07
面；公分；—(Color Life 39)
ISBN 978-986-271-385-3(平裝)

1.相宅　　　2.改運法

294.1　　　　　　　　　　　　102011730

100%有感開運

不可不知的
風水危機100禁

好宅風水，你選對了嗎？！
壞風水，厄運、風波一直來；好風水，聚氣納財，福氣來

100%有感開運
不可不知的風水危機100禁

出 版 者 ■ 活泉書坊
作 者 ■ 林志榮、蔣立智　　　　文字編輯 ■ 蔡靜怡
總 編 輯 ■ 歐綾纖　　　　　　　美術設計 ■ 蔡億盈

郵撥帳號 ■ 50017206 采舍國際有限公司（郵撥購買，請另付一成郵資）
台灣出版中心 ■ 新北市中和區中山路2段366巷10號10樓
電話 ■（02）2248-7896　　　　　　傳真 ■（02）2248-7758
物流中心 ■ 新北市中和區中山路2段366巷10號3樓
電話 ■（02）8245-8786　　　　　　傳真 ■（02）8245-8718
ISBN ■ 978-986-271-385-3
出版日期 ■ 2013年8月

全球華文市場總代理 / 采舍國際
地址 ■ 新北市中和區中山路2段366巷10號3樓
電話 ■（02）8245-8786　　　　　　傳真 ■（02）8245-8718

新絲路網路書店
地址 ■ 新北市中和區中山路2段366巷10號10樓
網址 ■ www.silkbook.com
電話 ■（02）8245-9896　　　　　　傳真 ■（02）8245-8819

本書採減碳印製流程並使用優質中性紙（Acid & Alkali Free）最符環保需求。

線上總代理 ■ 全球華文聯合出版平台
主題討論區 ■ http://www.silkbook.com/bookclub　　● 新絲路讀書會
紙本書平台 ■ http://www.silkbook.com　　　　　　● 新絲路網路書店
電子書下載 ■ http://www.book4u.com.tw　　　　　● 電子書中心(Acrobat Reader)

華文自資出版平台
www.book4u.com.tw
elsa@mail.book4u.com.tw
ying0952@mail.book4u.com.tw

全球最大的華文圖書自費出版中心
專業客製化自資出版・發行通路全國最強！